国际工程教育丛书

张建民 乔伟峰 贺世宇 陶金虎 编著

# 工程硕士教育国际认证研究

清华大学出版社
北京

图书在版编目（CIP）数据

工程硕士教育国际认证研究 / 张建民等编著. 北京 ：清华大学出版社，2024. 7. --（国际工程教育丛书）. -- ISBN 978-7-302-66671-4

Ⅰ. G643.7

中国国家版本馆 CIP 数据核字第 2024H0V125 号

责任编辑：马庆洲
封面设计：常雪影
责任校对：欧 洋
责任印制：宋 林

出版发行：清华大学出版社
网 址：https://www.tup.com.cn，https://www.wqxuetang.com
地 址：北京清华大学学研大厦 A 座　　邮 编：100084
社 总 机：010-83470000　　邮 购：010-62786544
投稿与读者服务：010-62776969，c-service@tup.tsinghua.edu.cn
质量反馈：010-62772015，zhiliang@tup.tsinghua.edu.cn
印 装 者：河北鹏润印刷有限公司
经 销：全国新华书店
开 本：165mm×240mm　　印 张：15　　字 数：258 千字
版 次：2024 年 7 月第 1 版　　印 次：2024 年 7 月第1 次印刷
定 价：88.00 元

产品编号：107481-01

# 总　　序

近年来，中国工程院设立工程科技咨询研究课题，开展了“工程教育改革与发展研究”“创新型工程科技人才培养研究”“建立具有国际实质等效性的中国高等工程教育专业认证制度研究”“院校工程教育的工程性与创新性问题研究”“工程教育专业认证制度与工程师注册制度衔接问题的研究”“国际工程教育合作战略研究”“‘一带一路’工程科技人才培养及人文交流研究”“构建工程能力建设研究”等一系列课题研究。这些研究具有重要的理论意义和现实意义，是加快我国创新型国家建设的迫切需要，是推动工程师培养制度改革的需要，是促进工程科技人才培养与人文交流的需要。这些课题的研究有利于提出相关政策建议，对于深化工程科技人才培养、鼓励和引导工程科技人才成长具有重要的战略意义。

特别要强调的是，在中国工程院和清华大学共同申请和推动下，2015 年 11 月经联合国教科文组织（UNESCO）第 38 次大会批准，2016 年 6 月联合国教科文组织国际工程教育中心（ICEE）在北京正式签约成立。该工程教育中心以联合国教科文组织“可持续发展”的宗旨和原则为指导，以推动建设平等、包容、发展、共赢的全球工程教育共同体为长期愿景，围绕全球工程教育质量提升与促进教育公平的核心使命，致力于建设智库型的研究咨询中心、高水平的人才培养基地和国际化的交流合作平台。

目前，国际工程教育中心研究人员牵头承担或作为核心成员参与联合国教科文组织、中国工程院、国家自然科学基金委、国家教育部委托的重大咨询研究项目，在提升中心的国际影响力、政策影响力和学术影响力等方面发挥越来越大的作用。

为了更好地反映国际工程教育发展的过程和趋势,反映工程教育中心的研究成果,拟将近年来完成的报告、论文等汇集出版。

这些资料真实地记录了近些年来我国工程教育研究的发展进程。这些成果作为工程教育的研究方法和政策过程是有一定的回顾意义和现实意义的,反映了我国工程教育发展进程中的历史价值,以供后来者对工程教育研究历史进行梳理和追溯。

世界处于百年未有之大变局中,工程科技突飞猛进既是百年变局的一项基本内容,也是百年变局的基本推动力量。全球科技创新进入空前密集活跃的时期,这对于工程领域人才培养和人文交流模式变革,对于提高国家竞争力都提出了非常迫切和现实的要求。可以说,这就是我们编写和出版此书的意义所在。

培养造就大批德才兼备的卓越工程师,是国家和民族长远发展大计。工程教育和工程师培养是国家人才战略的重要组成部分,人才培养为推进新型工业化、推进中国式现代化提供了基础性战略性支撑。当前,广大工程教育工作者和广大工程师以与时俱进的精神、革故鼎新的勇气、坚韧不拔的定力、不断突破关键核心技术,铸造精品工程、"大国重器"。

工程教育界的同仁们牢记初心使命、胸怀"国之大者",矢志爱国奋斗、锐意开拓创新,不断提升国家自主创新能力,更好满足人民日益增长的美好生活需要,为加快实现高水平科技自立自强、建设世界科技强国作出突出贡献。

2024 年 1 月于北京

[吴启迪,教授,联合国教科文组织国际工程教育中心(ICEE)副理事长兼中心主任,清华大学工程教育中心主任,曾任教育部副部长、同济大学校长等职 。]

# 目　　录

# 引　言

世界工业强国普遍建立了以工程教育认证和工程师资格注册为基础的现代工程师制度。工程师国际认证是中国工程师走出去的必经之路,需求迫切,亟待突破。主动扩大与国际工程界的互信合作,推动工程教育(工程硕士层次)和注册工程师国际认证,能够有效和快速减少工程师流动障碍,是直接助力高质量共商共建"一带一路"的重要举措,是吸取国际经验加快完善我国注册工程师制度的重要途径,也是提高我国工程教育国际话语权,为人类命运共同体建设贡献工程力量的重要途径。

本课题研究首先采用文本分析、案例分析、专家访谈等方法,紧密追踪和深入分析北美、欧洲、亚太地区典型国家和工程教育认证组织工程硕士教育认证的新进展和新趋势,尤其是美国、英国、法国、德国、新加坡、日本、马来西亚、我国香港特别行政区工程硕士教育认证组织体系、标准体系、认证程序等内容以及实施情况的最新进展。其次,深入分析了典型国家注册工程师国际认证的新进展,包括法律基础、专业组织、能力标准、认证注册程序、CPD等内容,特别是从操作层面介绍了认证与互认的机制、程序、所参照的标准等。再者,在充分研究前述国内外工程硕士教育认证与注册工程师国际互认的基础上,从学制年限、标准体系、评价方式、工程教育与工程师资格衔接、组织体系等方面,深入分析我国创建工程硕士教育认证《北京协议》的难点和关键挑战,并进一步提出、分析和比较了创建《北京协议》的"五条路径"及可行性。最后,提出实施我国工程硕士教育国际认证的《北京协议》的四条基本原则和七条关键策略建议。

# 第一章　研究背景与意义

2016年我国成为本科工程教育国际互认《华盛顿协议》的正式成员，为推进工程师国际互认奠定了基础。随着高质量共建"一带一路"更大范围、更深层次的推进，除了本科毕业生，必将有一批工程硕士毕业生活跃在国内外工程建设项目中。这就有必要加快构建工程硕士教育认证体系，并为他们在需要时进行国际流动做好准备。本研究在国内外实践的基础上，进一步探索工程硕士认证体系建设的重难点问题和推进国际互认的实施路径，对提高我国工程领域高层次人才培养质量，提升我国工程教育国际话语权具有重要意义。

## 一、提升我国工程教育国际话语权的重要措施

在全球化的背景下，工程领域的国际交流与合作日益增多，中国工程硕士教育规模大，发展迅速，独具特色。加快推动工程硕士教育国际互认有利于为我国工程硕士毕业生走出去、从事工程职业提供发展机会。首先，主导或参与国际教育规则制定、国际教育教学评估以及工程硕士认证，可以有效地提高我国高等工程教育的国际竞争力[①]。其次，以《北京协议》为契机，倡导全球工程硕士国际互认有助于增强我国工程教育的国际影响力。工程领域是技术与创新的前沿，各国都十分重视培养高质量的工程专业人才。建立和推广《北京协议》有利于提升工程硕士教育的国际认可度和流动性。最后，工程硕士国际互认也有助于促进我国人才的对外合作与交流。工业是一个全球性的产业，各

---

① 朱金明，韩婷婷，康建山. 欧洲工程教育认证体系对中国工程硕士教育认证的启示[J]. 学位与研究生教育，2018，(07)：66-71.

国之间需要加强合作与交流，共同应对全球性挑战和各类问题。畅通工程硕士的国际认可，能够为我国工程人才提供更多机会，提高我国工程人才的全球胜任力和影响力，促进各国之间知识交流和分享，增进国际间合作共赢。

## 二、以外促内推动我国工程教育改革的迫切需要

肇始于20世纪末的工程硕士教育改革，在我国专业学位教育发展中具有标志性意义，对促进我国工程教育分类发展，提高工程领域高层次人才培养质量做出了重要贡献。根据教育部公布的数据，到2021年，专业学位硕士毕业生达到了40.5万人，占全国硕士毕业生总数的57.80%；招生数达到了64.9万人，占全国硕士招生总数的61.76%；在校生人数达到了170.8万人，占全国总在校硕士人数的60.49%①。从2012年到2021年，硕士专业学位授予人数的比例显著上升，从35%增加到了58%②。这表明当前越来越多的学生选择攻读硕士专业学位，以提高自身的竞争力和专业素养。相应地，社会对具备高深专业知识和实践能力的专业学位工程人才需求也日益增加。从世界各国工程教育实践来看，工程硕士教育受到普遍关注，美国尤为重视“回归工程”，不同规格人才培养模式较为多样，“五年本硕贯通制”主要面向本校本专业学生，“单独设置一年制”“远程教育三年制”，时间、空间上更加灵活③。在英国的高等教育资格框架中，综合型工程硕士培养更加重视应用能力，要求参与更多工业界的相关任务和课题内容，培养获得综合工程硕士认证就相当于达到了特许工程师基础要求④。可见，加强工程硕士教育已经成为全球工程教育改革的重点。在此背景下，构建工程硕士国际互认协议，是抢占工程教育改革先机、推动工程教育高质量发展、促进我国工程硕士国际流动的重要前提。

## 三、优化工程硕士层次结构，实现分层分类发展的需要

工程硕士制度的建立是世界工业强国在工程教育发展中不断优化和分类的必然需求。随着科技发展和社会进步，工程领域实践问题日益复杂多样，对

① 教育部. http://www.moe.gov.cn/jyb_sjzl/moe_560/2021/quanguo/202301/t20230103_1037980.html

② https://baijiahao.baidu.com/s?id=1735583343171845524&wfr=spider&for=pc

③ 张海英，张锦绣. 美国工程硕士教育模式观略[J]. 高等工程教育研究，2004，(06)：67-71.

④ 郑娟，王孙禺. 英国硕士层次工程教育专业认证制度探讨[J]. 高等工程教育研究，2015，(01)：83-90.

工程师专业知识和技能的要求愈发提高。我国设立工程硕士专业学位的初衷在于满足我国经济建设和社会发展对高水平专业人才的需求①,解决以往只重视理论培养,弱化实践能力培养的问题。从现有协议来看,《华盛顿协议》主要面向本科层次工程师资格国际互认,《悉尼协议》主要面向工程技术专家培养。但从整体来看,有关硕士层次的国际互认协议还相对较少。加强工程硕士教育互认有利于促进工程硕士层次结构优化,推动形成高素质、高实践能力的工程师队伍,实现工程师的分类发展,加强工程行业的规范化管理。

## 四、提高工程师核心竞争力和地位的迫切需要

工程硕士是以工程性、实践性与应用性为核心特色的专业学位②。目前,尽管我国工程硕士培养方面已初具经验,但从人才培养的实际结果来看,仍有较大改进空间,特别是在创新实践能力培养方面。有份调研报告表明,约73.4%的工程硕士生认为目前的学习方式未能有效培养他们解决实际问题的能力;近46.7%的工程硕士生要么参与的是偏向理论性的研究项目,要么干脆“没有参与过任何研究课题”③。工程硕士和工学硕士目标定位不清晰、制度规范性不足、评价体系不到位,培养目标具有滞后性④,影响了工程硕士的认可程度。不同国家和地区的工程教育体系存在差异,互认机制能够促使各国在课程设置、教学方法、实践环节等方面进行经验分享和借鉴,提高教育水平及培养质量。通过互认,高校将面临更高的要求,并需不断改进教学内容和方法,以适应国际化的标准和需求,从而增加毕业生的竞争力,为其提供更多就业机会和发展空间,提升整个工程硕士教育的价值。

---

① 教育部学位办. http://www.moe.gov.cn/s78/A22/tongzhi/201805/t20180511_335692.html?eqid=cbda009c000027de00000002643696f4

② 张淑林,钱亚林,裴旭,等. 产教融合标尺下我国工程硕士联合培养的现实审视与推进路径[J]. 中国高教研究,2019(3):77-82.

③ 张乐平,王应密,陈小平. 全日制工程硕士研究生培养状况的调查与分析——以Z大学为例[J]. 学位与研究生教育,2012(3):11-17.

④ 周玉容,邓舒予. 工程类专业学位硕士培养目标同质化问题的诊断与破解[J]. 黑龙江高教研究,2022,40(01):103-109.

# 第二章　国内外工程硕士教育认证新进展

随着世界范围内受教育水平的普遍提升，工程教育层次结构向硕士层次拓展的趋势日益凸显，对硕士层次工程教育模式和专业认证的关注也随之增加。本章深入分析和比较国内外工程硕士教育认证的新进展和新趋势，分析了欧洲工程教育认证网络、英国、法国、德国、美国，以及亚洲国家如新加坡、日本、马来西亚和我国工程硕士教育认证的标准体系、毕业要求、胜任力等内容，以及实施情况的最新进展，为我国工程师培养改革和制定我国工程硕士国际认证标准提出建议。

## 一、欧洲 EUR-ACE 工程教育认证体系

### （一）组织体系

由于欧洲各国的工程教育体系非常多样化，为实现“博洛尼亚进程”（Bologna Process）即欧洲高等教育一体化和促进欧洲工程劳动力市场一体化这两大目的，欧洲工程教育认证网络（European Network for Accreditation of Engineering Education，ENAEE）于 2006 年由 14 个与工程教育相关的欧洲协会创建，现有正式会员组织 22 个，不完全资格会员 8 个。ENAEE 致力于专门解决工程师的教育问题，目标是提高和促进工程毕业生教育质量，以促进他们的职业流动，并增强他们承担经济和社会责任的个人和集体能力。

ENAEE 创建了欧洲范围内的互认体系，即欧洲工程教育 EUR-ACE® 互认体系（EUR-ACE® system）。EUR-ACE® 为工程学位项目（本科和硕士层次）提

供认证服务。这一体系得到了欧盟委员会"教育与文化"总司(DG "Education and Culture")①资助项目的支持②,并与欧洲工程师(European Engineer,EUR ING)注册相衔接。由此,与国际工程联盟(International Engineering Alliance,IEA)共同构成全球两大工程教育互认体系。

ENAEE 不直接认证工程学位项目,而是授权认证机构(如法国工程师职衔委员会)为通过认证的工程教育学士和硕士项目授予 EUR-ACE®(European Accredited Engineer)标签③,EUR-ACE®标签证明通过认证的工程学位课程遵循了高质量的教育和培训标准,在欧洲范围内广受认可。而工程师的注册则由代表欧洲各国工程师协会的欧洲国家工程协会联合会(Fédération Européenne d'Associations Nationales d'Ingénieurs,FEANI)④负责,自 2023 年 1 月 1 日起,FEANI 更名为 Engineers Europe⑤。

EUR-ACE®体系作为"博洛尼亚进程"与欧洲工程师跨国流动日益频繁的双重需要的产物,旨在建立一个范围上以欧洲高等教育区(EHEA)为核心的"泛欧洲认可"(pan-European)⑥逐步扩散到全球更大范围,旨在使欧洲各国多样化的资历框架和工程师职业资格具有可比性、可转换性、更透明、兼容性和更广泛认可,从而使各成员国的工程教育学位项目和工程师的相互认可,促进工科生和工程师流动性。与《华盛顿协议》体系思路一致,欧洲专业工程师的流动与互认以工程教育认证为基础。

为便于实现上述比较和转换的功能,也产生了博洛尼亚进程的核心工具之一——欧洲学分转移和积累系统(European Credit Transfer and Accumulation System,ECTS)⑦,使得包括工科学生在内的欧洲范围内学生更容易在不同国家

---

① DG EAC - DG for Education and Culture | Knowledge for policy (europa. eu). https://knowledge4policy. ec. europa. eu/organisation/dg-eac-dg-education-culture_en

② About ENAEE - ENAEE. https://www. enaee. eu/about-enaee/

③ Home ≫ International Engineering Alliance (ieagreements. org). https://www. ieagreements. org/ EUR-ACE®体系正式实施始于 2007 年,授予了第一个 EUR-ACE 标签。

④ 虽然 ENAEE 和 FEANI 是两个独立的组织,但它们在工程教育和职业资格的质量和互认上都有共同的利益,工作是互补的。通过 ENAEE 认证高质量的工程教育,为工程师提供了一个坚实的基础,从而更容易满足 FEANI 的欧洲工程师职业资格要求。

⑤ Engineering Council (engc. org. uk). https://www. engc. org. uk/international-activity/european-recognition/eur-ing/european-engineer-eur-ing-registration/

⑥ https://www. enaee. eu/eur-ace-system/standards-and-guidelines/#general-introduction

⑦ 欧洲学分转移和积累系统(ECTS). https://education. ec. europa. eu/education-levels/higher-education/inclusive-and-connected-higher-education/european-credit-transfer-and-accumulation-system

之间转学和积累学分,还有助于使其他文件(如作为毕业证书补充说明的毕业证书附录)在不同国家更清晰易用。此外,也有助于同一学习项目或终身学习进程中不同学习方式的融合,如大学学习和基于工作的学习的融合,也允许在一所高等教育机构获得的学分被计入在另一所机构攻读的学位中。至于ECTS如何发挥作用,核心是通过对学习成果和工作量(learning outcomes and workload)的理解来实现的,具体使用指南参照《ECTS用户指南》(*ECTS Users' Guide*)。目前,大多数欧洲高等教育区的国家已经采用了ECTS作为其国家的学分制度,并且在其他地区的使用也越来越多。

2014年11月19日在比利时布鲁塞尔,13家获得授权的机构就相互认可认证结果签署了一项互认协议(Mutual Recognition Agreement),即UR-ACE®协议(EUR-ACE® Accord)。EUR-ACE®协议的签署是工程教育和工程职业实践领域内的重要一步,它为工程教育质量保证和学位互认提供了一个强有力的框架。根据该协议,成员接受彼此学士学位和硕士学位课程方面的认可决定。这意味着,如果一个课程被一个签署机构认可,那么其他签署机构也将认可这个课程。

ENAEE的运行主要依据《章程》《内部细则》[①]等文件,包括成员资格的申请、选举等。ENAEE的治理结构包括:全体大会、管理委员会和EUR-ACE®标签委员会。

1)全体大会。全体大会是ENAEE的最高决策机构,每年至少开会一次,每个会员组织派出一位代表参加,截至2023年5月共29个代表。大会任命授权机构的代表组成EUR-ACE®标签委员会。

ENAEE采用机构代表制,其《章程》[②]中明确指出,会员分正式会员(full members)和准会员(associate members)两种。

①正式会员。ENAEE的会员资格向整个欧洲高等教育区域和其他工程教育和职业标准的机构开放[③]。目前,ENAEE正式会员组织有22个[④]。

---

① Structure of ENAEE - ENAEE. https://www.enaee.eu/about-enaee/structure-of-enaee/#statutes-and-bylaws

② https://www.enaee.eu/wp-content/uploads/2021/09/English-version-New-Statutes_-GA-28-June-2021.pdf

③ https://www.enaee.eu/eur-ace-system/standards-and-guidelines/#general-introduction

④ Members - ENAEE. https://www.enaee.eu/members/

②准会员。目前有 8 个准会员[①][②],准会员与正式会员的区别在于,可以参加全体大会,但不具备正式成员所具备的投票权和提议修改章程权。

2)管理委员会。管理委员会由 10 名成员组成,通常由大会选举,任期 3 年。领导层包括 1 位主席、2 位副主席和 1 位司库(Treasurer)。每位管委会成员的任期为 3 年,并且只能连任一次,每年都有 1/3 的管委会成员更替;主席由大会从 ENAEE 的会员组织提名的候选人中选举,任期 3 年,主席只能连任一次;司库由管委会从其成员中选举,任期 3 年;副主席由管委会在主席的提议下从其成员中提名,任期 3 年。副主席的职位在章程[③]中有明确规定。

3)EUR-ACE® 标签委员会。EUR-ACE® 标签委员会(EUR-ACE® Label Committee,LC)由管理委员会任命每个被授权认证机构的代表组成[④]。主席由会员组织提名,由管理委员会任命。标签委员会的角色是向 ENAEE 管理委员会提供是否要授权某些机构授予 EUR-ACE®标签的建议。这些被授权的认证机构的任务是对欧洲高等教育区域内的工程教育课程进行认证。简单地说,标签委员会主要负责认证机构的授权,而不是对具体项目或课程进行认证。

### (二)认证程序

EUR-ACE®既是一个框架也是一个标准体系,旨在识别欧洲和国际范围内质量较高的工程学位项目。具体标准见《EUR-ACE® 框架标准和指南》(*Eur-Ace Framework Standards and Guidelines*,EAFSG)[⑤]。

EUR-ACE®标签为工程资格赋予了国际互认价值,促进了学术和职业的双重流动[⑥]。其不仅在欧洲被广泛认可,影响力也逐渐扩散到其他国家。截至

---

① https://www.enaee.eu/about-enaee/structure-of-enaee/#ENAEE-member-organisations

② 是指那些与 ENAEE 有某种形式的合作关系或者是对工程教育认证感兴趣但并不具有完全的成员资格的组织。它们可能参与 ENAEE 的某些活动,但在组织的决策过程中可能没有投票权或者投票权受限。

③ English-version-New-Statutes _-GA-28-June-2021. pdf (enaee.eu). https://www.enaee.eu/wp-content/uploads/2021/09/English-version-New-Statutes_-GA-28-June-2021.pdf, https://www.enaee.eu/about-enaee/structure-of-enaee/#statutes-and-bylaws

④ The General Assembly appoints representatives from authorised agencies to make up the EUR-ACE® label committee Structure of ENAEE - ENAEE. https://www.enaee.eu/about-enaee/structure-of-enaee/#ENAEE-member-organisations

⑤ EUR-ACE® Framework Standards and Guidelines - ENAEE. https://www.enaee.eu/eur-ace-system/standards-and-guidelines/

⑥ EUR-ACE® system - ENAEE. https://www.enaee.eu/eur-ace-system/

2023 年 10 月 30 日，ENAEE 的授权组织认证活动涉及 47 个国家，共计超过 4000 个项目获得了 EUR-ACE® 标签。获得 EUR-ACE® 认证的本科证书如图 1 所示。

European Accreditation of Engineering Programmes
EUR-ACE® Bachelor

This is to certify that the engineering degree programme

Inginerie civilă (în limba engleză)/ Civil engineering (in english)

provided by
Universitatea Tehnică de Construcții din București/ Technical University of Civil Engineering Bucharest
accredited by
The Romanian Agency for Quality Assurance in Higher Education

on 25.01.2018　　until 24.01.2023

satisfies the criteria for Bachelor degree programmes specified in the EUR-ACE® Framework Standards for the Accreditation of Engineering Programmes, and therefore for the above period of accreditation is designated as a

EUROPEAN-ACCREDITED ENGINEERING BACHELOR DEGREE PROGRAMME.

certificate

For the European Network for Accreditation of Engineering Education (ENAEE)　　Agenția Română de Asigurare a Calității în Învățământul Superior

The President　　The President
Prof. Dr. Bernard Remaud

Brussels, 25.01.2018　　Bucharest, 25.01.2018

A graduate of this programme may define him/herself "EUR-ACE® Bachelor/Master" as appropriate.

图 1　EUR-ACE®认证的本科证书

《项目认证程序指引》(*Guidelines on Programme Accreditation Process*)①为高等教育机构、评审员和认证机构提供了认证的详细步骤和标准以确保认证过程的透明性、一致性和公正性。认证程序包括 6 个步骤：

**1. 申请**

认证程序应从高等教育机构提交认证申请开始。

---

① EUR-ACE®框架标准和指南 - ENAEE. https://www.enaee.eu/eur-ace-system/standards-and-guidelines/#guidelines-on-programme-accreditation-process

自我评估报告应考虑附录1[①]中列出的所有问题，并在认证小组实地考察前至少一个月提交相关文件。

### 2. 认证小组组成

认证过程基于同行评审原则，通常认证小组的成员应来自所涉及高等教育机构的国家管辖区。认证小组应至少包括三人，最好是更多，包括一名学生。认证小组至少应有一名学术成员和至少一名实践工程专业人士。所有认证小组成员都应接受足够的培训，以便他们能够专业地参与认证过程，且他们的简历应公开可获取。认证机构应促进为潜在的认证小组成员提供短期培训课程。

为了促进认证中良好实践的传播，认证机构应考虑引入来自管辖区外的外部观察员。认证小组的每个成员都应提供一份声明，表明其与正在进行认证的一个或多个项目的高等教育机构之间不存在利益冲突。在分发任何文件之前，应收到此声明。

### 3. 实地考察的持续时间

实地考察应至少持续两天，包括评估文件的任何预备会议和对高等教育机构的访问。

### 4. 实地考察议程应包括

在访问之前召开认证小组的预备会议，以确定在访问期间将获得哪些信息；与部门/大学负责人会面；与学术和支持人员会面；与在校生和往届生会面；与雇主/行业/专业工程机构代表会面；参观设施（图书馆、实验室等）；审查项目工作、期末考试试卷和其他评估工作（关于评估的标准和模式以及学生的学习成绩）；在访问结束时向高等教育机构提供反馈。

### 5. 课程评估

（1）根据经验中的良好实践，可以使用以下描述的判断有效分类对项目进

---

① 认证机构申请表. https://www.enaee.eu/wp-content/uploads/2020/05/Re-authorization_EUR-ACE-Application-approved-AC-March-2017-002.pdf

行评估。至少要考虑以下三点：

①毫无保留地接受。对已完全满足所有要求的项目，即使仍有改进的可能，也应判定为“可接受”。

②有条件/附加条件接受。对于未完全满足要求，但被认为在合理时间内(通常不超过认证全期的一半)可以解决的项目，应判断为“有条件接受”。

③不接受。对于未满足或未完全满足要求，并被认为在合理时间内无法解决的项目，应判断为“不接受”。

(2)认证小组准备一份认证报告。然后将认证报告(不含推荐意见)提交给高等教育机构，以核查事实错误并对报告提出声明。高等教育机构的声明被传递给认证小组成员，以审查认证报告并最终确定关于认证决定的推荐意见。

#### 6. 最终建议

(1)对于符合所有要求项目，应授予“无保留认证”，并可能指定改进程序的建议。在这种情况下，应给出完整的认证期限(不应超过6年)。

(2)如果一个或多个要求被认为是可接受的，但有附加条件/限制，应给予“有条件的认证/附加条件的认证”，并指定必须执行条件/限制的时间。在这种情况下，认证必须授予较短的时间段，之后必须验证是否遵守了条件/限制。

(3)对于未满足或未完全满足要求，且在合理的时间内无法解决的项目，应做出“不接受”的判断。在这种情况下，认证小组可以建议不给予认证。

### (三)标准体系

虽然ENAEE并不直接认证工程学位项目[①]，而是制定授予EUR-ACE®标签[②]的工程教育学士和硕士项目认证的依据，即《EUR-ACE®框架标准和指南》(*Eur-Ace Framework Standards and Guidelines*, EAFSG)[③]。该标准体现了广泛的适用性和包容性，一方面，不仅适用于所有工程分支，而且反映高等教育区内

---

① EUR-ACE®框架标准和指南 - ENAEE. https://www.enaee.eu/eur-ace-system/standards-and-guidelines/#standards-and-guidelines-for-accreditation-of-engineering-programmes

② International Engineering Alliance (ieagreements.org). https://www.ieagreements.org/EUR-ACE®体系正式实施始于2007年，授予了第一个EUR-ACE标签。

③ EUR-ACE®框架标准和指南 - ENAEE. https://www.enaee.eu/eur-ace-system/standards-and-guidelines/

部工程学位项目的多样性;另一方面,该标准也为毕业生提供了进入工程专业所需的教育,并在整个地区获得认可。此外,为了保证认证机构的质量,ENAEE 也制定了《认证机构的标准和准则》(*Standards and Guidelines for Accreditation Agencies*)①,确保参与 EUR-ACE®标签授予认证机构遵循一致的高标准和操作准则。这些措施共同促进了工程教育质量的提升,增强了工程学位的国际互认性和可信度。

EAFSG 主要包括学生工作量要求(Student Workload Requirements)、项目成果(Programme Outcomes)和项目管理(Programme Management)三部分。其中,前两部分学生工作量要求、项目成果必须符合 2005 年 5 月 19 日至 20 日由负责高等教育的欧洲部长的博根大会通过的《欧洲资格框架》(EQF)②。具体来说,该资格框架包括三个周期(circle)(在国家背景下包括中级资格的可能性),每个周期的通用描述(generic descriptors)都是基于学习成果。其中,第一周期对应于 EQF 第 6 级的学习成果,第二周期对应 EQF 第 7 级的学习成果③。推行 EQF 在于为欧洲范围内各种工程学学士和硕士学位项目提供一个可以进行转换的欧洲学分转换系统。具体学分描述为:工程学全日制学士学位项目为 180、210 或 240 ECTS 学分;工程学全日制硕士学位项目为 60、90 或 120 ECTS 学分。

ECTS 学分计算规则在《ECTS 用户指南》④中有详细规定:60 ECTS 学分相当于一年的学习或工作。在标准的学年中,这些学分通常被分解为若干较小的模块。一个典型的"短周期资格"(short cycle qualification)通常包括 90~120 ECTS 学分。一个"第一周期"(或学士学位)通常包括 180 或 240 ECTS 学分。通常,"第二周期"(或硕士学位)相当于 90 或 120 ECTS 学分。在"第三周期"即博士级别,ECTS 的应用有所不同。

---

① EUR-ACE®框架标准和指南 - ENAEE. https://www.enaee.eu/eur-ace-system/standards-and-guidelines/#standards-and-guidelines-for-accreditation-agencies

② 定义了八个资格水平,从基础技能(第一水平)到高级知识和技能(第八水平),涵盖了从初等教育到高等教育和成人教育的所有形式。每个水平都基于学习成果,即个人在完成学习过程后所获得的知识、技能和能力。

③ EUR-ACE® Framework Standards and Guidelines - ENAEE. https://www.enaee.eu/eur-ace-system/standards-and-guidelines/#standards-and-guidelines-for-accreditation-of-engineering-programmes

④ 欧洲学分转移和积累系统(ECTS). https://education.ec.europa.eu/education-levels/higher-education/inclusive-and-connected-higher-education/european-credit-transfer-and-accumulation-system

**1. 学生工作量要求**

“学生工作量要求”与相应学分要求。“学生工作量要求”通过欧洲学分转换系统的学分来描述和计算:工程学全日制学士学位项目至少 180 ECTS 学分;工程学全日制硕士学位项目至少 90 ECTS 学分;综合硕士学位项目(integrated programme,本硕连读)通常不包括学士学位的授予,应包括与上述一致的 ECTS 学分,即至少 270(180+90) ECTS 学分(在某些教育系统中为 240 个)。

**2. 项目成果**

EAFSG 的“项目成果”与 EQF 相一致。

(1)这一用于设计(由工程学学者)和评估(由认证机构)所有工程学分支和不同概况的方案,描述了经认可的工程学位项目必须使毕业生能够展示的知识、理解、技能和能力。以下规定的项目成果适用于 EUR-ACE 标签认可的项目。学习成果一词仅用于描述适用于各个课程单元的知识、理解、技能和能力。

(2)项目成果适用于欧洲高等教育机构提供的全部本科和硕士工程学位项目。它们被 ENAEE 社区定义为“最低门槛”,必须满足以确保工程教育项目的质量。

(3)项目成果可用于工程学各分支的课程设计和评估。

(4)标准描述了被认证课程必须满足的项目成果,但并没有规定实现这些成果的方式。因此,EAFSG 在设计课程以满足指定的项目成果方面,既没有暗示也没有打算施加任何限制。高等教育机构保留了制定个性化和特色化的课程的自由,开设新课程,并规定开设课程的条件。

(5)这里分别为本科和硕士学位课程描述了项目成果,具体见表 1。

(6)使用 ENAEE/IEA 术语表来核实本文件中使用的术语。

(7)学习领域描述符可能被授权机构(Authsorised Agency)采用或适应于当地情境和任何特定要求。在后一种情况下,应与 EUR-ACE 的描述保持密切一致。

从对比中也可以看到,硕士层次的课程要求相比于本科在 8 个学习领域上均有显著差异,体现在认知、思维、知识、能力和技能的全方面提升,具体来

**表1　本、硕项目成果对比**

| | 本　　科 | 硕　　士 |
|---|---|---|
| 知识与理解 | 学习过程应使学士学位毕业生能够证明：<br>● 对其工程专业基础的数学、计算和其他基础科学的知识和理解，达到实现其他项目成果所需的水平；<br>● 对其专业基础的工程基础知识和理解，达到实现其他项目成果所必需的水平，包括对其前沿的一些认识；<br>● 对更广泛的工程多学科背景的认识。 | 学习过程应使硕士毕业生能够证明：<br>● 对其工程专业基础上的数学、计算机和科学有深入的了解和理解，达到实现其他项目成果所必需的水平；<br>● 对其专业基础上的工程学科有深入的了解和理解，达到实现其他项目成果所必需的水平；<br>● 对其专业前沿的批判性意识；<br>● 对工程的更广泛的多学科背景和不同领域之间接口的知识问题的批判性意识。 |
| 工程分析 | ● 具备分析本专业领域复杂工程产品、流程和系统的能力；能够从已建立的分析、计算和实验方法中选择并应用相关方法；正确解释这类分析的结果；<br>● 能够识别、制定和解决自己研究领域的工程问题；能够从已建立的分析、计算和实验方法中选择并应用相关方法；认识非技术因此，如社会、健康和安全、环境、经济和工业的重要性。 | ● 能够在更广泛或多学科的背景下分析新的和复杂的工程产品、过程和系统；从已建立的分析、计算和实验方法或新的和创新的方法中选择和应用最合适和相关的方法；批判性地解释此类分析的结果；<br>● 能够将工程产品、流程和系统概念化；<br>● 能够识别，制定和解决不完全定义的陌生复杂工程问题，具有竞争性规范，可能涉及其研究领域之外的因素和非技术、社会、健康和安全，环境，经济和工业方面的约束；从已建立的分析、计算和实验方法或新的和创新的方法中选择和应用最合适和相关的方法来解决问题；<br>● 能够识别、制定和解决其专业新兴领域的复杂问题。 |
| 工程设计 | ● 有能力在其研究领域开发和设计复杂的产品(设备、人工制品等)、过程和系统，以满足既定的要求，其中可以包括非技术的意识，如社会、健康和安全、环境、经济和工业等考虑因素；选择和应用相关的设计方法；<br>● 能够利用对其工程专业前沿的认识进行设计。 | ● 有能力开发、设计新的和复杂的产品(设备、人工制品等)，工艺和系统，规格不完全定义和/或竞争，需要整合来自不同领域和非技术的知识，如社会、健康和安全、环境，经济和工业商业的限制；选择和应用最合适的和相关的设计方法或使用创造力来开发新的和原始的设计方法；<br>● 能够利用他们工程专业前沿的知识和理解进行设计。 |

续表

| | 本　　科 | 硕　　士 |
|---|---|---|
| 调查 | • 能够进行文献检索，查阅和批判性地使用科学数据库和其他适当的信息来源，进行模拟和分析，以便对其研究领域的技术问题进行详细的调查和研究；<br>• 能够咨询和应用其研究领域的行为准则和安全法规；<br>• 实验室/车间技能、设计和进行实验调查，解释数据并在其研究领域得出结论的能力。 | • 具备识别、定位和获取所需数据的能力；<br>• 能够进行文献检索，能够查阅和批判性地使用数据库和其他信息来源，能够进行模拟，以便对复杂的技术问题进行详细的调查和研究；<br>• 具有查阅和应用行业规范和安全法规的能力；<br>• 先进的实验室/车间技能、设计和进行实验调查的能力，批判性地评估数据并得出结论；<br>• 能够以创造性的方式调查新兴技术在其工程专业前沿的应用。 |
| 工程实践 | • 了解分析、设计和调查的适用技术和方法，以及它们在本研究领域的局限性；<br>• 解决复杂问题、实现复杂工程设计和进行研究领域调查的实用技能；<br>• 了解适用的材料、设备和工具、工程技术和工艺，以及它们在本研究领域的局限性；<br>• 将工程实践规范应用于所学领域的能力；<br>• 意识到非技术的因素，如社会，健康和安全，环境，经济和工业对工程实践的影响；<br>• 对工业和商业环境中的经济、组织和管理问题（如项目管理、风险和变更管理）的认识。 | • 对分析、设计和调查的适用技术和方法及其局限性有全面的理解；<br>• 实用技能，包括使用计算机工具解决复杂问题、实现复杂工程设计、设计和进行复杂调查；<br>• 对适用的材料、设备和工具、工程技术和工艺及其局限性有全面的了解；<br>• 具备应用工程实践规范的能力；<br>• 了解和理解非技术的因素，如社会、健康和安全、环境、经济和工业对工程实践的影响；<br>• 对经济、组织和管理问题（如项目管理、风险和变更管理）的批判性意识。 |
| 判断、沟通和团队合作 | • 能够收集和解释相关数据，处理其研究领域内的复杂性，并提供包括对相关社会和道德问题反思在内的判断；<br>• 能够在自己的研究领域管理复杂的技术或专业活动或项目，并负责决策。 | • 整合知识和处理复杂性的能力，在信息不完整或有限的情况下做出判断，包括反思与运用知识和判断为社会、经济和环境提供可持续解决方案相关的社会和道德责任；<br>• 能够管理复杂的技术或专业活动或项目，这些活动或项目可能需要新的战略方法，并承担决策责任。 |
| 终身学习 | • 认识到需要并从事独立终身学习的能力，了解科学技术发展的能力。 | • 具备独立进行终身学习的能力；<br>• 自主承担深造的能力。 |

说,要求更具有复杂性、创新性、跨学科性、联结性、深入性、情境化、持续自主性、独立性、前沿性、更全面的思维和宏观全局性、社会责任感等。

### 3. 项目管理

“项目管理”与《欧洲高等教育领域质量保证的标准和指南》(ESG)相一致。作为认证机构,应确认高等教育机构寻求认证的工程学位课程的管理能够:实现计划目标;提供教学和学习过程,使学生能够展示课程成果的成就;提供充足的资源;监督学生入学、转学、升学和毕业的规则;遵守内部质量保障程序。

项目管理有五项必须评估的关键领域。指南并不是规定性的,而是旨在帮助机构和高等教育机构满足标准。项目管理者可以根据自己的传统和资源来满足标准。具体包括:(1)课程目标;(2)教与学的过程;(3)资源;(4)学生入学、转学、升学和毕业;(5)内部质量保障。①

## 二、德国工程硕士教育模式与认证

### (一)组织体系

德国工科专业认证机构 ASIIN(Akkreditierungsagentur für Studiengänge der Ingenieurwissenschaften, der Informatik, der Naturwissenschaften und der Mathematik)是德国唯一的面向工程、信息科学、自然科学和数学专业本科和硕士教育项目的认证机构②,也是德国最大的工程教育认证机构③。它是在德国工程师协会(VDI)的倡导下,由各大学、应用科学大学、权威的科技协会、专业教育和进修联合会以及重要的工商业组织共同参与建立的非营利机构④。该机构也是欧洲工程专业教育常设观察站(ESOEPE)的发起者之一。

---

① EUR-ACE®框架标准和指南 - ENAEE. https://www.enaee.eu/eur-ace-system/standards-and-guidelines/#standards-and-guidelines-for-accreditation-of-engineering-programmes

② 黄梅,蔡学军. 中国人事科学研究院编. 世界主要国家(地区)工程师制度[M]. 北京:党建读物出版社,2016, 91.

③ 王孙禺,乔伟峰,徐立辉,郑娟. 基于大工程观的工程专业学位研究生培养[M]. 北京:清华大学出版社,2022,18.

④ 王孙禺,乔伟峰,徐立辉,郑娟. 基于大工程观的工程专业学位研究生培养[M]. 北京:清华大学出版社,2022,18.

ASIIN 成立的初衷是为了与国际标准实现衔接和等效,推动传统教育系统与国际交融,实现欧洲高等教育一体化。ASIIN 在推进国际互认方面取得了一定成效,获得了颁发以下多种专业认证标签或印章的授权①,其范围不限于颁发 EUR-ACE 标签,还涉及其他学科领域的专业认证,如表 2 所示。

**表 2　ASSIN 授予的欧洲标签种类**

| 不同专业标签 | 标签或印章 |
| --- | --- |
| 工程科学<br>“欧洲工程师”标签 | EUR-ACE®<br>(European Accredited Engineer) Label |
| 化学科学<br>欧洲标签 | Euro Label |
| 计算机科学/商业信息学<br>欧洲 INF 标签® | Euro-Inf® Label |
| 食品科学<br>EQAS-食品标签 | EQAS-Food Label |
| 医学<br>基于世界医学教育联合会(WFME)标准的<br>AMSE/ASIIN 印章 | AMSE/ASIIN seal |

## (二) 标准体系

ASSIN 认证的项目种类多样化,覆盖范围包括从正式的学位教育到非正式的个人和职业发展课程。总体来说,按照是否学位项目分为两类:学位项目认证②和继续教育证书(further education certificate)的认证。另外,关于博士学位的认证,从 2021 年 3 月 16 日开始,申请 ASIIN 印章的结构化博士项目,还要根据《结构化博士附加认证标准》进行评估。

### 1. 学位项目认证③

ASSIN 所有认证印章都基于公认的、定义明确的、以学习成果为导向的专业标准,符合欧洲资格框架(EQF)和指南,这些标准引领着认证程序。标准主

① 项目认证与标签[EB/OL]. https://www.asiin.de/en/programme-accreditation/quality-seals.html

② Programme Accreditation - ASIIN. https://www.asiin.de/en/programme-accreditation.html

③ https://www.asiin.de/de/programmakkreditierung/qualitaetskriterien.html

要描述：一是设计项目所遵循的原则；二是项目若想获得认证需要满足的要求。①

2023年3月28日，发布了长达31页的最新版本的认证标准文件——《学位项目认证标准 - ASIIN质量印章——工程、信息技术、自然科学、数学、医学及与其他学科领域的结合》(Criteria for the Accreditation of Degree Programmes - ASIIN Quality Seal——Engineering, Informatics, Natural Sciences, Mathematics, Medicine and combinations with other subject areas)，详细描述了包括等多个具体领域印章的学习项目的认证标准②。关于标准有两点要特别说明：(1)ASIIN认证的广泛适用性和灵活性。适用学科包括工程、建筑、信息、自然科学、数学、医学、经济学以及跨学科项目。(2)仅适用于EQF 6级及以上的学位项目(即本科及以上)。ASIIN认证的重点是在于确保较高教育水平的课程质量。

上述该学位项目标准文件包括三部分主体内容：(1)是授予印章或标签的要求。包括通用标准和领域特殊标准，以及ASIIN印章与欧洲领域特殊标签之间的关系；这些标签可能包括NEAEE的EUR-ACE®、EQANIE的Euro-Inf®、ECTNA的Eurobachelor®/Euromaster®等。(2)是认证标准。详细说明了获得ASIIN印章或相关的欧洲特殊标签的学位项目需要满足的质量标准。(3)是程序性的指南，提供关于认证过程、申请方法、评估流程等方面的指导。

**2. ASIIN认证体系的特点**

(1)采用基于学生工作量的学分制度。强调通过学生工作量(包括上课时间和自学时间)来分配学分，确保学生在课程学习和个人学习中所投入的总时间得到充分考虑。

(2)学分要求。学士学位项目的总工作量至少为180 ECTS学分，硕士学位项目的总工作量至少为60 ECTS学分。但通常情况下，学生在获得硕士学位时应累积达到300 ECTS学分。

---

① Quality Seals - ASIIN. https://www.asiin.de/en/programme-accreditation/quality-seals.html

② 0.3_Criteria_for_the_Accreditation_of_Degree_Programmes_2023-03-28.pdf (asiin.de). https://www.asiin.de/files/content/kriterien/0.3_Criteria_for_the_Accreditation_of_Degree_Programmes_2023-03-28.pdf

(3)质量保障与管理。ASIIN 对认证的理解和初衷是通过定期的内部质量保证和持续改进,吸引所有利益相关者参与,以支持高等教育机构教学的持续改进。此外,还使用不同的质量保障工具,如各种调查、学生统计等来收集数据,并将结果传达给学生。质量保障或质量管理体系还为认证和再认证提供了与前一个认证周期相关的定量和定性数据的关键证据,证明其过往的学位项目的目标已经实现,并记录任何偏差。

(4)考试与评估。考试与特定模块相关,每个模块都对应各自的考试类型和方式,旨在反映学生已获得哪些能力。期末论文或期末项目是学位项目的重要组成部分,证明学生能够独立完成预期水平的任务。

(5)教学方法。强调以学生为中心的学习和多样化互补的教学方法、手段和工具,以支持学生达成最终的学习成果。引导学生进行独立的科学工作,培养学生的研究能力和批判性思维。当然,也需要定期审查所使用的学习和教学方法是否支持实现课程目标。

(6)毕业证书和毕业证书附录。在学生毕业后不久便会发放毕业证书(Diploma)(见图 2 ASIIN Diploma 示例)和一份毕业证书附录(Diploma Supplement)。毕业证书附录是一种标准化的文件,提供足够的单独数据,主要在于展示关于毕业生学业成就和所获得学位的背景性、标准化细节信息,并且须向学生提供英文版,以提高学历(文凭、学位、证书等)的国际透明度和公平的学术及职业认可,促进毕业生流动性和就业能力。

需要指出的是,毕业证书附录是原始毕业凭证的补充,而不是替代。具体来说,毕业证书附录提供了关于学生资格档案和个人学术表现的详细信息,如各个学习模块的成绩,并解释最终成绩的计算方法;还包括了根据欧洲学分转换系统《用户指南》中设定的统计数据,从而能够更全面地理解和评估学生的个别成绩,理解成绩在更广泛背景下的意义;还提供了关于整个课程所属教育体系中的分类和定位的背景,如课程描述[包括课程的名称、类型(如学士、硕士)、学科领域、时间、授予机构、有效期限等]、教育体系的背景(如描述该课程是如何适应欧洲标签)等。这些信息使得课程和学位国际雇主、学术机构以及其他利益相关者能更加透明全面地了解学生的整体学术表现,对学生未来的学术或职业发展非常重要。

毕业证书附录的使用是一个广泛采用的国际实践,不限于 ASIIN 认证体

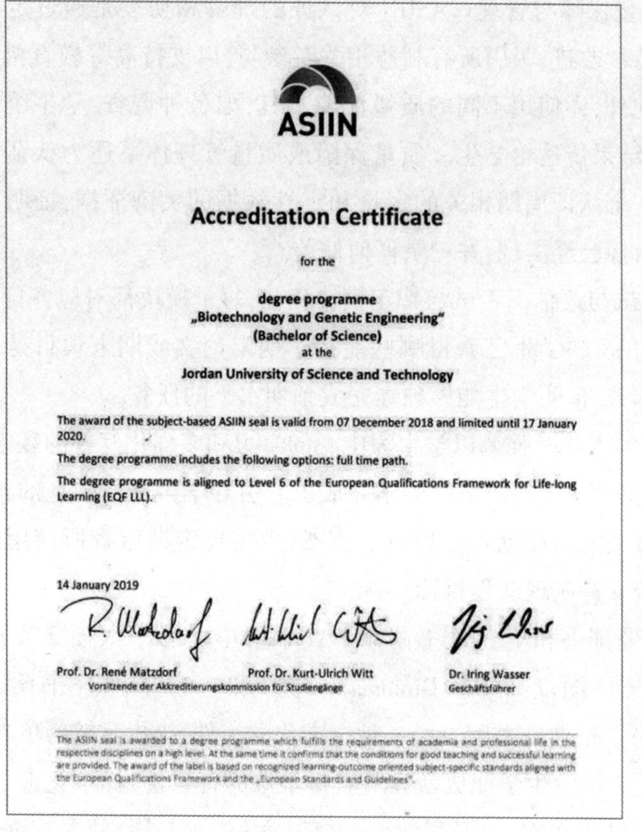

ASIIN

**Accreditation Certificate**

for the

**degree programme**
**„Biotechnology and Genetic Engineering"**
**(Bachelor of Science)**
at the
**Jordan University of Science and Technology**

The award of the subject-based ASIIN seal is valid from 07 December 2018 and limited until 17 January 2020.

The degree programme includes the following options: full time path.

The degree programme is aligned to Level 6 of the European Qualifications Framework for Life-long Learning (EQF LLL).

14 January 2019

Prof. Dr. René Matzdorf　　Prof. Dr. Kurt-Ulrich Witt　　Dr. Iring Wasser
Vorsitzende der Akkreditierungskommission für Studiengänge　　Geschäftsführer

The ASIIN seal is awarded to a degree programme which fulfills the requirements of academia and professional life in the respective disciplines on a high level. At the same time it confirms that the conditions for good teaching and successful learning are provided. The award of the label is based on recognized learning-outcome oriented subject-specific standards aligned with the European Qualifications Framework and the „European Standards and Guidelines".

图 2　ASIIN Diploma 示例

系,而且于 2004 年被纳入欧洲委员会、欧洲理事会建立的欧洲职业通行证框架。它是由欧洲委员会、欧洲理事会和联合国教科文组织(Council of Europe, European Commission and UNESCO)联合开发的。一些学校遵循这些国际指导原则,制定了自己的毕业证书附录模板,如约旦科技大学制定的毕业证书附录模板(见图 3)①、Reutlingen University②、INSTITUT TEKNOLOGI BANDUNG③。

① Diploma Supplement (just. edu. jo). https://just. edu. jo/FacultiesandDepartments/FacultyofScienceandArts/Departments/BiotechnologyandGeneticEngineering/Pages/Diploma-Supplement. aspx

② https://www. hhz. de/fileadmin/_migrated/media/hsrt_informatik_SCM_DiplomaSupplement. pdf

③ https://gd. fitb. itb. ac. id/wp-content/uploads/sites/68/2016/03/Example-Diploma-Supplement-GGE. pdf

**Jordan University of Science and Technology**

**Diploma Supplement**

**This Diploma Supplement model was developed by the European Commission, Council of Europe and UNESCO/CEPES. The purpose of the supplement is to provide sufficient independent data to improve the international 'transparency' and fair academic and professional recognition of qualifications (diplomas, degrees, certificates etc.). It is designed to provide a description of the nature, level, context, content and status of the studies that were pursued and successfully completed by the individual named on the original qualification to which this supplement is appended. It should be free from any value judgements, equivalence statements or suggestions about recognition. Information in all seven sections should be provided. Where information is not provided, an explanation should give the reason why.**

**1. INFORMATION IDENTIFYING THE HOLDER OF THE QUALIFICATION**

1.1 Family name(s)
*XXXX*

1.2 First name(s)
*XXXX*

1.3 Date of birth (dd/mm/yyyy)
*dd/mm/yyyy*

1.4 Student identification number or code (if applicable)
*Student Serial Number*

**2. INFORMATION IDENTIFYING THE QUALIFICATION**

2.1 Name of qualification and (if applicable) title conferred (in original language)
**Bachelor of Nutrition and Food Technology**
بكالوريوس في التغذية وتكنولوجيا الغذاء

2.2 Main field(s) of study for the qualification
**Nutrition and Food Technology**

2.3 Name and status of awarding institution (in original language)
**Jordan University of Science and Technology, Public University**
جامعة العلوم والتكنولوجيا الأردنية، جامعة حكومية

2.4 Name and status of institution (if different from 2.3) administering studies (in original language)
*Same as 2.3*

2.5 Language(s) of instruction/examination
**English**

Certification Date:　　　　Chairwoman/Chairman Examination Committee

图3　约旦科技大学制定的毕业证书附录模板示例

## （三）认证程序

ASIIN 所有的高质量印章学习课程的申请认证程序都是一样的，分为五个阶段①：

### 1. 准备及申请

大学使用申请表通过电子邮件向 ASIIN 办公室提交申请。申请中务必要包含所申请认证的项目的课程概述。申请的第一步，是提交给有关技术委员会。ASIIN 将根据各技术委员会的建议拟订一份提议（offer）。

① ASSIN 程序[EB/OL]. https://www.asiin.de/en/programme-accreditation/procedure.html

**2. 自评报告及初审**

在这一步，大学根据指导方针/模板准备一份自我评估报告。在最终提交自我评估报告之前，ASIIN会提供一个书面初步审查或初步面试，以检查报告的正式完整性。

**3. 现场访问的准备和执行**

ASIIN根据前述技术委员会的建议组建一个专家团队，并与大学合作计划现场访问（审核）。

**4. 起草报告**

前述审计结束后，ASIIN办公室将准备一份报告。大学有机会发表评论。

**5. 在ASIIN委员会的处理和结论**

在大学发表意见后，专家们向技术委员会和认证委员会发表最终声明和建议。随后，该程序由负责的技术委员会和认证委员会处理。认证委员会做出最终决定。在ASIIN委员会处理完程序后，大学会收到最终报告和决定。

### （四）院校培养体系

德国的教育体系因州而异，但其基本的K-12教育体系在全国范围内相对统一。与美国类似，教育是德国各州的责任，但有一个州教育部长会议（Kultusministerkonferenz，KMK）负责在国家层面协调教育实践，确保在不同州之间的统一性和协作。

然而，尽管存在一些差异，德国各地的学校系统基本上遵循相同的结构。这包括传统模式下采用三级教育体系（Three-Tiered School System），即在大约10岁时将学生分为三个不同的轨道：（1）面向有志于上大学的优秀学生的文理中学（Gymnasium）；（2）面向有望获得平均或更好的白领职位的学生的实科中学（Realschule）；（3）面向学徒和蓝领工作的基础学校（Hauptschule）[①]。

在高等教育领域，经过学位体系的改革后仍然保留了一些传统，因此，德

① 德国学校体系 · 德国方式及更多（german-way. com）. https://www.german-way.com/history-and-culture/education/the-german-school-system/

国呈现出新与旧、本土与国际通行并存的局面。传统的高等教育体系采用五年制学位课程，1999 年成为欧洲高等教育区博洛尼亚进程的签署国后，德国的许多大学逐渐从传统的文凭(Diplom)和硕士学位(Magister Artium)[①]体系转变为采用英美式的学士/硕士体系(bachelor's and master's degrees)，即三年学士和两年硕士的学制，以与欧洲其他国家保持一致性。经济合作与发展组织(OECD)曾估计，德国 60% 的大学现在提供学士/硕士风格的学位，而不是传统的文凭[②]。目前，几乎所有德国的大学都提供学士和硕士学位教育，但仍有一些学校保持颁发某些特殊学科的传统学位，如 Magister、Diplom 或 Staatsexamen[③]。

在德国的工程教育领域，现在既有工程硕士(M. ENG)，也有工学硕士学位(Master of Science)，还有文凭。德国有机械与工艺工程、电气工程、土木工程和建筑这四大工程学科，其中有 3600 多个工程学位项目，约 1600 个工程硕士学位项目[④][⑤]。根据"高等教育指南"网站的检索，工程学科仍以"Diplom"作为最终文凭有 33 个学习项目[⑥]。授予"Diplom"工程教育项目，既有本科课程，也有硕士课程。

比如，德雷斯顿工业大学的土木工程学院决定保留并继续授予传统的工程师文凭(Diplom-Ingenieur，Dipl. -Ing. )，并采用了模块化的课程结构设计，以使得该课程与其他国家的土木工程硕士课程兼容，保持广泛的国际

---

① "Diplom"与"Magister Artium"都相当于新的硕士学位 new master's degree。Higher Education Handbook Germany. https://handbookgermany.de/en/higher-education#:~:text=Update%2001,is%20called%20the%20%E2%80%9CBologna%20Process%E2%80%9D

② A Matter of Degrees: German Education Reform and Its Consequences - Knowledge at Wharton (upenn.edu). https://knowledge.wharton.upenn.edu/article/a-matter-of-degrees-german-education-reform-and-its-consequences/#:~:text=The%20transition%20to%20the%20BA%2FMA,be%20complete%20by%20fall%202009

③ 头衔和学位：在巴伐利亚学习(study-in-bavaria.de). https://www.study-in-bavaria.de/how/german-higher-education-system/titles-and-degrees.html#:~:text=To%20BA%20or%20not%20to,for%20any%20particular%20degree%20programme

④ https://www.daad.de/de/studieren-und-forschen-in-deutschland/studium-planen/faechergruppen/ingenieurwissenschaften/

⑤ https://www.studycheck.de/studium/allgemeine-ingenieurwissenschaft/master#:~:text=Wenn%20du%20Dich%20f%C3%BCr%20ein,Studium%2C%20in%20Teilzeit%20oder%20berufsbegleitend

⑥ 高级学位课程搜索 - Hochschulkompasshttps://www.hochschulkompass.de/en/degree-programmes/study-in-germany-search/advanced-degree-programme-search.html?tx_szhrksearch_pi1%5Bsearch%5D=1&tx_szhrksearch_pi1%5Bstudtyp%5D=3&tx_szhrksearch_pi1%5BQUICK%5D=1&tx_szhrksearch_pi1%5Bfach%5D=engineering&tx_szhrksearch_pi1%5Babschluss%5D%5B%5D=1

认可①。其中,认证土木工程文凭[STUDIENGANG BAUINGENIEURWESEN (DIPLOM) akkreditiert]②学制为全日制,共 10 学期即 5 年③,学习类型为本科(Undergraduate),授予证书为"工程师文凭"(Diplom-Ingenieur/-in, Dipl.-Ing.),入学需要具备普通高等教育入学资格(Abitur)或具有同等大学入学资格。第 1~3 学期进行本科阶段学习(Grundstudium),并且以远程学习的方式进行,第 4~10 学期进行主要课程④。此外,土木工程专业的文凭课程还提供机会,让学生在学习的同时,可以并行完成建筑行业技术工人的学徒职业培训。参加这种合作式学习(Kooperativen Studiums)的毕业生,不仅能获得学历,还能根据工商会(Handwerkskammer)的要求获得职业资格证书(Berufsabschluss)。这种结合学术学位和职业培训的教育模式,为学生提供了同时获取理论知识和实践技能的机会。⑤

德国的工程硕士学位学习 3~4 学期,具体要视大学和学科情况而定。以汽车工程硕士(Master of Automotive Engineering)为例,慕尼黑工业大学是 4 学期⑥,亚琛工业大学⑦、科隆应用科技大学⑧都是 3 学期。⑨

---

① https://tu-dresden.de/studium/vor-dem-studium/studienangebot/sins/sins_studiengang?autoid=269#partic

② Bauingenieurwesen studieren (Diplom) ✓ TU Dresden (tu-dresden.de) https://tu-dresden.de/studium/vor-dem-studium/studienangebot/sins/sins_studiengang?autoid=269

③ https://www.hochschulkompass.de/en/degree-programmes/study-in-germany-search/advanced-degree-programme-search/detail/all/search/1/studtyp/3/pn/1.html?tx_szhrksearch_pi1%5BQUICK%5D=1&tx_szhrksearch_pi1%5Bfach%5D=engineering&tx_szhrksearch_pi1%5Babschluss%5D%5B0%5D=1

④ https://tu-dresden.de/studium/vor-dem-studium/studienangebot/sins/sins_studiengang?autoid=269

⑤ Bauingenieurwesen studieren (Diplom) ✓ TU Dresden (tu-dresden.de) https://tu-dresden.de/studium/vor-dem-studium/studienangebot/sins/sins_studiengang?autoid=269#partic

⑥ Degree programmes in Germany - DAAD. https://www.daad.de/en/study-and-research-in-germany/courses-of-study-in-germany/all-study-programmes-in-germany/detail/munich-university-of-technology-automotive-engineering-w63863/?hec-q=Engineering%20&hec-degreeProgrammeType=w&hec-degreeType=37&hec-id=w63863&hec-offset=5

⑦ 汽车工程 M.Sc - ika (rwth-aachen.de) https://www.ika.rwth-aachen.de/de/studium/studieng%C3%A4nge/automotive-engineering-msc.html, Study "Automotive Engineering" in Germany - RWTH Aachen University - DAAD

⑧ Study "Automotive Engineering" in Germany - Technische Hochschule Köln - DAAD. https://www.daad.de/en/study-and-research-in-germany/courses-of-study-in-germany/all-study-programmes-in-germany/detail/technische-hochschule-koeln-automotive-engineering-w20450/?hec-q=Engineering%20&hec-degree-ProgrammeType=w&hec-degreeType=37&hec-id=w20450&hec-offset=3

⑨ 德国学位课程 - DAAD. https://www.daad.de/en/study-and-research-in-germany/courses-of-study-in-germany/all-study-programmes-in-germany/?hec-q=Engineering%20&hec-degreeProgrammeType=w&hec-degreeType=37

科隆应用科技大学(TH)汽车工程硕士(Automotive Engineering,Master of Science)①入学要求:完成汽车工程或其他相关学位课程的大学学习,获得工程学士学位,总成绩至少为良好。此外要认定学位课程的相关性,如果学位课程教授的科学、数学和工程科学知识至少达到 110 ECTS 学分,并且包括至少 30 ECTS 学分的车辆课程模块相关知识,则该学位课程是相关的。根据 ECTS 的规定,少于 210 个学分的学位的申请人可以被录取,但须有条件。在分班考试中表现出良好的英语水平是进入该课程的必要条件。根据该测试的结果,学生必须完成任何语言课程或一到两个学期的语言课程。这些由具有相应资格水平的教师提供②。

茨维考西萨克森应用科技大学汽车工程硕士学位项目既有 2 学期也有 3 学期③。工程硕士的入学要求是取得与汽车相关的本科专业的学位,如 B. Eng. 或同等学位。相对硕士来说,本科入学要求则灵活多样,根据教育系统和高等教育机构的类型,入学资格有不同的形式。最常见的形式是在文理中学完成中等教育后,进行毕业考试和获得毕业证书(Abitur),就意味着学生完成了德国高级中等教育,并具备了进入大学的资格。此外,还有其他形式的大学入学资格(Hochschulzugangsberechtigungen,HZB):

- 具有高等教育入学资格的学校毕业证书(三选一):普通高等教育资格(Abitur);应用科学大学的入学资格;特定专业的高等教育资格。
- 具有高等教育入学资格④的职业资格:高级培训(Aufstiegsfortbildung)⑤(如大师/师傅证书(Meisterabschlüsse)、技师证书(Technikerabschlüsse)、

① Study "Automotive Engineering" in Germany - Technische Hochschule Köln - DAAD. https://www.daad.de/en/study-and-research-in-germany/courses-of-study-in-germany/all-study-programmes-in-germany/detail/technische-hochschule-koeln-automotive-engineering-w20450/?hec-q=Engineering%20&hec-degreeProgrammeType=w&hec-degreeType=37&hec-id=w20450&hec-offset=3

② Degree programmes in Germany - DAAD. https://www.daad.de/en/study-and-research-in-germany/courses-of-study-in-germany/all-study-programmes-in-germany/detail/technische-hochschule-koeln-automotive-engineering-w20450/?hec-q=Engineering%20&hec-degreeProgrammeType=w&hec-degreeType=37&hec-id=w20450&hec-offset=3

③ https://www.fh-zwickau.de/studium/studieninteressenten/studienangebot/

④ Studienvoraussetzungen auf Westsächsische Hochschule Zwickau (fh-zwickau.de). https://www.fh-zwickau.de/studium/studieninteressenten/bewerbung/studienvoraussetzungen/

⑤ Aufstiegsfortbildung auf Westsächsische Hochschule Zwickau (fh-zwickau.de). https://www.fh-zwickau.de/studium/studieninteressenten/bewerbung/online-bewerbung/bewerber-mit-deutschen-abschluessen/aufstiegsfortbildung/

行业协会的高级培训课程毕业),完成高级培训将获得相当于 Abitur 的一般大学入学资格;入学考试(Zugangsprüfung)[①](职业资格证书+在所学专业领域的三年工作经验)。

## 三、英国工程硕士教育模式与认证

### (一) 组织体系

英国的工程教育组织体系由三部分构成:高等教育质量保障机构(Quality Assurance Agency,QAA)、工程理事会(Engineering Council,EngC 或 EC)和由工程理事会许可的各领域工程学会(sector specific professional engineering institutions)。这种认证体系既保证了通用性,又有针对具体学科特色的灵活操作性。QAA 和 EC 有着不同的角色定位,如表 3 所示。但是,它们在保证高等工程教育的质量上的目标一致。

**表 3 QAA 与 EC 的角色定位区别**

| | QAA | EC |
|---|---|---|
| 角色 | 1. 监督和保障高等教育质量和标准。受委托负责监督和为高等教育标准和质量提供建议。<br>2. 提供质量保障框架。虽不直接参与特定学科如工程教育的认证,但它为包括工程学在内的所有高等教育课程,提供了质量保障的框架。旨在确保所有课程达到国家标准。 | 1. 工程专业的监管机构。特别关注工程教育及其与工程行业的需求和标准的对齐。<br>2. 制定和维护标准。为工程专业制定并维护有关教育、专业能力和承诺的标准,包括注册工程师的标准。<br>3. 对工程学位课程进行认证。<br>4. 授权工程学会进行学位课程认证、工程师注册资格的评估。 |
| 活动与重要文件 | 1. 制定各层次和类型学位的质量标准,如《高等教育质量规范》。<br>2.《学科基准声明》。发布包括工程学在内的各个学科的学科基准声明。工程学的基准陈述概述了毕业生在学习结束时可能需要知道、做什么和理解什么。 | 1. UK-SPEC。详细描述了成为注册工程师的能力要求。它为学位课程认证提供了标准。<br>2. 制定与工程教育和职业实践相关的标准,如 AHEP。 |

① Zugangsprüfung auf Westsächsische Hochschule Zwickau (fh-zwickau. de). https://www.fh-zwickau.de/studium/studieninteressenten/bewerbung/online-bewerbung/bewerber-mit-deutschen-abschluessen/zugangspruefung/

续表

| | QAA | EC |
|---|---|---|
| 合作 | 虽然QAA和EC在职责上有所不同,但在确保工程教育质量上的目标是一致的。特别是在工程学科基准声明方面,QAA制定的基准声明为工程教育提供了质量和成果的框架,而EC确保这些基准与工程学位课程的要求保持一致,从而培养出为专业实践做好准备的毕业生。 | |

**1. 高等教育质量保障机构QAA**

QAA成立于1997年,致力于保障并不断提高英国高等教育的质量。该组织制定了各层次和类型学位的质量标准。QAA是英国高等教育大学学院签署授权的独立组织,向监管机构学生办公室(Office for Students,OfS)提供审查和建议,是受委托监督和为高等教育标准和质量提供建议的独立机构。宗旨是保障英国大学和院校的高等教育质量和标准,使学习者尽可能获得最佳学习体验,并促进高等教育质量的持续提升和改进。虽然它不直接开展工程教育的认证,但它为所有的高等教育项目,包括工程学教育项目,提供质量保障的框架。其发布的《高等教育质量规范》(*The UK Quality Code for Higher Education*)是一套为英国高等教育机构设计的标准和指导原则,目的是确保教育质量和学术标准的维持与提升。

在QAA发布的系列高等教育质量保障文件中,与工程教育认证和质量相关的包括:《工程学科基准声明》(*Subject Benchmark Statement: Engineering*),该文件介绍了工程学位的目的、特征以及本科(荣誉学位)、硕士(综合Integrated master与Postgraduate master)工程学位的基准标准、课程内容等。QAA的《学科基准声明》需要进行周期性地审查,以确保它们对学科共同体尽可能有用,包括为课程设计和保障学术标准提供支持。

**2. 工程理事会——核心机构**

工程理事会[①]是1981年皇家特许的专业工程师制度的核心机构,1996年正式被承认作为英国工程师专业团体代表,在《皇家宪章》的许可下运作。1986年,工程理事会作为6个发起团体之一代表英国加入了《华盛顿协议》。

① https://www.engc.org.uk/media/4091/pocket-guide-to-registration-2022-2023.pdf

同时是英国工程教育专业认证和工程师注册的统筹和监管机构。一方面,它负责起草和发布的工程师认证标准和专业能力标准、申请和注册程序等法规性文件[包括纲领性文件《工程专业能力标准》(*UK Standard for Professional Engineering Competence*,UK-SPEC)]。此外,在UK-SPEC的基础上,工程理事会还制定了工程领域高等教育项目认证的总体要求《高等教育认证》(*Accreditation of Higher Education Programmes*,AHEP),包含通用型学习成果。由于直接得到英国政府的授权,其制定的标准、文件等有很强公信力。另一方面,在英国工程师体系中,工程理事会是工程教育专业认证和工程师注册的统筹和监管机构,负责管理、监督和授权认证机构、协调相关利益等工作。

这种统筹管理方式保证了工程教育专业认证与工程师的注册两者之间具有天然关联性,使得学习与实践、学习与工作实现了更早的紧密关联。一方面,专业认证保证在教育阶段即"前端"符合一定的标准,为后续的工程师注册提供教育基础;另一方面,工程师注册时要求申请者具备经过认证的学历教育基础,这也促使学校在专业教育阶段更加注重"后端""职业端"即注册和应用阶段的实际要求和需要。

**3. 专业工程机构——充当"桥梁"承上启下**

工程理事会只负责制定通用标准,具体执行则由各行业的专业工程机构负责,主要涉及两方面工作:一是制定行业特定的补充标准,结合特定行业特点,制定基于通用标准的补充细则和针对性标准;二是负责具体专业认证和工程师的注册管理的执行工作。需要强调的是,尽管工程理事会会对工程机构进行认证,但是,工程理事会和专业工程机构并不具备从属关系,而是在业务上各有侧重,共同服务于英国工程师行业。

在英国,若想使用工程技术员(EngTech)、注册工程师(IEng)和特许工程师(CEng)这三个工程师头衔,必须经过专业工程机构认证。在工程组织体系运作中,专业工程机构在工程师个体与工程理事会之间充当了"桥梁"角色,负责具体事务的执行、实施工作。但并不是所有机构都有资格扮演上述角色,只有群众基础好、规模大、权威性高,经英国工程理事会认证、授权的才具备相关资质,也只有专业工程机构才有权合法地依据工程理事会的标准,实施相应的教育鉴定和个人资质认证以及工程专业注册,目前共有36个专业工程机构获得工程理事会的授权。

## （二）标准体系

工程教育认证基于 EC 制定的《工程专业能力标准》，并通过与专业工程机构合作，确保教育标准与行业需求保持一致。该标准描述了在英国范围内从事工程师职业以及工程技术员（EngTech），注册工程师（Incorporated Engineers，IEng）或特许工程师（Chartered Engineers，CEng）等各类工程师头衔[①]的专业注册标准。该标准最新一次更新是 2020 年，第 4 版于 2021 年 12 月 31 日开始实施[②]。标准包括两个不同但又彼此联系的学习成果类别。第一类是通用型的学习成果（General Learning Ourcomes），适用于所有类型的项目；第二类是适用于特殊专业领域的。此外，在《专业工程能力标准》的基础上工程理事会还制定了工程领域高等教育认证（AHEP）的总体要求，其中也包含通用型的学习成果。

英国工程教育学位认证体系在标准层面，以工程能力为操作化的核心概念，将《工程专业能力标准》（UK-SPEC）与《高等教育认证》（AHEP）、《工程学科基准声明》有效整合，从而实现了学术学习和职业实践之间的对接，确保了从工程教育到工程实践的连贯性和一致性，建立了一个既涵盖教育认证也覆盖能力认证，且彼此相互参照、衔接、内在一致的标准体系，同时保障了工程师的专业能力与行业需求的一致性，如表 4 所示。

《高等教育认证》（AHEP）规定了学位认证的标准以及申请程序等，是经过工程理事会授权的专业领域工程专业机构在进行学位认证时参照的标准依据。工程理事会设定了工程领域的高等教育学位认证的总体要求，同时 AHEP 符合 UK-SPEC，也就是说，工程理事会制定的这两个文件彼此对照[③]。不同的工程专业领域的机构根据各自领域的实际情况和特点进行解读和应用标准文件，在决定某个学位项目是否满足“EC 认证学位”的状态时参照、使用这些标准[④]。《AHEP》体现了教育认证与工程师认证的内在一致性与联系，经认证的学位课程意味着完全或部分满足注册为注册工程师（IEng）或特许工程师（CEng）的教育要求[⑤]。工程学位项目认证的标准是与工程行业协商制定的，

---

① https://www.engc.org.uk/ceng

② https://www.engc.org.uk/ukspec、https://www.engc.org.uk/media/3877/uk-spec-v12-web.pdf

③ Engineering Council (engc.org.uk). https://www.engc.org.uk/ahep

④ Engineering Council (engc.org.uk). https://www.engc.org.uk/ahep

⑤ Programmes may be accredited as fully or partially meeting the education requirements for registration as either an Incorporated Engineer (IEng) or a Chartered Engineer (CEng). 出自 https://www.engc.org.uk/ahep

**表 4　英国认证标准体系的文件**

| 文件名称 | 制定机构 | 主要内容 |
|---|---|---|
| 工程专业能力标准 UK-SPEC | EC | 定义专业工程师标准,注册为工程技术员(EngTech)、注册工程师(IEng)或特许工程师(CEng)必须满足的要求。 |
| 高等教育认证 AHEP | EC | 内容主要是学位认证的标准以及申请程序,是工程专业机构进行学位认证的依据。<br>1. 规定了工程教育学位认证的标准以及申请程序等;<br>2. 是学位认证时参照的依据;<br>3. AHEP 符合 UK-SPEC;<br>4. 具体学位认证的执行由经 EC 授权的特定专业领域的工程专业机构进行;<br>5. 体现了教育认证与注册工程师认证之间的内在一致性与紧密联系。 |
| 工程学科基准声明 | QAA | 从 2006 年开始采纳 EC 的学习成果(learning outcomes)作为基准声明。 |

这些要求也包含了雇主和学者的意见,体现了与工程师职业的联系。EC 制定工程领域 AHEP 标准,QAA 认可并利用这些标准,在 QAA 的质量保障和评估工作中,使用 EC 的标准作为衡量工程教育质量的一个重要参考点。

AHEP 覆盖不同类型学位的认证标准。可以简单理解为,获得工程学士认证的项目完全满足注册工程师(IEng)的教育要求,获得工程综合硕士(MEng)认证的项目完全满足注册特许工程师(CEng)的教育要求,而相应地,荣誉学士和其他硕士需部分达到注册特许工程师教育要求。换言之要完全满足 CEng 注册的教育要求,需要至少到硕士水平。自 1999 年以来,所有被认证为部分满足 CEng 注册教育要求的荣誉学位也完全满足 IEng 注册的教育要求,简列如下:

(1) 学士和荣誉学士学位(被认证为完全满足 IEng 注册的教育要求);

(2) 荣誉学士学位(被认证为部分满足 CEng 注册的教育要求);

(3) 综合硕士(MEng)学位(被认证为完全满足 CEng 注册的教育要求);

(4) 其他硕士学位(被认证为部分满足 CEng 注册的教育要求);

(5) 对于工程博士(EngDs)的认证提供了关键原则和参考点。

比如,在工程理事会官网检索①发现,剑桥大学曾经的一些 3 年制的学士

① Engineering Council (engc. org. uk). https://www. engc. org. uk/education-skills/course-search/recognised-course-search/?page = 1&adv = 1&title = engineering&provider = 298&type = 3&courseref = &years = &s = current

课程即可完全满足特许工程师的教育要求,但是从 2001 年开始到 2007 年,则变成了部分满足,3 年制的学士课程需要进一步学习后才能达到特许工程师(CEng)的教育要求①(见图 4)。而牛津大学的一些项目,在 1982 年前,只需要 3 年即可得到学士学位而且完全满足特许工程师的教育要求,到了 1997 年,则需要 4 年才可得到学士学位而且是完全满足特许工程师的教育要求(见图 5)。工程与计算科学专业在 2003 年之前 4 年可完全满足特许工程师的教育要求,但是 2003—2007 年期间,则需要进一步的学习②。由此可见,随着时间的推移,CEng 的教育要求和学习年限相应提高了。

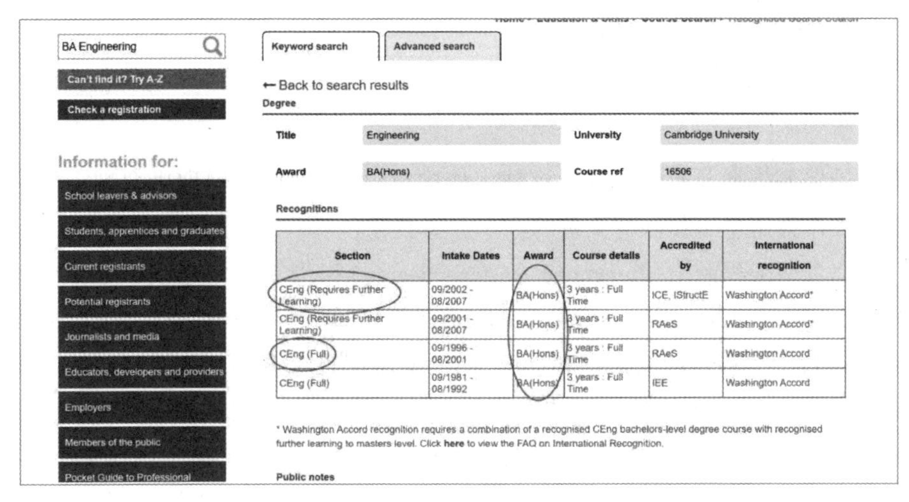


图 4　剑桥大学认证情况

### 《学科基准声明》

英国高等教育质量保障机构(QAA)《学科基准声明》③与工程教育认证和质量相关。QAA 并不直接制定 AHEP 标准,但它承认并采纳了工程理事会设定的学习成果作为工程学科的基准声明。也就是说,QAA 在更广泛的高等教

① https://www.engc.org.uk/education-skills/course-search/recognised-course-search/?page=1&q=MEng+Engineering+Cambridge+University&s=all&courseId=2957

② Engineering Council (engc.org.uk). https://www.engc.org.uk/education-skills/course-search/recognised-course-search/?page=1&adv=1&title=engineering&provider=298&type=3&courseref=&years=&s=all&courseId=1302

③ Subject Benchmark Statement: Engineering (qaa.ac.uk). https://www.qaa.ac.uk/docs/qaa/sbs/sbs-engineering-23.pdf?sfvrsn=7c71a881_4

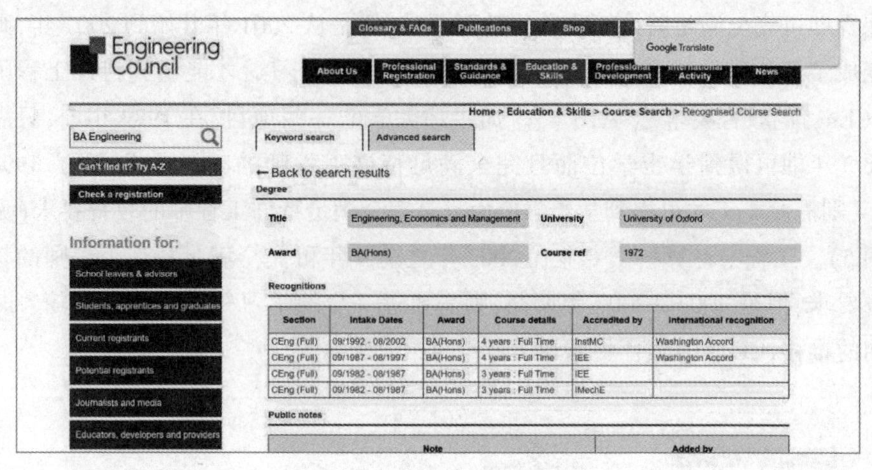


图 5　牛津大学认证情况

育质量保障体系及质量保障和评估工作中,认可并利用工程理事会制定的这些标准作为衡量工程教育质量的一个重要参考。

综合型工程硕士(Integrated master's degree)相当于本硕连读。综合型工程硕士相比于工程本科(Bachelor's degree)而言,知识与能力的区别主要体现在:(1)对于工程领域的知识和理解,前者要求广且综合,后者求综合,而不求广,都重视工程实践应用;(2)在分析能力维度上,本科仅要求能够选择和应用定量和计算分析技术的技能并认识到所采用方法的局限性,硕士则要求更高,要求在数据缺失也就是不确定性的情境下的量化技术的选择和应用,要求不仅能够识别,而且要能够讨论、比较所采用方法的局限性;(3)在实践维度上,本科不要求领导力和研究能力,在团队合作上暂不要求合作的有效性;硕士层次既要求团队合作的高效,也要求具备一定的领导力。当然对本科和硕士的要求也有共同之处:问题解决和价值观、原则维度上的要求都是一致的。

综合型工程硕士相比于工学硕士(Postgraduate master's degrees),知识与能力的区别主要体现在:对于工程领域的知识和理解,前者要求广且综合、重视工程实践应用,后者求综合而不求广,重视学术研究能力而不是工程实践应用。二者共同之处在于,在问题解决和分析能力以及价值观、原则这三个维度上要求都是一致的。

## (三) 认证程序

英国工程师注册重视评估而非考试,其专业注册流程与美国不同,不依赖于统一的考试(如美国采用 FE 考试和 PE 考试)来评估申请者的资格,而是侧重于对申请者的个人评估,包括专业委员会的审查和面试环节(见图 6)。无论是申请人自我评估还是专业委员会的审查,都要求申请人满足两个条件:一是证明具备工程基础知识和理解;二是展示其专业能力和承诺达到了必要的标准。对第一个条件,从经认证的专业毕业是证明其工程基础知识的简便方式。若非如此,申请人需要通过其他替代方式来证明。对第二个条件,申请人需要比对 UK-SPEC 来判断自身是否满足最低标准,而经过认证的工程教育项目正是基于 UK-SPEC 设计和开展的。因此,拥有经过认证的学位是向工程师注册迈出的第一步,不仅在程序上简化了注册流程,而且具备了注册的基本条件。

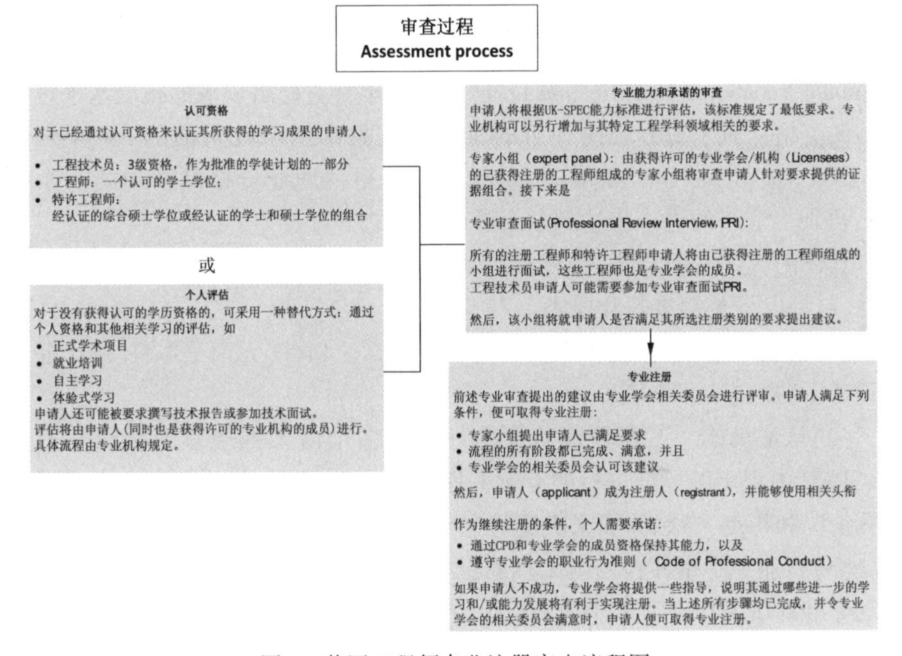


图 6　英国工程师专业注册审查流程图

工程教育认证是一个旨在确保工程和技术相关学位项目满足特定标准的过程,对工程师的注册具有双重意义。一方面,通过一系列严格的评估,保证了教育项目满足工程行业内公认的高标准,能够为学生提供必要的理论知识和实践技能,为毕业生提供成为注册工程师(如 CEng、IEng 或 EngTech)所需的专业基础。另一方面,这些高标准、注重实践能力的工程学位为申请者的能力提供了直接证明。

不同类别的工程师头衔相对应的学历教育资格要求不同。其中,注册工程师(IEng)只需要达到本科获得认可的学士学位即可,而特许工程师(CEng)则需要获得经过认证的综合硕士学位,或学士与硕士学位的组合。具体来说,注册成为特许工程师,需要获得以下两种形式的硕士层次的学位之一:(1)获得认证的工程或技术荣誉学士学位,并加上适当且认可的硕士学位或工程博士学位(EngD),或适当的硕士水平的进一步学习;(2)经认可的综合工程硕士学位(即本硕连读 MEng)。而成为 IEng 需要获得以下四种形式的本科层次的学位之一:(1)获得认证的工程学或技术学士学位或荣誉学位;(2)获得认证的工程学或技术高级专科证书(HNC)或高级国家专科证书(HND)(适用于1999 年 9 月之前开始的课程);(3)1999 年 9 月之后开始的 HNC 或 HND(在HNC 的情况下,适用于 2010 年 9 月之前开始的课程)或工程学或技术基础学位,再加上适当的达到学士学位水平的学习;(4)获得认证的 NVQ4 资格(National Vocational Qualification Level 4. 是英国针对稳定领域的技能水平进行评估的资格认证)或由获得许可的工程机构批准用于此目的的 SVQ4 资格(Scoffish Vocational Qualification Level 4. 是苏格兰职业资格制度中的一个级别),再加上适当的进一步达到学士学位水平的学习。[①]

具体的认证过程参照《工程教育认证》(*Engineering Degree Accreditation*)[②]文件,包括以下关键步骤和要素:

(1)递交申请。首先,大学需要为其工程学位项目(无论是本科、硕士还是工程博士)提交认证申请。

(2)认证机构。工程教育认证由一个或多个由工程理事会授权并遵循UK-SPEC 中规定的标准进行的专业工程机构承担。这些机构根据各自领域的实际情况和特点,参照标准来决定某个学位课程是否满足条件。

(3)行业和学术界参与。工程雇主和学术界人士参与整个认证过程,包括设定标准到作为评审学位小组的成员,再到最终决定是否授予学位认证状态。

(4)认证要求。认证旨在促进学术界与工业界的紧密合作,要求大学与雇主之间建立强链接,例如双方讨论学位课程的现状和未来内容。

(5)认证状态的记录。获得认证状态的学位将被列入工程理事会的认证课程数据库,并提供关于获得 IEng 或 CEng 资格的详细信息。

(6)认证标志。获得认证的学位允许使用工程理事会提供的认证学位标志,以增加其识别度和信任度。

---

① 工程理事会 (engc. org. uk). https://www. engc. org. uk/professional-registration/

② Engineering Degree Accreditation (1). pdf (engc. org. uk) https://www. engc. org. uk/EngCDocuments/Internet/Website/Engineering%20Degree%20Accreditation%20(1). pdf

### （四）院校培养体系

英国工科硕士学位类别多样化，按照学习内容和类型主要可分为两类：研究型硕士和授课型硕士。其中，研究型硕士（MPhil /MRes）可以更好地与博士学习衔接；授课型硕士，如工学硕士（MSc）、工程专业硕士（MEng）更为常见。还有并不授予硕士学位的短期硕士课程一般作为某个独立硕士学位课程的一部分，或者是独立的职业发展培训课程，如 Postgraduate Certificate 和 Postgraduate Diploma courses。其中，MEng 工程专业硕士，相当于本硕连读，是与本科一起的，即在工科本科（通常为 3 年）的基础上再加一年或两年即获得工程硕士学位（3+1/2 等）。以英国曼彻斯特大学[①]为例，航空航天工程本科（Aerospace Engineering）（BEng）是 3 年学制，航空航天工程硕士（MEng）是 4 年学制[②]。2024 年，曼彻斯特大学工程硕士（MEng）课程共有 64 个，既有 4 年制也有 5 年制。5 年制的通常比 4 年制多 1 年的工业实践经历（如图 7 所示）[③]。

根据完全大学指南[④][⑤]统计显示，英国共有 159 所大学提供 1946 个本科课程（见表 5），其中本科课程按照资格（qualification）可以分 5 类，这些学历资格为学生提供了不同的路径和机会，以满足其不同的学术和职业目标：本科项目（包括本硕连读项目）（Bachelors Degree）[⑥]、大学预备教育（Access to Higher Education）[⑦]、基础学位（Foundation Degree）[⑧]、本科学徒制（Undergraduate

---

① https://www. manchester. ac. uk/study/masters/courses/list/? k = engineering. https://www. manchester. ac. uk/study/undergraduate/courses/2024/? k = engineering 本科专用. https://www. manchester. ac. uk/study/postgraduate-research/programmes/list/? k = Engineering

② https://www. manchester. ac. uk/study/undergraduate/courses/2024/? k = engineering

③ 根据 https://www. manchester. ac. uk/study/undergraduate/courses/2024/? k = engineering 检索得到，2024 年入学的工程专业本科课程（Undergraduate courses）。

④ The Complete University Guide 是一个独立的、非官方指南，其排名和信息是基于公开可用的数据和研究来编制的，而这些数据往往来源于官方机构、学生调查或大学本身，如英国高等教育统计局（HESA）、国家学生调查（NSS）等。因此，它所提供的数据和排名在英国的教育界内是被广泛认为是可靠和有价值的资源。

⑤ Undergraduate Engineering Courses （thecompleteuniversityguide. co. uk）. https://www. thecompleteuniversityguide. co. uk/courses/search/undergraduate/engineering

⑥ 共有 127 所大学提供 1703 个项目。

⑦ 也译为高等教育通道，是为那些没有传统资格，但希望进入高等教育的成年人提供的预备课程。它为学生提供了进入本科课程所需的技能和知识。

⑧ 这是一种介于传统的学士学位和文凭课程之间的学位。它通常与特定的职业或行业有关，并与雇主合作开发。学生可以在完成基础学位后进一步学习以获得完整的学士学位。

| | | | |
|---|---|---|---|
| Civil Engineering | BEng | 3 years | H200 |
| Civil Engineering | MEng | 4 years | H201 |
| Civil Engineering (Enterprise) | MEng | 4 years | H204 |
| Civil Engineering with an Integrated Foundation Year | BEng/MEng | See full entry | H111 |
| Civil Engineering with Industrial Experience | MEng | 5 years | H207 |
| Computer Science with an Integrated Foundation Year | BSc | See full entry | H114 |
| Electrical, Electronic & Mechatronic Engineering with an Integrated Foundation Year | BEng/MEng | See full entry | H112 |
| Electrical and Electronic Engineering | BEng | 3 years | H600 |
| Electrical and Electronic Engineering | MEng | 4 years | H605 |
| Electrical and Electronic Engineering with Industrial Experience | BEng | 4 years | H606 |
| Electrical and Electronic Engineering with Industrial Experience | MEng | 5 years | H601 |
| Electronic Engineering | BEng | 3 years | H610 |
| Electronic Engineering | MEng | 4 years | H614 |
| Electronic Engineering with Industrial Experience | BEng | 4 years | H613 |
| Electronic Engineering with Industrial Experience | MEng | 5 years | H615 |

图 7 英国曼彻斯特大学的工程硕士学制情况(部分)

Apprenticeships)①、本科证书和文凭(Undergraduate Certificates& Diplomas)②。

**表 5 英国提供本科课程的大学与课程数量**

| 资格类型(qualification) | 大学数量/所 | 提供项目数量/个 |
|---|---|---|
| 本科项目(包括本硕连读) | 127 | 1703 |
| 大学预备教育 | 6 | 8 |
| 基础学位 | 26 | 49 |
| 本科学徒制 | 3 | 5 |
| 本科证书和文凭 | 55 | 181 |

① 这是一种结合工作和学习的途径,允许学生在工作中获得经验,同时获得学术资格。学生在与雇主合作的同时,还会在大学或学院进行学习。共有 3 所大学提供 5 个项目,如 Mechatronic Engineering Level 5 Foundation Degree Higher Level Apprenticeship。

② 这些通常是比完整的学士学位更短的课程,可能是为了获得特定的技能或知识。证书和文凭之间的主要区别通常是课程的长度和深度。共有 55 所大学提供 181 个项目,如 Nottingham Trent University 提供的 General Engineering HNC。

研究生课程(postgraduate courses)按照资格分两类:硕士学位课程(Masters Degree)和研究生学徒制(Postgraduate Apprenticeships),共有117所大学提供1267个项目。其中,硕士学位课程共有117所大学提供1259门项目,研究生学徒制共有5所大学提供8门课程。硕士学位课程强调传统的学术研究和专门知识的深入学习,通常需要一到两年的全日制学习来完成,具体取决于课程和学习模式。

在一些学校的课程中体现了工程教育与工程师注册之间的衔接关系。如,在曼彻斯特大学航空航天工程硕士(MEng Aerospace Engineering)①的课程介绍中,明确提出"该课程已获得完全认证,适合对获得特许工程师资格感兴趣的人"②。伯明翰大学的土木工程硕士项目③明确标明,获得了由英国工程技术学会(Institution of Engineering and Technology)代表工程理事会授予的认证④。再如,剑桥大学的工程硕士获得经过EC授权的机构如ICE、IEE等机构的认证,且符合《华盛顿协议》四年本硕连读工程硕士课程⑤(见图8),认证机构给出基于《华盛顿协议》在课时完成、分支方向选择上的具体要求。第三年(Part II A)9个专业细化方向的每个课程,都有与UK-SPEC相对应的部分。如,能源、流体力学和涡轮机械(Group A)中的流体力学的课程大纲,分配了10节讲座(20小时)讲授不可压缩流量的理论知识,对应UK-SPEC中理论认证标准KU1"要求学生展示他们的工程学科的基本事实,概念,理论和原则的知识和理解,以及其基础科学和数学"。

---

① How to choose your course - Aerospace Engineering - 24 (foleon.com). https://universityofmanchester.foleon.com/undergraduate-brochures/aero/how-to-choose-your-course

② MEng Aerospace Engineering (2024 entry) | The University of Manchester. https://www.manchester.ac.uk/study/undergraduate/courses/2024/03826/meng-aerospace-engineering/

③ 土木工程本科学位课程 - 伯明翰大学(birmingham.ac.uk). https://www.birmingham.ac.uk/schools/engineering/civil-engineering/undergraduate/index.aspxBENG MENG Engineering (birmingham.ac.uk). https://www.birmingham.ac.uk/documents/college-eps/engineering/undergraduate/engineering-ug-brochure.pdf

④ Mechatronic and Robotic Engineering MEng - University of Birmingham. https://www.birmingham.ac.uk/undergraduate/courses/eese/mechatronic-robotic-engineering-meng. aspx," This degree is accredited by the Institution of Engineering and Technology on behalf of the Engineering Council"

⑤ https://www.engc.org.uk/education-skills/course-search/recognised-course-search/?page=1&q=MEng+Engineering+Cambridge+University&s=all&courseId=2957

Engineering Council

Degree:

| Title | Engineering | University | Cambridge University |
|---|---|---|---|
| Award | MEng(Hons) | Course Ref | 5525 |

Recognitions

| Section | Intake Dates | Award | Course Details | Accredited By | Location Provider | International Recognition |
|---|---|---|---|---|---|---|
| CEng (Full) | 09/2022 - 08/2027 | MEng(Hons) | 4 years : Full Time | ICE, CIHT, IHE, IStructE, PWI | Cambridge University | Washington Accord |
| CEng (Full) | 09/2007 - 08/2027 | MEng(Hons) | 4 years : Full Time | IET | | Washington Accord |
| CEng (Full) | 09/2002 - 08/2027 | MEng(Hons) | 4 years : Full Time | InstMC | | Washington Accord |
| CEng (Full) | 09/2008 - 08/2027 | MEng(Hons) | 4 years : Full Time | IPEM | | Washington Accord |
| CEng (Full) | 09/1996 - 08/2027 | MEng(Hons) | 4 years : Full Time | RAeS | | Washington Accord |
| CEng (Full) | 09/1992 - 08/2026 | MEng(Hons) | 4 years : Full Time | IMechE | | Washington Accord |
| CEng (Full) | 09/2007 - 08/2022 | MEng(Hons) | 4 years : Full Time | CIHT, IHE, ICE, IStructE | | Washington Accord |
| CEng (Full) | 09/2007 - 08/2022 | MEng(Hons) | 4 years : Full Time | IHE | | Washington Accord |
| CEng (Full) | 09/1992 - 08/2007 | MEng(Hons) | 4 years : Full Time | ICE, IStructE | Cambridge University | Washington Accord |
| CEng (Full) | 09/1992 - 08/2007 | MEng(Hons) | 4 years : Full Time | IEE | | Washington Accord |

Public notes

| Note | Added by |
|---|---|
| Accreditation for JBM is limited to Civil Engineering pathway | Institution of Civil Engineers |
| Accreditation has been approved by IPEM's Course Accreditation Committee for accreditation of this MEng (Hons) Engineering course. Accreditation is subject to a revised action plan being submitted to IPEM in September 2022, which must address the requirements put forward in respect of this degree programme. | Institute of Physics & Engineering in Medicine |
| RAeS accreditation includes the Aerospace and Aerothermal pathways only | Royal Aeronautical Society |
| EUR ACE label issued from 09/2007 to 08/2017 | Engineering Council |

图 8　剑桥大学获得认证的工程硕士学位项目

## 四、美国工程硕士教育模式与认证

### （一）组织体系

美国有严格的工程专业教育标准体系，一般认为，工程教育专业认证模式起源于美国。工程与技术认证委员会（Accreditation Board for Engineering and Technology，ABET）不仅是全国范围内的工程教育认证机构，也是华盛顿协议（Washington Accord）的创始成员之一。ABET 前身为 1932 年成立的工程师专业发展委员会（ECPD），1980 年更名为 ABET[①]。

ABET 的国际互认始于 1979 年，当时由工程师专业发展委员会与加拿大的工程认证委员会签署了一份互认协议。此后，ABET 开始在国际认证领域发

① History | ABET. https://www.abet.org/about-abet/history/

挥越来越重要的角色，是华盛顿协议的核心成员，逐渐确立了其在全球工程教育认证领域的领导地位。

ABET 一直致力于制定符合、满足工程职业需要的工程专业教育课程标准。因此，从专业认证角度来说，ABET 认证是一种保证，保证学院或大学培养学生的课程达到其未来将要从事的职业所规定的质量标准。相应地，经过认证的工程教育项目必须符合工程专业制定的质量标准。1936 年，ABET 的前身工程师专业发展委员会（ECPD）评估了第一个工程学位项目，到 1947 年，ECPD 已经认证了 580 所机构的 133 门本科工程项目，1957 年开始评估工程技术学位项目（engineering technology degree）。①

ABET 在美国工程师注册中发挥着重要的作用，包括确保教育质量、简化注册流程和提升整体专业标准的关键作用。主要体现在以下几个方面：

- 教育质量保证：ABET 是专注于工程、计算、技术和应用科学领域教育项目的认证机构。它通过评估教育课程的质量，确保这些课程满足专业和技术教育的标准。
- 作为执照要求的一部分：在美国，成为注册专业工程师（P. E.）的过程通常要求申请人拥有 ABET 认证的工程学位。这是因为 ABET 认证的学位被认为符合或超过了成为注册工程师所需的教育标准。
- 促进职业准备：通过 ABET 认证的项目，学生被认为是接受了充分的准备，以满足职业生涯的挑战，特别是在技术和工程领域。这些课程提供了必要的理论知识和实践技能。
- 简化注册流程：对于毕业于 ABET 认证项目的申请人来说，注册专业工程师的过程可能更为简单，因为他们的教育背景已经符合了大多数州的教育要求。
- 提升专业标准：ABET 认证还有助于提升整个工程行业的教育和专业标准，确保工程师具备在全球竞争环境中工作的必要知识和技能。

ABET 的认证具体由应用科学和自然科学认证委员会（Applied and Natural Science Accreditation Commission，ANSAC）、计算认证委员会（Computing Accreditation Commission，CAC）、工程认证委员会（Engineering Accreditation Commission，EAC）和工程技术认证委员会（Engineering Technology Accreditation

① History | ABET. https://www.abet.org/about-abet/history/

Commission,ETAC)这4个认证委员会执行(详见表6),各委员会为特定的课程领域和学位水平设置相应的认证标准①。所有的项目也必须至少通过一个认证委员会的认证。

**表6　4个认证委员会负责项目与学位层次**

| 认证委员会名称 | 负责项目类别 | 认可项目的学位层次 | 项目特点 |
| --- | --- | --- | --- |
| 应用科学和自然科学认证委员会(ANSAC) | 应用科学和自然科学(Applied and Natural Science) | 副学士(两年制),学士(四年制),硕士(Associate, Bachelor, Master) | 利用数学和科学作为特定学科专业实践的基础的项目,包括增加研究领域的知识基础或解决对社会至关重要的问题。 |
| 计算认证委员会(CAC) | 计算机科学(Computing) | 副学士 学士(Associate, Bachelor) | 对在广泛的计算和信息学学科中导致专业实践的项目进行认证。 |
| 工程认证委员会(EAC) | 工程(Engineering) | 学士(四年制) 硕士(Bachelor's and Master) | 对导致工程专业实践的项目进行认证②。 |
| 工程技术认证委员会(ETAC) | 工程技术(Engineering Technology) | 学士(四年制) 副学士(两年制) | 为本科学位毕业生成为工程技师(engineering technologists)和副学士学位获得者成为工程技术员(engineering technicians)的职业生涯准备③。 |

工程认证委员会负责认定项目标准目前共有29类,包括"航空航天和类似名称的工程项目""建筑和类似名称的工程项目"等④。其中,在全球范围内

① Accreditation | ABET, Accreditation Criteria & Supporting Documents | ABET. https://www.abet.org/accreditation/accreditation-criteria/

② 项目认证标准见:工程课程认证标准(2023—2024) https://www.abet.org/accreditation/accreditation-criteria/criteria-for-accrediting-engineering-programs-2023-2024/

③ 项目认证标准见:Criteria for Accrediting Engineering Technology Programs, 2023—2024 | ABET. https://www.abet.org/accreditation/accreditation-criteria/criteria-for-accrediting-engineering-technology-programs-2023-2024/, https://www.abet.org/wp-content/uploads/2023/01/23-24-ETAC-Criteria_FINAL.pdf

④ EAC Criteria (abet.org). https://www.abet.org/wp-content/uploads/2023/03/23-24-EAC-Criteria_FINAL2.pdf

通过 EAC 认证的硕士项目(MasterDegree)共 45 个①(详见表 7),其中,美国境内的项目 25 个,占总数的 56%。

**表 7　EAC 全球范围内通过认证的硕士学位项目统计(部分)**

| 机构名称 | 硕士项目名称 | 数量(个) |
|---|---|---|
| The Johns Hopkins University 约翰霍普金斯大学 | Systems Engineering (MSE)系统工程 | 1 |
| University of Hawaii at Manoa 夏威夷大学马诺阿分校 | Ocean and Resources Engineering (MS)海洋与资源工程 | 1 |
| Air Force Institute of Technology 空军工学院 | Aeronautical Engineering (MS in Aeronautical Engineering)航空工程<br>Astronautical Engineering (MS in Astronautical Engineering)航天工程<br>Computer Engineering (MS in Computer Engineering)计算机工程<br>Electrical Engineering (MS in Electrical Engineering)电气工程<br>Engineering Management (MS in Engineering Management)工程管理<br>Nuclear Engineering (MS in Nuclear Engineering)核工程<br>Systems Engineering (MS in Systems Engineering)系统工程 | 7 |
| Lawrence Technological University 劳伦斯理工大学 | Architectural Engineering (Master of Science)建筑工程 | 1 |
| University of Louisville 路易斯维尔大学 | Bioengineering (Master of Engineering in Bioengineering)生物工程<br>Chemical Engineering (Master of Engineering in Chemical Engineering)化学工程<br>Civil Engineering (Master of Engineering in Civil Engineering)土木工程<br>Computer Science and Engineering (Master of Engineering)计算机科学与工程<br>Electrical Engineering (Master of Engineering in Electrical Engineering)电气工程<br>Industrial Engineering (Master of Engineering in Industrial Engineering)工业工程<br>Mechanical Engineering (Master of Engineering in Mechanical Engineering)机械工程 | 7 |

① https://amspub.abet.org/aps/category-search?commissions=3°reeLevels=M

续表

| 机构名称 | 硕士项目名称 | 数量(个) |
| --- | --- | --- |
| Manhattan College 曼哈顿学院 | Environmental Engineering (Master of Engineering)环境工程 | 1 |
| National Test Pilot School 国家试飞学院 | Flight Test Engineering (Master of Science in Flight Test Engineering)飞行测试工程 | 1 |
| Naval Postgraduate School 海军研究生院 | Astronautical Engineering (MS)航天工程<br>Electrical Engineering (MS)电气工程<br>Mechanical Engineering (MS)机械工程<br>Systems Engineering (MSSE)系统工程 | 4 |

工程认证委员会(EAC)的执行委员会由来自多个领域的代表构成,包括大学、专业研究机构、国家实验室和企业等,确保了其覆盖面的广泛性和多样性。大多数委员拥有大学背景,委员会也汇聚了来自美国顶尖研究机构和实验室的专家,例如负责航空航天发动机试验研究的 NASA Glenn Research Center、专注于军事武器研发的 Naval Surface Warfare Center - Carderock Division,以及得到美国主要公用电力公司支持的电力研究协会 EPRI。此外,世界领先的建筑工程公司 Sargent & Lundy 等全球性企业也在委员会中有代表[①]。当前,EAC 的主席由霍华德大学(Howard University)[②]土木工程学教授 Lorraine N. Fleming 担任,自 2023 年 8 月 1 日起,她负责领导和监督 EAC 的 ABET 认证流程。

应用和自然科学认证委员会在全球范围内共认证了 33 个机构的 42 个硕士项目,包括 Central Missouri State University 的工业卫生(工学硕士,Master of Science)和职业安全管理(工学硕士)等专业。而计算认证委员会[③]认证的本科项目数量极大,在全世界范围内共有 516 个机构通过认证,其中美国境内通过的认证机构达到了 409 个,约占总数的 79%,包括如加州州立大学洛杉矶分校的计算机科学(理学学士)等专业。

① Accreditation Commissions | ABET. https://www.abet.org/about-abet/governance/accreditation-commissions-2/

② https://www.abet.org/new-abet-commissioners-start-their-terms/

③ https://amspub.abet.org/aps/category-search?commissions=2°reeLevels=B 通过在检索器中将机构设置为"CAC"项目限定为"Bachelor Degree"得到的结果。

**表 8　工程认证委员会(EAC)执行委员会名单(部分)**

| 姓名 | 职务 |
|---|---|
| LORRAINE N. FLEMING<br>洛琳·弗莱明 | Chair 主席 |
| LIZETTE CHEVALIER<br>莉泽特·谢瓦利耶 | Chair-Elect 侯任主席 |
| CHRIS TAYLOR<br>克里斯·泰勒 | Vice Chair of Operations 运营副主席 |
| STEPHEN M. PHILLIPS<br>斯蒂芬·M. 菲利普斯 | Board Liaison Representative<br>董事会联络代表 |
| …… | 委员(略) |

## (二) 标准体系

美国采用工程实践导向的工程教育标准。ABET 推出的工程教育认证标准——工程标准 2000 EC2000,标志着工程学位教育认证的一次重大变革。EC2000 采用了一种革命性的认证方法,其核心在于强调教育结果,即学生学到了什么而非教了什么。这一标准旨在强调机构设定明确的教育目标和评价流程的重要性,确保教育项目能够培养出符合外部雇主期待的技术和专业技能的毕业生。

ABET 仅对项目而非机构进行认证,且仅认证副学士、学士和硕士层次的项目,不涉及博士项目认证①。认证重点放在副学士和学士层次,硕士层次认证相对较少。截至目前,在美国境内有 722 个机构的本科层次的工科相关项目通过了认证(涵盖 85 个学科,如信息工程技术、信息技术、工业和质量管理等),全世界范围内达到 926 个(见表 9)。相比之下,硕士层次的数量相对本科层次而言则少得多,在全美有 43 个机构获得,全球有 51 个机构,包括密歇根大学的环境健康科学—工业卫生硕士、空军技术学院的航空工程和航天工程硕士、计算机工程硕士等。此外,通过都柏林协议(Dublin Accord)的美国机构为 76 个,比如宾夕法尼亚州立大学提供的工程技术副学士学位的多个项目,如生物医学工程技术、电气工程技术、机械工程技术等。②

① What Programs Does ABET Accredit? | ABET. https://www.abet.org/accreditation/what-is-accreditation/what-programs-does-abet-accredit/

② Find Programs | ABET. https://www.abet.org/accreditation/find-programs/

**表 9　通过 ABET 认证项目的机构数量**

| | 美国范围内/个 | 全世界范围内/个 |
|---|---|---|
| 本科层次 | 722 | 926 |
| 硕士层次 | 43 | 51 |
| 副学士学位层次 | 116 | 127 |
| 总计 | 814 | 1027 |

使用“engineering”作为关键词进行检索，全世界范围内共有 525 类/个项目(program)通过 ABET 的认证。比如机械工程专业(Mechanical Engineering)有 441 个机构、土木工程专业(Civil Engineering)有 355 个机构通过认证。硕士层次也有 525 类项目，比如在土木工程硕士方向，全球仅有 3 个机构获得了认证，包括西班牙瓦伦西亚理工大学的土木工程理学硕士(MS in Civil Engineering)、美国路易斯维尔大学的土木工程工程硕士(Master of Engineering in Civil Engineering)等①。

认证标准分为“通用标准”(General Criteria)和“特定项目标准”(Program Criteria)。这一框架被四个不同认证委员会所采用。例如，EAC 的工程课程标准②和 ETAC 的工程技术课程标准③，也都包含了通用和特定项目标准。

其中，通用标准确保所有学士和硕士层次的课程满足 ABET 设定的基本要求。这些标准在特定学科领域内被进一步细化，以适应该学科的特殊需求，为特定学科的一般标准提供了必要的具体性。如果某一教育项目因其名称而需遵循多套项目标准，该项目必须达到每一套标准的要求；对于重叠的要求，只需满足一次即可。以下八个方面是构成通用标准的关键组成部分，适用于学士和副学士层次的课程④：

1. 学生；

① Find Programs | ABEThttps://www.abet.org/accreditation/find-programs/; https://amspub.abet.org/aps/name-search?searchType=program&keyword=engineering°reeLevels=M

② 工程课程认证标准(2023—2024). https://www.abet.org/accreditation/accreditation-criteria/criteria-for-accrediting-engineering-programs-2023-2024/

③ Criteria for Accrediting Engineering Technology Programs, 2023—2024 | ABET. https://www.abet.org/accreditation/accreditation-criteria/criteria-for-accrediting-engineering-technology-programs-2023-2024/

④ Criteria for Accrediting Engineering Programs, 2023—2024 | ABET. https://www.abet.org/accreditation/accreditation-criteria/criteria-for-accrediting-engineering-programs-2023-2024/

2. 课程教育目标;
3. 学生成绩;
4. 持续改进;
5. 课程;
6. 师资/能力/全体教员(Faculty);
7. 设施;
8. 机构支持。

此外,针对不同学历层次和类型也制定了相应的课程标准,如本科工程课程标准、独立硕士工程课程标准(Stand-Alone)、综合硕士工程课程标准(Integrated Baccalaureate-Master),详见附录3。再者,也制定了针对特定工程专业项目的标准,这里以土木和类似名称的工程项目(Civil and Similarly Named Engineering Programs)[①]和建筑和类似名称的工程项目为例。

### 土木和类似名称的工程项目

该类项目是由美国土木工程师学会(American Society of Civil Engineers)领导的,项目标准如下:

#### 1. 课程设置

课程必须培养毕业生通过微分方程、微积分物理、化学和至少另外一个基础科学领域来应用数学知识;应用概率和统计学来解决不确定性;分析和解决至少四个与土木工程相关的技术领域中的问题;在至少两个土木工程技术领域进行实验,并分析和解释所得数据;在至少两个土木工程环境中设计一个系统、组件或流程;在设计中纳入可持续发展原则;解释项目管理、商业、公共政策和领导力的基本概念;分析职业道德问题;解释专业执照的重要性。

#### 2. 师资队伍

该专业必须证明,教授以设计为主要内容的课程的教师有资格凭借专业执照或教育和设计经验教授该科目。该专业必须证明它并不严重依赖于某一个人。

---

① Criteria for Accrediting Engineering Programs, 2023—2024 | ABET. https://www.abet.org/accreditation/accreditation-criteria/criteria-for-accrediting-engineering-programs-2023-2024/

**建筑和类似名称的工程项目**

“建筑和类似名称的工程项目”①(Construction and Similarly Named Engineering Programs)是由美国土木工程师学会领导的,这些项目标准适用于标题中包含“建筑”或类似的工程项目。

**1. 课程设置**

课程必须包括:

1.1 应用:

(1)通过微分和积分、概率和统计、普通化学和基于微积分的物理对数学应用;

(2)了解施工方法、材料、设备、规划、调度、安全和成本分析。

1.2 建筑工程专业领域的施工流程和系统的分析和设计。

1.3 解释:

(1)基本法律和道德概念以及专业工程执照在建筑行业的重要性;

(2)经济学、商业、会计、传播、领导力、决策和优化方法、工程经济学、工程管理、成本控制等管理主题的基本概念。

**2. 教师**

该计划必须证明大多数教授设计课程的教师,通过专业执照或具有教育和设计经验,具备教授该主题的资格。教师必须包括至少一名在建筑行业具有全职经验和决策责任的成员。

## (三) 认证程序

ABET 官网上发布了最新的 2023—2024 年的《认证政策和程序手册》(*Accreditation Policy and Procedure Manual*, APPM),为进行 ABET 认证的课程提供了全面的政策和流程指导。需要注意的是,ABET 专注于课程认证,而不是认证学位、部门、学院或整个机构②。ABET 的教育标准自创立之初便是评

---

① Criteria for Accrediting Engineering Programs, 2023—2024 | ABET. https://www.abet.org/accreditation/accreditation-criteria/criteria-for-accrediting-engineering-programs-2023-2024/

② ABET Accreditation Board for Engineering and Technology - ASMEhttps://www.asme.org/asme-programs/students-and-faculty/engineering-education/accreditation-board-for-engineering-and-technology

价专业工程师获得执照质量的基准，并在过去 80 年间不断优化。如今，工程认证委员会(EAC)认证的项目仍然是工程专业的基准[①]。至今，ABET 已对 42 个国家的 4674 个项目进行了认证[②③]。其中，作为 ABET 的创始成员之一，美国机械工程师协会(ASME)负责美国超过 425 个本科学位课程，涵盖机械工程、机械工程技术、工程力学等领域[④]。

ABET 指出，工程和工程技术虽然是独立的领域，但二者密切相关，它们在项目的重点和职业道路上存在差异。因此，应该分别由 EAC 和 ETAC 这两个独立的认证委员会负责这两个领域的认证，采用两套独立的认证标准以确保专业教育的质量和相关性。

### (四) 院校培养体系

本处仅以麻省理工学院(MIT)的电气工程与计算机科学项目为例。

麻省理工学院工学院的电气工程与计算机科学(Electrical Engineering and Computer Science)专业，致力于培养学生在工程学基础知识与广泛的其他学科内容之间进行自由组合，实现跨学科融合，以应对新时代更为复杂的工程挑战。

该专业通过三个核心特色(跨学科学习、理论与实践结合、职业发展)和四个主要目标(全面成长、兴趣发现、深入探究、社会参与)来体现其教育理念：

一是跨学科学习。MIT 为学生提供了一个跨学科的学习平台，鼓励他们探索和发展兴趣，深入了解工程知识在不同领域的应用，促进社会各领域的创新。

二是理论与实践结合。通过课程作业和选择性研究项目(如 UROP 和 Super UROP)的设置，帮助学生将理论知识应用于实践，加深对知识的理解和运用。

三是职业发展。通过提供"集中交流"课程、本科生研究机会计划(Undergraduate Research Opportunities Program)来提升学生专业内外的沟通技能，建立学术人际网络，助力学生在研究领域和未来职业的持续发展。

---

① History | ABET. https://www.abet.org/about-abet/history/

② https://www.abet.org/about-abet/

③ History | ABET. https://www.abet.org/about-abet/history/

④ https://www.asme.org/asme-programs/students-and-faculty/engineering-education/accreditation-board-for-engineering-and-technology

MIT 也在积极申请 ABET 认证。目前,电气工程与计算机科学、机械工程等多个领域的本科项目已获得 ABET 认证①。特别是在电气工程与计算机科学领域,有三个方向的本科课程获得了 ABET 认证,约 300 名学生从这些认证项目中获得了学士学位。

**1. 学制**

麻省理工学院的电气工程与计算机科学工程(EECS,课程 6-P)提供一个五年制硕士课程,成功完成该课程的学生将同时获得工程硕士(MEng)和学士学位(Bachelor of Science, BS)。本科学习期限为四年,学生还有机会申请学术部门或跨学科项目②,例如,计算科学与工程硕士是一个研究导向的跨学科硕士课程。EECS 硕士课程的学制为一年,仅授予已获得或即将获得上述学士学位之一的学生。

**2. 课程体系说明**

以电气科学与工程(Course 6-1)课程为例,本科阶段的学生将从电路、信号处理和计算机体系结构等三个基础课程开始学习。随后,学生将进入专业化学习阶段,从信号学、纳米电子学、电磁学、神经生理学或机器学习中选择两门高级本科科目进行深入学习,外加两门选修课程,以确保学生能够根据个人兴趣深化对特定领域的掌握。结束时可获得电气科学与工程学士学位。

在硕士阶段,MIT 通过“一般学院要求”(GIRs)促进学生在学术和身体方面的全面发展。此外,院系要求学生至少选修两门被指定为沟通密集(CI-M)的科目,以强化沟通技能,为学生的学术发展和未来职业生涯打下坚实基础。

**3. 培养目标及认证对应**

麻省理工学院工学院设定的培养目标和认证对应,旨在塑造具备以下特质的毕业生:

(1)工程精神(Engineering Ethos)

学生将能够灵活运用他们所学的工程理论知识来应对各种挑战,准确识别不确定性的来源,并巧妙地运用模型、技术工具和评估方法来开发创新解决

① https://ir.mit.edu/abet-degrees

② https://catalog.mit.edu/interdisciplinary/

方案。无论是在工程、管理、医学、教育、法律还是在创意艺术领域，学生将以技术为导向，积极解决新问题。

(2)领导力(Leadership)

在学生职业生涯中培养自信、创新的技术优势，同时他们也将学会在团队中激励和指导他人，实现他们的想法，培养出能够在各自领域和职业生涯中展现个人技术创新，并产生区域性影响力的有效领导者。

(3)多领域能力(Versatility)

学生将创造性地、富有成效地运用他们在课程中明确表示或领域和专业之外的能力和见解。毕业生会在许多方面在世界上留下自己的印记：他们创办公司，成为教授，发明技术，并在每个专业、科学和艺术领域做出创造性的贡献。

(4)社会参与(Engagement)

学生将对专业和社会环境敏感，有良好道德行为，致力于终身学习以参与社区。他们要具备社会责任感，要有奉献精神，并在现实世界中运用他们的技术才能和思想。

#### 4. 课程目标

课程目标旨在通过对具体学习成果的要求，达成以下目标：

解决复杂工程问题：通过应用工程、科学和数学原理，发现、制定和解决复杂的工程问题。

工程设计：通过应用工程设计，满足特定需求提供解决方案，并在考虑公共卫生、安全和福利的同时，考虑全球、文化、社会、环境和经济因素，并与各种受众进行有效沟通。

伦理和责任：认识工程领域的伦理和专业责任，做出明智判断，考虑工程解决方案对全球、经济、环境和社会背景的影响。

团队合作和领导力：共同发挥领导作用，创造协作和包容的环境，制定目标、规划任务并实现目标。

数据分析和工程判断：开发并进行适当的实验，分析和解释数据，利用工程判断得出结论。

终身学习：学会使用适当的学习策略，根据需要获取和应用新知识。

此外，对于电子工程与计算机科学(课程 6-2)和计算机科学与工程(课

程6-3)的学生,还需达到以下目标:

计算问题分析:分析复杂的计算问题,并应用计算原理和其他相关学科来确定解决方案。

计算解决方案设计:设计、实施和评估基于计算的解决方案,以满足该专业学科背景下的特定计算要求;在各种专业背景下进行有效沟通。

职业责任:认识到职业责任,并在计算机实践中根据法律和道德原则做出明智的判断。

团队和领导:作为团队成员或领导者,有效地开展与本专业相关的活动。

计算机科学应用:应用计算机科学理论和软件开发基础知识,制作以计算机为基础的作品。

#### 5. 学校特色及校内资源

(1)重视实践

①校内项目及教育模式:

MIT的电气工程与计算机科学本科课程旨在建立坚实的基础,同时允许学生根据个人兴趣深入探索特定领域。作为支持,校内实验科目、独立项目和研究为学生提供了各个领域的分析、设计和实验的原理和技术。

通过本科科研机会项目(Undergraduate Research Opportunities Program, UROP或SuperUROP项目)。学生可从本科阶段就开始参与研究,为MEng硕士阶段做准备。MIT也鼓励学生在大三或大四的时候申请这些项目,这样如果他们被录取,他们就有足够的时间准备第五年的硕士项目。

UROP项目不仅促进学生技术能力的发展,还重视软技能的培养,如批判性思维、问题解决能力和有效沟通技巧。通过与教师、研究生及导师的紧密合作,学生能够扩展其专业网络,为未来的职业生涯或继续教育奠定坚实基础。UROP代表了MIT致力于理论与实践结合的教育理念,是学院体验式学习模式的典范,使学生能够将MIT的创新思维和实践转化为推动国家乃至全球知识进步的实际行动。

SuperUROP项目则专为大三和大四的学生设计,旨在通过与导师的紧密合作进行高级研究,并产生具有出版价值的成果。自2017年起,这一为期一年的项目向工学院以及人文、艺术与社会科学学院的学生开放,进一步促进了跨学科研究和创新。

②校外项目与产学合作

该系还提供一系列实践课程,使学生能够沉浸式体验工业环境,从校内完成的协议工业项目到在合作伙伴公司的长期实习,这些经历丰富了学生的实践知识和技能。

(2)创新性

①硕士项目的跨学科优势。依托 MIT 广泛的教师资源,硕士项目通过跨学科课程作业和研究,促进学生在个人感兴趣的领域的深入学习。此外,MIT 的部分工程本科课程获得了《华盛顿协定》和《加拿大双边工程师协会》(*Engineers Canada Bilateral MRA*)的认可,彰显了其教育质量。

②提供工程师学位。与传统硕士学位相比,工程师学位课程在工程和科学领域要求更高级的能力,但与博士学位相比,工程师学位课程对原创研究的重视程度较低。一般来说,工程师学位比本科学位多两年。工程师学位要求学生完成由工学院相关部门或跨部门委员会批准的高级学习和研究项目,包括至少 162 个科目单元(不含论文单元)和一篇论文。

## 五、法国工程硕士教育模式与认证

在法国,有关工程师有两个独特的称号,包含工程师这一职业的"一体两面"——一个是"Diplôme d'Ingénieur",是指工程师学位或称为工程师文凭,通常相当于国际上的硕士学位水平。这是一种是法国特有的、高度认可的工程学术学位,由经过法国工程师职衔委员会(Commission des Titres d'Ingénieur, CTI)认证的高等教育机构授予证明持有人已经完成了严格的工程学科教育和实践训练,实践训练计划涵盖科学、技术和经济学科之间的某种平衡,并包含一定的、最低限度的实践经验[①]。另一个是"Ingénieur diplômé",直译为"毕业工程师",这个称号用来指那些获得了"Diplôme d'ingénieur"学位文凭的个人。在法国,这个称号不仅代表了一定的学术成就,还象征着获得者具备了进入专业工程实践所需的知识和技能[②]。

---

① The "Titre d'Ingénieur" (national master's degree in engineering) - ESILV Graduate School of Engineering, Paris. https://www.esilv.fr/en/the-school/french-title-engineer/

② Hiring Engineers from France (alberta.ca). https://open.alberta.ca/dataset/0d577abf-0af3-477f-9998-d5deacfbdcac/resource/f6e5bb54-ad40-4ec0-a733-ef5c0b325866/download/2012-hiring-engineers-from-france-august-2016.pdf

## （一）组织体系

法国的法律体系结构完备、严谨、系统，涉及教育问题几乎都有相关法律法规文件为依据，有章可循。在法国，《教育法典》(*Code de l'éducation*)[①]中详细围绕"工程师文凭"(ingénieur diplômé)、授权机构等进行了明确规定。《教育法典》确立了工程师职衔委员会(CTI)作为工程师教育专业认证的权威地位和功能，并且明确规定，由CTI负责授予工程师文凭、评估课程以及CTI的成员构成等。

(1)确立CTI作为工程师教育专业认证的权威地位和功能。1934年，法国高等教育与科研部下设的工程师职衔委员会成立，1984年，《教育法典》中对CTI的组织机构构成和职能予以确认。CTI是高等教育部下属的独立机构，是法国工程师专业认证领域最具权威的机构，受法律委托负责法国工程师教育相关事务，评估和认证所有法国和外国的提出认证申请的工程师学校，以及工程师资格认定和工程师文凭发放，负责引导工程教育发展方向，促进其培训质量的提升[②]。

(2)授权高等教育机构颁发工程师文凭。早在1934年法律就明确提出，只有被CTI认证过的学校才有资格颁发工程师文凭，只有被CTI认证的项目才在限定时间内被称为工程师文凭[③]，Bac+5的工程师由工程师职衔委员会颁发，等同于硕士学位。另外，从2020年开始，CTI也负责对学士文凭[Bachelor diplomas, Bachelor's degree (Bac+3)]进行评估。

(3)制定硕士和本科层次的工程师学位认证标准和流程。CTI为高等教育机构提供"R&O"(法语表述为Références et Orientations)文件作为参考资料和指南以规范硕士层次的工程师学位[④]。另外，CTI也负责学士层次，依据

① 见法国教育法典中监管部分(Partie réglementaire)第六编：高等教育的组织(ReplierLivre VI: L'organisation des enseignements supérieurs)[条款D611-1至D687-2 (Articles D611-1 à D687-2)]中第四篇：技术培训(ReplierLivre VI : L'organisation des enseignements supérieurs)[条款D642-1至D643-62-6)的第二章：长期技术培训(Chapitre II : Les formations technologiques longues)(条款D642-1至R642-65)/Chapitre II : Les formations technologiques longues (Articles D642-1 à R642-65) - Légifrance(legifrance. gouv. fr)] https://www.legifrance.gouv.fr/codes/section_lc/LEGITEXT000006071191/LEGISCTA000027865477/#LEGISCTA000027865477; Code de l'éducation - Légifrance (legifrance. gouv. fr). https://www.legifrance.gouv.fr/codes/texte_lc/LEGITEXT000006071191/2023-03-27/

② CTI的历史与使命[EB/OL]. https://www.cti-commission.fr/la-cti/histoire-et-missions

③ Arrêté du 28 janvier 2020 fixant la liste des écoles accréditées à délivrer un titre d'ingénieur diplômé - Légifrance (legifrance. gouv. fr) [EB/OL]. https://www.legifrance.gouv.fr/jorf/id/JORFTEXT000041776989/.

④ The CTI's Major Criteria and Procedures - CTI - Commission des Titres d'Ingénieur (cti-commission. fr), https://www.cti-commission.fr/en/fonds-documentaire; https://www.cti-commission.fr/wp-content/uploads/2023/07/RO_Referentiel_2023_ENGLISH.pdf

2022 年发布的法令 arrêté du 27 janvier 2020 relatif au cahier des charges des grades universitaires,法国工程高等教育机构颁发的学士层次的工程师学位(即学士文凭)也必须经由 CIT 认证①。本科学位的标准文件为 BSE Standards & Criteria②,具体文件名称如表 10 所示。

**表 10 硕士和本科层次的工程师学位认证标准和流程**

| 学历层次 | 标准文件名称 |
|---|---|
| 本科 Bachelor's degree | BSE Standards & Criteria |
| 硕士 Engineering degree | R&O |

(4)评估法国和外国的工程项目,授予质量标签。CTI 是欧洲工程教育认证网络(ENAEE)的创始成员,被授权为工程学位项目颁发欧洲质量标签 Euro-ace®(硕士水平)。CTI 也是欧洲认证联盟(ECA)的成员,负责为工程项目颁发国际质量证书(CeQuInt)标签。

**表 11 法国《教育法典》中工程师的相关规定节选**

| | | |
|---|---|---|
| 第一节:授予研究生工程师头衔的授权(第 D642-1 至 D642-4 条) | Article D642-1 | 根据负责高等教育的部长的命令,并在适当情况下,在对培训进行评估并附上法国工程师职衔委员会的意见后,授予"工程师文凭(ingénieur diplômé)"称号,最长期限为 6 年。 |
| | Article D642-2 | 已获得颁发研究生工程师学位的授权而不受期限限制的项目由工程师职衔委员会进行评估。在评估程序结束时,根据上述 D642-1 的规定条件决定颁发研究生工程师职称授权。 |
| 第二节:工程师职衔委员会(第 R642-5 至 R642-10 条) | Article R642-5 | 工程师职衔委员会的 32 名成员构成及比例。 |
| | Article R642-6 | 工程职称委员会成员由负责高等教育的部长下令任命,任期 4 年。 |

① CTI's criteria and procedures - CTI - Commission des Titres d'Ingénieur (cti-commission. fr) [EB/OL]. https://www. cti-commission. fr/en/documents-de-reference/criteres-et-procedures-bachelor

② The CTI's Standards & Criteria and Evaluation Process for institutional bachelor's degrees - CTI - Commission des Titres d'Ingénieur (cti-commission. fr). https://www. cti-commission. fr/en/documents-de-reference/criteres-et-procedures-bachelor; https://www. cti-commission. fr/wp-content/uploads/2023/06/Bachelor_Referentiel_2023_English_VF. pdf

续表

| | | |
|---|---|---|
| 第三节：国家合格工程师称号(第 D642-11 至 D642-13 条) | Article D642-11 | 根据 L642-9 条颁发的工程文凭赋予其持有人国家合格工程师的称号。 |
| | Article D642-12 | 国家合格工程师职称的候选人必须：<br>1. 证明在通常委托给工程师的职能中从事五年专业实践；<br>2. 已通过按照 D642-13 条组织的考试。 |
| | Article D642-13 | 考试由被授权授予工程学位的机构根据负责高等教育的部长的命令规定的程序，按照工程师职衔委员会的意见组织。 |

### (二) 标准体系

工程师职衔委员会为高等教育机构提供了一系列硕士层次工程师学位的参考和指南文件——“R&O”[《参考标准和主要认证标准》[Reference and Orientations(Référentiel et critères majeurs d'accréditation)]①。CTI 会定期修改 R&O 以便监测甚至预测社会的变化和社会经济世界的需要，并使工程培训框架适应它希望促进的 21 世纪工程师的形象。

在“R&O”中，工程教育的基本要素包括获得科技知识并掌握其运用方法、适应企业和社会的具体要求和对组织、个人和文化层面的认识这三大模块，共 14 条内容：

#### 1. 获得科技知识并掌握其运用方法

(1)具有广泛的基础科学知识和理解，以及对它们进行分析和综合的能力。

(2)在特定科技领域(一个或多个领域)调动资源的能力。

(3)掌握工程学方法和工具：识别、模拟/建模和解决即使是不熟悉和不完全定义的问题，系统和整体方法，使用数字化方法和信息技术 IT 工具，系统分析、建模和设计，分析产品或服务的生命周期，风险和危机管理，协作和远程工作技能等。

(4)在对用途和影响进行初步质询后，能够设计、实施、测试和验证创新解决方案、方法、产品、系统和服务。

① RO_Referentiel_2023_VF2023-03-16. pdf (cti-commission. fr). [EB/OL]. https://www.cti-commission.fr/wp-content/uploads/2023/03/RO_Referentiel_2023_VF2023-03-16.pdf

(5)开展基础研究或应用研究以及设置实验设施的能力;基于科学支持的数据处理数量级的能力。

(6)查找、评估和使用相关信息的能力——“信息能力”。

**2. 适应企业和社会的具体要求**

(1)能够考虑公司面临的挑战并报告其行动的能力:经济层面、遵守社会和环境要求、遵守质量要求、竞争力和生产率、商业要求、商业情报等。

(2)将道德和职业责任融入个人行为的能力,以及考虑工作场所关系、健康和安全以及多样性问题的能力。

(3)通过整合生态和气候要求,支持转型,特别是数字、能源和环境转型的能力。

(4)有能力考虑社会问题和需求,传播科学方法的原则和贡献。

**3. 对组织、个人和文化层面的认识**

(1)进入职业生活、融入组织、领导组织并进一步发展组织的能力:行使责任、承诺和领导能力,项目管理,在多元化、多学科团队中协同工作和沟通的能力。

(2)通过个人项目或通过主动参与公司内部的创业项目,具备承担和创新的能力。

(3)在国际和多元文化背景下工作的能力:掌握一门或多门外语和相关的文化开放性,适应国际环境和就全球集体问题开展合作的能力。

(4)了解自己、评估自己、管理自己的技能(特别是终身学习的技能)和做出职业选择的能力。

法国实行初级培训形式的工程学位课程。工程硕士学位项目包括10个学期(5年)的课程,涉及多学科学术教学、技术培训和工作场所培训(或实习期);培训包括基础研究或应用研究。工程方面的初级培训要么是在高中毕业会考(baccalauréat,Bac)后的10个学期内完成的,或者是在高等教育至少4个有效学期后的6个学期内完成的。最后3年的学习被定义为“工程学位周期”(engineering degree cycle)。入学后,整个课程由学校监督,目的是掌握学校的文化,与学校的培训项目保持一致,并与所有学生共享,无论其身份如何。

法国为多样化的人群和需要提供了不同的获得工程学位的路径,可以通过学生、学徒、继续教育和国家认证(授予国家合格工程师头衔)的初始培训这些方式获得工程学位。

"条条大路通罗马",在相同的一套技能标准的情况下,允许多样化的路径、轨道通向同一学位。对于同一课程,一所学校可以同时提供不同的路径、轨道,这些不同的路径通向相同的学位和相同的国家职业证书目录(RNCP),其特征是相同的一套技能(见表12)。每个学习轨道对应于一个连贯的培训

**表12　课程总体结构的主要标准:不同轨道**

| 课程总体结构的主要标准<br>同一课程的所有轨道都采用相同的技能框架<br>(学位名称相同) | |
|---|---|
| 学生身份的初始培训(FISE) | 学徒身份的初始培训(FISA) |
| 在工程课程的最后6个学期中,学生必须在授予工程学学位的学校的积极指导下,在一所学校完成至少3个学期的教学(不包括在一家公司的期末整体项目),以及一个学期的期末整体项目实习,该实习的指导可以与其他机构共享。即至少3个学期的学术教学和一个学期的实习。<br>3个学期中的一个学期可以在与学校建立了良好合作关系的合作高等院校中度过(如果是联合学位:则由两所高等院校HEI共同制定招生、培训和质量保证制度)。<br>最后的整体项目实习通常在第10学期进行,在学校的有效监督下进行(可能与其他院校共同进行,特别是在双学位协议的情况下)。<br>最后一年的课程可以通过工学结合的方式。一种是可以根据职业培训合同完成,即作为公司的雇员参与职业培训。在这种情况下,课程将以企业实习期和学业期交替的形式组织,从而真正实现高效的工学结合(勤工俭学)。学校将在认证更新评估过程中向CTI通报这一规定。学校将具体说明如何组织,以及作为与企业紧密合作关系的一部分所采用的具体教学方法,特别是在确定目标技能方面。学校将确保填写相应的RNCP表,该表将在认证期间公布并有效。<br>另一种情况,在特殊情况下,经CTI事先明确同意,最后一年可根据学徒合同完成。为此,CTI已经成立了一个专门的CTI委员会来审查申请,这些申请必须基于已经有学徒经验的学校所实施的真正的工学结合方法。 | FISA的具体目标和方法与FISE的目标和方法相辅相成,相互补充,符合企业和学徒的特殊需求,以个性化培训为基础,同时保持所需的学位水平(硕士学位和工程师称号)。<br>学徒既是公司的员工,也是学校的学生。<br>在行政和监管层面:培训由内部或外部学徒培训中心(apprenticeship training centre,CFA)提供。如果CFA是校外机构(合作伙伴),则与授予学位的学校签订协议。CFA必须履行其所有法律义务(L6231-2),并遵守国家质量标准(National Quality Standards,有效的Qualiopi认证)。<br>对于内部CFA,将在CTI评估过程中核实其是否符合这些标准。<br>在为期3年的工程周期(three-year engineering cycle)内,学徒培训在企业实习和学校学习之间交替进行[参考法国《劳动法典》(Code du Travail)第L6222-7条]。学徒合同在课程的最后一年结束时终止。 |
| 在工程学周期的第1年作为学生接受初步培训,在第2年和第3年作为学徒接受培训(FISEA)。 | |
| 就FISEA而言,第一年是以学生身份完成的。最后两年的工程培训以学徒身份进行,其规则与FISA相同,如上所述。 | |

计划,其总体架构符合下表所述的主要标准。每个轨道都有自己特定的招生程序。成功完成该课程后,可获得该学院颁发的工程学位,该学位授予硕士学位,这是一个国际基准,也是攻读博士学位的先决条件。

教学大纲清晰,分为教学单元(teaching units,UE)和教学单元组成部分(teaching unit components,ECUE),前者可计入 ECTS 学分,后者不计入 ECTS 学分。每个教学单元都以学习成果的形式加以定义,如果这些学习成果得到验证,就可以获得 ECTS 学分。说明了每个教学单元与能力框架(competency framework)之间的联系。每个教学单元所分配的 ECTS 学分都是明确的,并与预期的总工作量挂钩。一个学期相当于 30 个 ECTS 学分。每 ECUE[不仅包括课程,还包括项目、工作实习和作为“三明治”(间隔年)课程一部分的在公司实习],特点是其旨在实现的学习成果及其评估方式、内容简介和先决条件。

获得专业工程文凭的最低课程标准:至少 2 个学期至多 3 个学期的学习,相当于 60~90 ECTS;至少 3 个月的企业工作经验;与目标职业所在环境相关的人文、经济和社会科学的教学;建议将国际交流作为课程的一部分。获得文凭所需的所有技能的最低语言水平为《欧洲语言共同参考框架》(CEFR)的 B2 级,英语为 C1 级。[①]

“R&O”中明确指出:(1)获得工程师文凭的毕业生同时也获得了硕士学位,这使他们有资格继续进行博士研究生的学习。(2)为保障本国的工程教育质量,建议与提供相当于硕士学位水平的工程科学领域课程的教育机构建立合作。(3)在工程教育课程的目标中强调,目标是帮助学生发展成为工程师所需的一系列能力。其中,能力参考标准是由学校设计的,它结合了工程教育的关键元素和硕士学位的标准,确保教育内容既全面又与实际应用密切相关。这意味着学校提供的工程教育既符合高等教育的标准,又能满足职业市场的需求。

### (三) 认证程序

2023 年最新版本的法国高等教育机构的认证程序见文件《认证程序》(Accreditation procedures)[②]。CTI 认证程序一般包括以下四个阶段:申请准备

① RO_Referentiel_2023_ENGLISH. pdf (cti-commission. fr) https://www. cti-commission. fr/wp-content/uploads/2023/07/RO_Referentiel_2023_ENGLISH. pdf:31

② CTI-RO2019-Livre2-cover (cti-commission. fr) [EB/OL]. https://www. cti-commission. fr/wp-content/uploads/2023/03/RO_Procedures_2023_VF2023-03-16. pdf

阶段、专家审核阶段、认证反馈阶段、结果公布阶段[①]。

申请准备阶段。基于法国“高校自治”原则,工程师学院首先要自我评估然后自愿申请,按照CTI认证指南的要求提供一些详尽的、自我评估报告以及所有与学院运行相关的资料以备审查专家查看。

专家审核阶段。由CTI指派的专家组对学院进行实地考察的过程中,专家将会与所有相关人员包括学院管理委员会成员以及教与学的所有参与者等主要合作伙伴,对学院的培养模式与课程体系等做出客观全面的评价。随后,专家组将意见整理成一份评审报告并递交,再与提出申请的学院负责人进行进一步的沟通、修改后补充评审意见,最终提交给CTI。

认证反馈阶段。CTI根据申请学校提交的材料及专家递交的评审意见,经全体会议讨论后做出认证最终的评审(包括认证有效的时限,并对学院办学的优劣势以及需要进一步改进的建议等)。

结果公布阶段。CTI的认证结果会通知相关部委并在CTI网站公布。相关部委在接到CTI的认证意见后授予相关申请学院,并颁发其相应授予工程师文凭(资质)的资格。

## (四)院校培养体系

### 1. 法国工程类高校

法国工程类高校或工程类专业知名的综合院校以公立学校为主,有少量私立学校。公立大学接受政府的资助,而私立大学一般没有政府资助,往往依赖于学费、企业赞助和其他形式的私人资金。至于私立大学或者工程或商学导向的“Grandes écoles”,通常提供高质量的教育和较小的班级规模,并且与企业界有着紧密的联系。

在法国,获得法国高等教育的传统方式是,学生必须在高中结束时经历高中毕业会考(baccalauréat,简称Bac)才可以进入大学。而对于某些特定学科,他们在高中时必须遵循特定的学科路线。有两种主要方式可以进入高等教

---

① 于黎明,陈辉,殷传涛. 通用工程师学历教育及其认证[C]//Information Engineering Research Institute,USA. Proceedings of 2013 International Conference on Social Science and Health(ICSSH 2013) Volume 20. Proceedings of 2013 International Conference on Social Science and Health(ICSSH 2013) Volume 20, 2013:108-111.

育,有着各自不同的申请要求和流程:(1)“Parcoursup”。学生在获得 Bac 后通过 Parcoursup 这样一个用于申请法国大部分高等教育课程的在线平台,申请他们希望学习的课程。(2)“Classes préparatoires”。这是一种高强度的两年制、为进入 Grandes Écoles 的预备课程,旨在准备学生参加竞争激烈的 Grandes Écoles 入学考试。这些学校提供高质量的教育,并通常专注于工程、商业或其他专业领域。学生在 Bac 考试中获得的成绩是他们能否进入 Classes préparatoires 的重要标准之一,但学校也会考虑其他因素,如学生的个人动机、推荐信以及高中的整体表现。

**2. 硕士学位等级(Le grade de master)**

研究生工程师的硕士学位等级为“Bac + 5”。它排在学士学位(Bac + 3)之后,在博士学位(Bac + 8)之前。获得硕士学位的学生在其高等教育学习期间已积累了 300 ECTS 学分,才可以继续攻读博士学位。法国引入学位等级制度(grades)是为了促进欧洲学生的流动和欧洲各国之间文凭的比较与兼容,这是波洛尼亚进程的一部分,旨在创建一个更加一致和互认的欧洲高等教育区域①。

**3. 硕士学位授予**

法国硕士学位级别的授予遵循严格的规定和流程,无论是通过国家直接监管的公立机构,还是经过国家认可的私立学校提供,都旨在保证教育质量和学位的认可度。所有硕士学位级别的学位的设立和认证均需要通过教育或相关部门在《官方公报》上发布。通过官方渠道如《官方公报》和国家教育信息中心(Onisep)网站发布的信息为学生提供了可靠的指南,帮助他们了解和选择合适的高等教育课程②。

**4. 硕士课程构成**

在法国,工程师学位(Diplôme d'ingénieur)和硕士学位(Master)是两种不

① Le grade de master - Onisep. https://www.onisep.fr/formation/apres-le-bac-les-etudes-superieures/conseils-et-strategies-d-etudes/master-mastere-mba-s-y-retrouver-dans-les-appellations/le-grade-de-master

② https://www.onisep.fr/formation/apres-le-bac-les-etudes-superieures/conseils-et-strategies-d-etudes/master-mastere-mba-s-y-retrouver-dans-les-appellations/le-grade-de-master

同的学位。工程师学位通常被视为等同于硕士学位的水平(Bac + 5),但它们是由不同的教育机构提供,并针对不同的职业路径。

工程师学位是一种专门针对工程领域的高度专业化的学位。通常需要五年的全日制学习(相当于在高中毕业后的五年,即 Bac + 5)。工程师学位课程提供旨在帮助学生直接进入工程职业的深入的技术和科学训练,以及实际的工程实践经验。并且,工程师学位通常是针对已经完成两年的本科学习(相当于 Bac + 2)后的学生设计的,而不是完成了四年本科的学生。入学途径之一是通过完成两年制的 Classes Préparatoires aux Grandes Écoles(CPGE)后直接进入工程学院(Grandes Écoles d'Ingénieurs)三年课程。此外,也有其他途径进入工程学位课程,包括通过技术大学学院(IUT)或通过专业学士(Licence Professionnelle)等。

相对来说,法国的硕士学位是一个更通用的学位,涵盖了广泛的学科领域,包括文科、理科、社会科学等。硕士学位通常基于三年的本科学位(Licence,Bac + 3)之后的两年研究生学习(即总共 Bac + 5)。硕士学位课程通常分为 M1 和 M2 两部分。这种结构允许学生在第一年基础上进一步深入专业学习或研究。其中,专业硕士(Mastère Spécialisé, MS)主要由大学校(Grandes Écoles)提供,是一种针对特定领域的深入学习和专业发展的高级专业化的学位,提供给已经拥有硕士学位(或等同学历)的学习者进一步专业化的教育。这个学位通常在获得硕士(Bac + 5)之后,经过一年的额外学习获得,因此是 Bac + 6 的学位。理学硕士(Master of Science, MSc)主要面向广大的国际学生。①

如,ESiLV 大学的 Master Degree in Engineering(Grande Ecole Programme)项目学制为两年,毕业后获得经由 CTI 认证的工程师学位(diplôme d'ingénieur)。② 申请人必须满足以下最低要求:

(1)工程或物理科学领域的三年制本科学位或 180 ECTS 或同等学力。

(2)雅思 6.5 或同等水平(以英语为母语的人和以前毕业于英语授课课程的人可豁免)③。

---

① https://www.cge.asso.fr/

② Master Degree in engineering - ESILV Graduate School of Engineering, Paris. https://www.esilv.fr/en/programmes/master-degree-engineering/

③ https://www-esilv-fr.translate.goog/en/programmes/master-degree-engineering/?_x_tr_sl=en&_x_tr_tl=zh-CN&_x_tr_hl=zh-CN&_x_tr_pto=sc

## 六、日本工程硕士教育模式与认证

### (一) 组织体系

日本工程教育认证机构(Japan Accreditation Board for Engineering Education,JABEE)是日本高等工程教育认证的主要机构,成立于1999年,其强调从社会需求与技术士应当具备的知识、能力视角认证技术人员教育计划(主要指向工农理学相关的课程),隶属非政府组织①。JABEE于2001开始独立认证,并于同年成为《华盛顿协议》的临时成员,2005年转为正式成员,成为所有成员中首个非英语国家。截至2016年,JABEE累计完成的认证项目涉及的毕业生已达26万人,累计认证项目501个,其核心特征主要表现为三个主要方面:一是由专门领域评审认证委员会评审,保障了项目质量;二是认证过程和标准能够匹配国际要求,例如专业知识、沟通能力、技术伦理能力等;三是参与认证项目毕业生的学生免除了国家资格技术人员的第一次考试②。JABEE当前理事会核心成员见表13③。

**表13　工程认证机构现任核心成员**

| 任职 | 姓名 | 代表团体 |
| --- | --- | --- |
| 会长 | 岸本喜久雄 | |
| 副会长 | 佐藤之彦 | |
| 副会长 | 鸟居和功 | |
| 专务理事 | 三田清文 | |
| 执行理事 | 藤井俊二 | |
| 执行理事 | 猪股宏 | |
| 理事 | 富田达夫 | |
| 理事 | 桥本洋志 | |
| 理事 | 齐藤史郎等 | |
| 理事 | 齐藤修 | 一般社团法人日本机械学会 |
| 理事 | 长尾雅行 | 一般社团法人日本电气学会 |

① JABEE. home[EB/OL].[2024-01-02]. https://jabee.org/

② JABEE. home[EB/OL].[2024-01-02]. https://jabee.org/

③ JABEE. 组织和章程.[EB/OL].[2024-01-02]. https://jabee.org/outline/constitution

续表

| 任职 | 姓名 | 代表团体 |
| --- | --- | --- |
| 理事 | 丸井敦尚 | 地球·资源领域 JABEE 委员会 |
| 监事 | 福田敦 | 日本大学理工学部教授 |
| 监事 | 铃木贤太 | 公益社团法人日本工学教育协会专务理事 |
| 最高顾问 | 吉川弘之 | 日本技术士教育认定机构第 1 任会长 |
| 顾问 | 大桥秀雄 | 日本技术士教育认定机构第 2 任会长 |
| 顾问 | 木村孟 | 日本技术士教育认定机构第 3 任会长 |
| 顾问 | 有信睦弘 | 日本技术士教育认定机构第 4 任会长 |

JABEE 的认证过程由 61 个正式会员专业学会协助,并依据 16 个领域审查委员会以及 JABEE 的认定和审查调整委员会的审议和调整进行实施。从 JABEE 认证相关的组织分布上来看,呈现三层关联体系,一是全员大会,主要负责机构核心章程修改、人员聘任与退出、业务报告、战略决策与发展等重大事项;二是由理事会领导的面向硕士层次的认证委员会,即专门职研究生院评估和认证委员会[①](Committee for Evaluation & Certification of Professional Graduate Schools)[②];三是面向各个领域的评价委员会(Evaluation Committee by Fields)。基于 JABEE 最新报告资料,其具体认证情况如表 14 所示[③]。

表 14　JABEE 教育机关类别认证项目数[学士、硕士(修士)]

| 学校类型 | 教育机构数 | 项目数 |
| --- | --- | --- |
| 国立大学 | 54(49) | 240(125) |
| 公立大学 | 10(5) | 24(6) |
| 私立大学 | 56(47) | 169(119) |
| 高等专门学校 | 53(31) | 87(43) |
| 大学校 | 1(1) | 1(1) |
| 总计 | 174(133) | 521(294) |

注:2001—2021 累计数量,括号内为 2021 年数量(海外项目除外)。

① 在日本的语境中,也称之为“专门职大学院”,主要对硕士层次的课程进行认证。

② https://jabee. org/en/outline/constitution

③ https://jabee. org/doc/soukai2023. pdf

专门职研究生院每5年接受一次文部科学大臣认证的评价。“专门职大学院”是专门面向研究生(硕士、博士)层次教育的一种教育类型,主要开展专业技术教育,与“大学院”相对照和平行。在专门职大学院以下,是“专门职大学”和“专门职短期大学”,这两类大学主要开展专业性职业教育,是技术士教育和专修学校的主要代表,与此相对应的是“大学”,即素质教育的主要场所。同时,《产业技术系专门职大学院标准》提出专门职大学院核心标准①:教育目标上,教授学生理论与应用实践知识,“为了承担要求‘高度专业性’的职业而培养深厚的学识和卓越的能力的专门职研究生院”,主要为了培养高级专业人才;教育方法上,不仅向校内公开,同时也向社会公开,必须确保拥有足够的实习地点和时间;教育评价上,不仅要对各学生的特定科目的绩效、水平进行判定,还要对教学大纲中标记期望达到目标进行评价;课程设置上,要通过PBL、实习、练习、讨论等多元授课形式,确保充足的实践教学;组织聘任上,专任教师至少33%要具有5年以上工作经验,具有高度专业技术技能;评价机制上,既要考虑社会要求系统也要考虑学生要求,以改善专业培养环节。因此,从定位上来看,对“专门职大学院”的认证与评价,本质上等同于对工程硕士的认证。

## (二)标准体系

JABEE认证项目主要包括属于理工农学学士课程的4年制项目(相当于我国本科项目)和部分大学、技术学院的部分硕士项目。自2004年开始,日本所有的大学和技术学院都必须进行认证,无论是人文类学科还是信息科学类学科,同时,JABEE主要提供了课程形式和学习教育基本框架,每个教育机构可以通过多种形式完成教育培训②。

JABEE认证标准分为两类:一是通用标准,其规定了所有认证项目和学位类型共有、最基础的标准原则;二是个别标准,其规定了特定项目应当达到的标准。

具体而言,通用标准主要规定四大方面要求③④。

① JABEE. 产业技术专门职大学院标准[EB/OL]. [2024-01-02]. https://jabee.org/doc/12305.pdf

② JABEE. JABEE认证的意义[EB/OL]. [2024-01-02]. https://jabee.org/about_jabee/concept

③ JABEE. 日本工程师教育认证标准:通用标准[EB/OL]. [2024-01-02]. https://jabee.org/doc/2019kijun.pdf

④ JABEE. 认证结构和认证标准[EB/OL]. [2024-01-02]. https://jabee.org/about_jabee/accreditation_system#9item

通用标准1:学习和教育成就目标

1.1 独立工程师形象的建立与公开

1.2 学习和教育成就目标的设定。同时,能力又被细分为若干方面,具体包括从全球视野多元视角审视事物的基本素养;善于运用多种科学、跨学科能力解决社会需求和实践问题的设计能力;表达与讨论能力、逻辑能力等;自主持续学习能力;团队合作能力;按计划有序开展工作并进行总结的能力等。

通用标准2:教育方法

2.1 基于课程政策的教学课程、科目设计与开课

2.2 基于教学大纲的教学实施与主体性学习

2.3 教员团、教育支援体制的完善和教育的实施

2.4 招生政策及录取学生

2.5 教育和学习支持环境的运营和标准

通用标准3:实现学习和教育成就目标

3.1 实现学习和教育目标

3.2 从知识和能力的角度评估毕业生的成就标准

通用标准4:改善教育

4.1 内部质量保证体系的构建、实施

4.2 持续改进

"个别标准"主要指向专门职大学院的评价和认证标准,从 JABEE 官方资料的逻辑体系来看,专门职大学院的评价标准与工程师教育认证即"学士课程认证、信息学学士、工学硕士及建筑学硕士"的内容不同,后者相关的评价标准不能直接适用于工程硕士内容认证,但通用标准部分适用。

工程硕士评价和认证具体由 8 个主要标准和 50 个评价项构成,具体如下①:

第一,使命、目的以及学习、教育目标的设定和公开。此项内容具体说明了工程硕士的培养、定位与使命,澄清了工程硕士能力标准和侧重点。

(1)培养卓越的工程硕士,教授学生必要的学术理论和应用技术,必须具备承担高度专业性职业的能力。

(2)制定结业方针,并向学生、教学和社会公开。

---

① JABEE. 认证标准的解读[EB/OL].[2024-01-02]. https://jabee.org/doc/12306.pdf

(3)培养高级专业人才,完成社会要求,具体能力维度要点6点。①培养工程硕士高度的专业知识、专业技术能力;②在专业领域内,具备辩证思考、综合性考虑和解决问题的能力;③同专业领域紧密相关的其他基本素养;④自我发展、持续学习和参与社会必要的团结合作与管理等能力;⑤技术沟通能力;⑥遵守职业道德和旅行职责的能力。

第二,学生招收办法。此项内容旨在说明工程硕士培养单位务必明确政策方针,包括在学、入学等多个方面等系统内容,并及时进行公开。

(1)为了让学生达到既定目标,学校应当设立如学方针,选拔办法,并切实执行。

第三,教育方法。此项内容旨在确保工程能力培养单位课程编制、教学方法、教学大纲等培养环节合理性。

(1)向学生、教学和社会公开课程政策和具体实施方针,同时确保课程政策的一贯性。

(2)系统、科学设计课程体系,以保证学习目标与教育目标的完成。

(3)为加强实践教学,加强学生们工程实践能力,根据各科目、学习目标等,灵活使用PBL、练习法、实习、讨论等授课形式。

(4)向专业面向学生和教师公开课程教学大纲和方案书,大纲应明确教学定位、课程目标、教育内容乃至成绩评价标准和方法。

(5)持续检查学生教育目标、学习目标达成度,不断促进学生学习欲望,完善学生知识结构。

考虑授课的内容、授课的方法及设施、设备等教育上的诸条件,使学生数成为能充分提高教育效果的适当的人数。

(6)为确保教学效果,灵活根据授课学生数考虑教学内容、方法、设备等多元条件。

(7)设定学生在1年或者1年内能够选修的学分上限,以保证选修课程均衡性。

(8)一年授课期间,原则上至少持续35周,同时,各授课科目最好在10周至15周。

(9)应当根据教育专业领域和教学内容,合理使用多媒体进行教学。

(10)应当根据教育专业领域和教学内容,合理使用函授教育进行教学。

(11)必须确保充足的实习地点,不限于国内外机械、企业。

第四,教育组织。此项内容主要规定了工程硕士教学者的基本资质、工作要求等内容。

(1)确保教师有组织开展教育,以加强其适当的角色分担和协作机制。

(2)拥有完善的教师队伍,能够根据相应教学方法开展教学。

(3)专职教师人数,必须符合规制标准。

(4)教师只能在一个专业中做专职岗。

(5)规章要求专职教师半数以上的人应当是教授。

(6)专职教师必须满足如下条件中的一条:具有一定研究成果和声望;拥有高技术的高级工程师;拥有卓越的知识和经验。

(7)专职教师必须30%以上具有5年实践工作经验,并且承担相应急需实践经验的学科专业。

(8)核心课程必须由教授或副教授专职教师负责。

(9)为了提高专业教学水平,助力可持续发展,教师年龄不应有显著的年龄倾向。

(10)专职教师既应保持高水平教学业务能力,也应当具有一定水平科研能力。

(11)根据实际情况,有选择性地增加一定数量专职教师。

(12)在2个以上不相邻的校地进行教育研究时,每个校地都必须配备必要的专业教师。各个校地至少设置1名以上专职教授或副教授。

(13)明确公开教师的录用标准、晋升标准与评价标准。

(14)为提高和优化课程教学效果,打造线上教师沟通组织。

(15)有提高教师质量的促进机制。

(16)有提高教师综合素养的机制。

第五,教育环节。此项内容主要规定了工程硕士学习学校应当具备的实验室、图书馆、设施等内容。

(1)拥有完成教育目标所需的实验室、自习室、图书馆、教室以及其他相关信息技术设备等。

(2)确保教室、图书等设备的利用对教育教学等没有影响。

(3)为专职教师提供研究室。

(4)若学生数量过多,应当适应增加校地和校舍面积。

(5)在2个以上不相邻的校地开展教育教学,每个校地都应当具备必要的设施和设备。

(6)大学院大学必须具备足够规模的校舍等设施。

(7)必须具备充足的财政保障,以确保学习和教育目的的达成。

(8)为了确保学生学习热情、专心学习,有必要向他们提供充足完备的教学环节。

第六,学习、教育目标的达成。此项内容主要规定了完成学习和教育目标相关的在学实践、学分要求、结业认证标准等内容。

(1)制定和公开结业认证标准,支持学生完成学习目标。

(2)根据规定要求,一定程度上完成认证所需的修学时长和学分要求。

(3)可以缩短在校时长,但必须依据规章制度实施,同时还要特别考虑成果的充分性。

(4)可认定专业所修学分以外的结业条件。

(5)授予学位的名称应符合领域的特性和教育内容。

第七,教育改善。为确保学生能力真正达标,此项内容主要对检查系统和评价系统相关内容进行了要求。

(1)应当具有评价前述六项内容的机制。

(2)评价机制应当充足考虑社会、学生以及评价本身的要求。

(3)定期开展评价,评价结果积极向校内外公布。

(4)根据评价结果,不断改善教育系统,提供教育教学活动有效性。

第八,特色教育研究活动。此项内容要求学校必须提供特色且与专业相关联的有益教育活动,否则反而会增加学生和教师负担。

### (三)认证程序

工程硕士认证主要是对专门职大学院的具体专业进行评估和认证。目前,硕士层次认证的内容主要包括信息技术硕士、信息系统学硕士、信息系统硕士、创造技术硕士、嵌入式技术硕士、核能硕士①,2022年新补充了“事业设计工程硕士”②。对工程硕士专业的认证旨在保证专业教育质量,提高教学水平,促进学生对行业工作的胜任力,同时这也有利于提升学校声誉。

认证主要通过判定申请专业是否达到评价标准作为基础,在此过程中,认

① JABEE. 认证评价的步骤和方法[EB/OL].[2024-01-02]. https://jabee.org/doc/pgs_evaluation.pdf

② JABEE. 认证评价结果[EB/OL].[2024-01-02]. https://jabee.org/pgschool/result

证结论共分为五种，分别为 S 优良、C 适合、A 一般、W 较差、D 欠缺。“S 优良”即该专业项目符合评价标准；“C 适合”即专业项目基本符合评价标准；“A 一般”即专业项目虽然部分满足了评价标准，但同时也存在一定进步空间；“W 较差”即专业项目勉强达到了评价标准，但是符合程度相对较弱，需采取较大措施进行完善；“D 欠缺”即专业项目不符合评价标准相关制度。在实际评价过程中，不允许出现一个“欠缺 D”等级评分，否则将直接被判定为“不符合”状态，而评价合格的专业项目将被授予认证证书，同时相关材料将上交文部科学大臣，即教育部相关负责人，并进行公示。此外，即使是被认定合格的专业，若其评价等级中出现了“W 较差”和“D 欠缺”，都需要在两年内提交改善报告书。若专业需要进行合并、名称变更等事宜，必须保证原有质量的等效性，否则就要重新接受认证。

具体评价和认证过程中，JABEE 不仅强调达到总体标准，同时还十分重视不同培养环节、教学过程、教育目标实现以及社会标准等各方面标准达成，具体要求如下①：

(1)是否设定了保证专业达标的多级教育目标，包括知识、能力、PBL 教学过程乃至成果等多个方面。

(2)专业教学过程中是否按照规定的教学大纲、教材、校规与相关辅助文件那样如实执行。

(3)专业毕业生是否达到社会要求水平以上的既定教育目标。

(4)与专业相关保障系统是否发挥了作用。

从 JABEE 工程硕士认证过程来看，其主要包含 11 个具体流程②：

第一，与申请单位(主要指向申请认证的项目负责人)约定时间。第二，申请部门在指定时间之前将特定数量“自我评估报告”③发送给工程认证评审组。第三，评审组针对申请单位“自我评估报告”进行书面认证，如通过认证则进入下一环节，否则可能需要申请单位补充相应材料。第四，评议组同申请单位协商现场调研时间，在此期间，申请单位需准备好前文所述的教学大纲、教

① JABEE. 认证评价的步骤和方法[EB/OL]. [2024-01-02]. https://jabee.org/doc/pgs_evaluation.pdf

② JABEE. 认证评价的步骤和方法[EB/OL]. [2024-01-02]. https://jabee.org/doc/pgs_evaluation.pdf

③ 在 JABEE 官网中，给出了申请认证的所有材料清单，申请单位可自由在工程硕士对应模块找到各环节对应表单和说明书等材料。

材、试卷等。第五,评议小组按照规定时间进行现场调查。调查内容除教学大纲、教材、试卷等以外,还包括对教学环境、教职工、学生、校友的调查,一般而言调查过程主要集中在 2 天内。第六,评议小组根据实际调研情况编写调研报告,并将报告提交给工程认证委员会。第七,工程认证委员会根据材料给出评审结果,提交上级部门。第八,上级部门在两周内核查报告,提出相关建议,若有建议提出,会被认证委员会要求重新修改评审报告。第九,认证委员会向理事会提交认证结果和报告。第十,被认定不符合条件的单位可在四周内向认证委员会提出异议申请,并附上相关材料。特殊情况下,申请单位可通过上诉途径解决,理事会会最终进行评定。第十一,对所有认证结果草案进行最终审定,并形成认证结果。

日本工程硕士认证过程主要体现了两个方面核心特点:

#### 1. 认证过程和操作技术较为成熟

在日本工程硕士认证过程中,各个环节联系都较为紧密,且每个环节都有明确的操作时间。总体上,日本评审过程分为三个阶段,一是准备环节,即申请单位根据评审组要求提交相关材料,评审组做出相应回应;二是调研环节,即评审组对申请单位实际情况展开调研,调研内容也较为全面;三是评审环节,即评审组同工程认证委员会与相关部门展开具体讨论,最终得到董事会一致同意的认证结果。

#### 2. 重视社会要求和学生能力水平

通过详细梳理发现,日本认证委员会在评审要求和评审过程中都十分重视学生能力培养是否达到社会需求水平,要求工程硕士能力水平必须与相关产业和社会需求密切结合。这意味着申请单位必须创新课程设置和课程内容,教学体系加大项目导向设计,不断帮助学生掌握前沿技术和方法,以及复杂问题解决能力,培养企业急需之人。

### (四) 院校培养体系

从近些年 JABEE 的认证结果来看,其工程硕士认证数量还相对较少,2022 年仅有 3 个工程硕士项目通过申请,其分别为“事业设计工程硕士、信息系统硕士、创造技术硕士”;2020 年仅有“信息系统硕士”通过申请[1]。这两次申请

---

① JABEE. 认证评价结果[EB/OL]. [2024-01-02]. https://jabee.org/pgschool/result

机构均为“东京都立产业技术大学院大学”（以下简称“大学院大学”），因此，本部分将主要对这所“大学院大学”的课程专业进行分析。

在日本，“大学院大学”专门培养高度专业人才，是传授学生知识理论与实践，培养拥有卓越应用能力，适应高水平职业需要的研究生教育机构。东京都立产业技术大学院大学主要有34位教职工。在大学院大学中，工程硕士培养的基本情况如表15[①]所示。整体上，工程硕士修业年限为两年；毕业要求是至少取得30学分；这与传统硕士课程学生不完全相同；工程硕士特别对实务教

**表15　工程硕士基本情况**

<table>
<tr><th rowspan="2">具体内容</th><th rowspan="2">硕士课程</th><th colspan="3">专业学位课程</th></tr>
<tr><th>研究生院<br>（2003~　）</th><th>法学院<br>（2004~　）</th><th>教师进修研究生院<br>（2008~　）</th></tr>
<tr><td>修业年限</td><td>2年</td><td>2年</td><td>3年</td><td>2年</td></tr>
<tr><td>完成要求</td><td>至少30学分，硕士论文（研究指导）</td><td>30学分或以上</td><td>93学分或以上</td><td>45学分或以上（至少10学分是实践培训）</td></tr>
<tr><td rowspan="2">实务教师</td><td rowspan="2">—</td><td>30%以上</td><td>20%以上</td><td>40%以上</td></tr>
<tr><td colspan="3">除实务教师外，每个系配有的专职教师人数必须高于硕士课程，而且原则上禁止兼任学部等其他课程的专职教员，充实教员组织。</td></tr>
<tr><td>具体教学方法</td><td>—</td><td>（1）案例研究、实践调查、互动和讨论、问答教学等</td><td>（1）与左同（2）小组教学（基础法律科目标准为50名学生）</td><td>（1）与左同（2）义务学校实践训练和共同科目</td></tr>
<tr><td>学位</td><td>硕士</td><td>工程硕士</td><td>法学博士</td><td>教师教育博士</td></tr>
<tr><td>认证评价</td><td>—</td><td colspan="3">教育课程和教员组织等的教育研究活动已得到了文部科学大臣的认证；<br>认证评价团体的评价每5年有接受审查的义务，保证教育质量保证的机制。</td></tr>
</table>

① 东京都立产业技术大学院大学. 什么是专门职大学院[EB/OL]. [2024-01-02]. https://aiit.ac.jp/about/overview/professional_graduate_school.html

师(即具有丰富实践经验和专业知识的任教职员)构成团队提出了具体要求，即至少30%以上;工程硕士培养更加强调实践互动、项目交流等。

除总体要求外,具体培养课程也有具体要求。在“大学院大学”,其主要以“课程项目”为依托培养专门人才。由于“信息系统硕士”工程学位认证时间较早有一定典型性,故主要以该学位对应的“信息架构课程”(Information Systems Architecture Course)作为案例进行分析。

### 1. 培养目标

在“信息架构课程”项目提交的工程硕士认证材料和课程方案中,阐明了其培养目标,培养能够进行信息系统设计、具备运用专业知识以及系统地掌握技术诀窍能力的各种IT高度专业技术人员,以帮助产业技术发展[①][②]。

### 2. 课程体系

“信息架构课程”项目课程体系具体如表16所示。可以发现,“信息架构课程”项目主要通过“选修课”的形式对学生感兴趣内容进行训练,其选修课主要包括“IT系课程、企业系课程、系统系开发课程、管理系课程、信息系统学特别训练、产业技术研究类课程”6个模块,每个模块包括1~12个具体选修课程[③]。

**表16　信息架构课程选修课体系**

| IT系课程 | 企业系课程 | 系统开发系课程 | 管理系课程 | 信息系统学特别训练 | 产业技术研究类课程 |
|---|---|---|---|---|---|
| 网络系统专题讲座 | 先进通信技术 | 高级软件工程 | 高级项目管理1 | 信息系统高级研修班1、2(自费) | 高级国际管理 |
| 高级安全系统管理和操作 | 高级信息架构2 | 高级框架开发 | 高级项目管理2 | | 高级国际发展 |

① 东京都立产业技术大学院大学. 东京都立产业技术大学院大学进修指南[EB/OL]. [2024-01-02]. https://aiit.ac.jp/documents/jp/education/system/r5_risyuunotebiki.pdf

② 东京都立产业技术大学院大学. 自我评价书[EB/OL]. [2024-01-02]. https://jabee.org/doc/pgs2022_aiit-1.pdf

③ 东京都立产业技术大学院大学. 讲义内容简介[EB/OL]. [2024-01-02]. https://aiit.ac.jp/master_program/isa/lecture/#t06

续表

| IT系课程 | 企业系课程 | 系统开发系课程 | 管理系课程 | 信息系统学特别训练 | 产业技术研究类课程 |
|---|---|---|---|---|---|
| 高级物联网开发 | 高级信息架构3 | 高级安全编程 | 项目管理特别讲座 | | 高级技术写作 |
| 高级系统编程 | 高级信息系统2 | 云服务器建设专题讲座 | 高级信息系统1 | | 设计[重新]思考 |
| 高级面向对象编程 | 信息商务特别讲座1 | 信息安全特别讲座2 | 信息商务特别讲座2(自费) | | 高级全球通信 |
| 高级数据分析 | 信息商务特别讲座3 | 高级敏捷开发方法 | 信息安全特别讲座1(自费) | | |
| 高级系统软件 | 高级服务科学 | 高级敏捷开发方法 | | | |
| 高级信息架构1 | | 协作开发 | | | |
| 信息安全 | | | | | |
| 高级开放源码软件 | | | | | |
| 高级数据库 | | | | | |
| 高级数据分析实践 | | | | | |

除此以外,"信息架构课程"项目还包括两个可选择的必修课,即"信息伦理"与"信息技术伦理",学生将被要求从两个课程中选择一个作为必修课。从两个课程的简介内容来看,前者主要是通过学生报告和演示的方式培养学生技术伦理能力和技术伦理判断能力,这与传统教学中讲授技术伦理知识的方式有所区别;后者主要从"法律、规则、礼仪、方针"等视角,结合问题式教学,考虑如何在兼容社会背景的同时将上述法律、礼仪等融入自己的工作。

上述课程体系主要体现了以下两方面显著特点:

第一,丰富的选修课储备。"信息架构课程"项目设置了近40门选修课,2门必修课,学生能够根据研究方向、职业规划或感兴趣内容选择配套课程。不过,"大学院大学"并非完全的"选修课制度",在每个课程项目中,主要包括

“专业必修课”和“选修课”两大类课程，前者一般要求12学分，后者一般要求24学分，后者显著大于前者，这表明“大学院大学”非常重视学生个性化课程体系设置，强调学生兴趣导向和能力导向的培养模式。

第二，对技术伦理的特别关注。在一些国家的工程教育中，技术伦理教育主要通过“渗透式形式”进行，即在项目实践培养过程或产品制作过程中边练习，边对涉及的技术伦理问题进行学习，而非专门开设技术伦理课程。日本“信息架构课程”项目十分重视信息技术伦理相关的课程建设，仅有的2个必修课也均围绕信息道德、技术伦理设置，足见其对伦理教育的重视。事实上，进一步对“大学院大学”的三个工程硕士项目课程体系进行搜索也发现，这2个必修课均被设置为必修课。这一定程度上表明“大学院大学”的人才培养理念，即“成人先立德”。

“信息架构课程”项目培养共两年，第一年主要学习获得基本的理论、知识和技能；第二年为各类项目式训练，具体过程如图9所示①，这一课程项目未来输出的人才主要包括战略家、系统架构师、项目经理、技术专家。

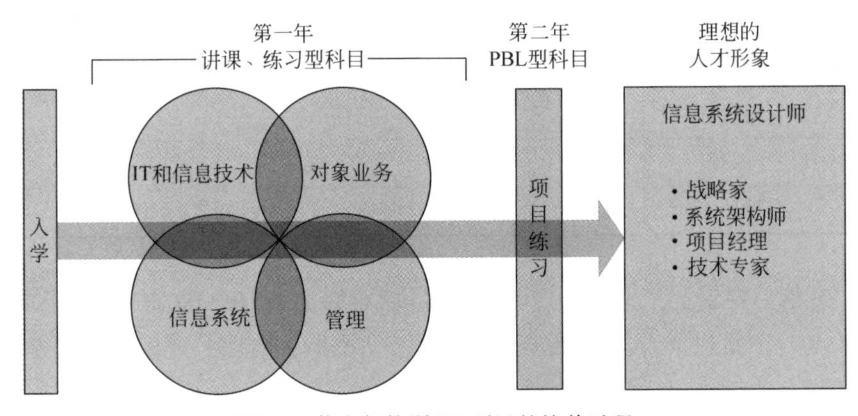


图9　“信息架构课程”项目的培养过程

### 3. 评价体系

从毕业条件来看，达到如下条件的学生将被授予工程硕士专业学位：第一，能够将本课程内中学习和获得的理论知识应用信息领域的实际业务和过

① 东京都立产业技术大学院大学. 讲义内容简介[EB/OL]. [2024-01-02]. https://aiit.ac.jp/master_program/isa/lecture/#t06

程中;第二,具备较好的沟通能力、项目计划和执行能力、领导能力、协调和团队合作能力,能够解决复杂技术问题;第三,不仅停留在学习和实践阶段,同时能够不断更新自我技术,并积极开展创新和创业的能力①。

“信息架构课程”项目学生毕业条件包括年制和学分条件两个方面,年制不得低于 2 年,学分至少 40 学分,40 学分具体构成结构如表 17 所示,即信息系统学特别训练至少 12 学分,其他课程群至少 26 学分。

**表 17 “信息架构课程”项目学生毕业条件**

| 科目群 | 类别 | | | 备注 |
| --- | --- | --- | --- | --- |
| | 必修 | 二选一 | 选修 | |
| 可选择的必修科目群 | | 2 学分 | | 从两个科目中选择 |
| 信息系统学特别训练 | 12 学分 | | | |
| IT 系课程 | | | 26 学分以上 | |
| 企业系课程 | | | | |
| 系统开发系课程 | | | | |
| 管理系课程 | | | | |
| 产业技术研究类课程 | | | | |
| 其他类课程 | | | | |
| 合计 | 至少 40 学分 | | | |

从能力要求上,“信息架构课程”项目培养的学生“核心能力”要求主要包括 7 点②:创新想象力、社会视点及市场视点、需求分析能力、建模与系统建议、管理能力、协商能力、文档整合能力。

从职业定位和能力匹配来看,职业与能力匹配模型具体如表 18 所示。该模型对照了前文所述“信息架构课程”面向的主要四类职业定位,并阐述了四类职业对应所需的知识和技能③。

---

① 东京都立产业技术大学院大学. 东京都立产业技术大学院大学进修指南[EB/OL]. [2024-01-02]. https://aiit. ac. jp/documents/jp/education/system/r5_risyuunotebiki. pdf

② 东京都立产业技术大学院大学. 东京都立产业技术大学院大学进修指南[EB/OL]. [2024-01-02]. https://aiit. ac. jp/documents/jp/education/system/r5_risyuunotebiki. pdf

③ 东京都立产业技术大学院大学. 东京都立产业技术大学院大学进修指南[EB/OL]. [2024-01-02]. https://aiit. ac. jp/documents/jp/education/system/r5_risyuunotebiki. pdf

**表 18 职业与能力匹配模型**

| 知识和技能 | | 战略家模型 | 系统架构师模型 | 项目经理模型 | 技术专家模型 |
|---|---|---|---|---|---|
| 方法论 | 策略 | ◎ | | | |
| | 规划 | ◎ | ◎ | | |
| | 实现 | | ◎ | ○ | ◎ |
| | 利用 | | | ◎ | |
| | 支援活动 | | | ◎ | |
| 科技 | 系统 | | ◎ | | ◎ |
| | 发展 | | ◎ | | ◎ |
| | 维护与运营 | | | ◎ | |
| | 非功能性需求 | ◎ | | | ◎ |
| | 嵌入式、测量和控制 | | | | ○ |
| | 通用技术 | | | | ◎ |
| 相关知识 | 商业行业 | ○ | | | |
| | 企业活动 | ◎ | ○ | ◎ | |
| | 法律和标准 | ◎ | ◎ | ◎ | ○ |

注:◎表示特别需要学习的知识、技能;○表示应当学习的知识和技能。

从对工程硕士的评价体系内容来看,“信息架构课程”项目形成了系统的评价体系,既包括学分要求和年制要求等,也包括能力、职业等方面要求。从工程硕士人才培养的定位来看,这种评价方式具有较高适切性和有效性:一方面,学分要求并不以传统必修课占主导的方式进行设置,而是大量设置选修课,“大学院大学”在引导学生职业规划基础上,学生能够相对自由选择响应课程,提升能力;另一方面,工程硕士主要培养面向社会要求和具有实践工作能力的专业人才,“大学院大学”不仅为这类人才细化了面向岗位,同时还对面向岗位的核心能力要求做出了对应规定。

**4. 教师队伍**

该“大学院大学”共有教师 34 位,其中名誉教授 7 位。经统计,与“信息架构课程”项目较相关的教师约 16 位①,开展 PBL 教学的教师共 7 位②。除此以外,“大学院大学”还包括 26 位兼职讲师,其中,与“信息架构课程”项目较相关的教师约 17 位。

**5. 产学合作**

“大学院大学”十分重视产学合作,为加强其自身同外界的沟通,同更多外部产业建立更多联系,其专门成立了“开放研究所”(the Open Institute, OPI)。OPI 专注于与社会分享教育和研究成果,及时反馈社会和行业院校需求的课程,且该所自身也为其学生提供了较多专门课程,积极促进产学地方和企业、行业的合作③。OPI 主任大川修一教授表示,他们将努力加强大学和当地社区的密切沟通,通过了解和融入特定社会需求共同解决问题,进而完善和发展教育④。OPI 每年都会主动和政府、产业合作围绕相关事宜展开讨论与合作⑤:在 2022 年,OPI 积极参与东京市、三鹰市,品川区、大田区等若干地方政府举办的活动,例如 2022 年国际工业展览会、东京风险技术奖、与三鹰网络大学合作课程、第 12 届太田研究开发博览会、品川学习森林课程等; OPI 与东京商工会议所、东京都中小企业振兴公社、东京都立产业技术研究中心、东京明珠金融集团等建立了紧密合作,合作形式主要包括技术支持、培训课程参与、项目合作等;同时,OPI 还积极与其他研究院所展开合作,例如智能系统实验室、高级软件工学研究所等。上述合作不仅为 OPI 引入了更多技术资源、合作网络资源,更对外推广了“大学院大学”,有利于加强“大学院大学”在社会和政府中的认可度。

除了 OPI,为加强产学合作,“大学院大学”还专门成立了指导咨询委员会。指导咨询委员会旨在把握行业需求,并同教育领域专家合作与讨论,进而

① 东京都立产业技术大学院大学. 教师介绍[EB/OL]. [2024-01-02]. https://aiit.ac.jp/master_program/professor/

② 东京都立产业技术大学院大学. 信息架构课程[EB/OL]. [2024-01-02]. https://aiit.ac.jp/master_program/isa/pbl/

③ AIIT. The Open Institute (OPI)[EB/OL]. [2024-01-02]. https://aiit.ac.jp/english/research_collab/opi/

④ AIIT. Message from the Director of OPI[EB/OL]. [2024-01-02]. https://aiit.ac.jp/english/research_collab/opi/message.html

⑤ 东京都立产业技术大学院大学. OPI 活动情况[EB/OL]. [2024-01-02]. https://aiit.ac.jp/research_collab/opi/archivement/

优化教育内容。目前,指导咨询委员会共有企业 15 家,主席是日本 IBM 公司桥本孝之,主要以日本本地公司为主,例如索尼公司、光洋产业株式会社、尼康公司、东芝公司、日本电气株式会社、日本 IBM 公司等。从咨询和沟通频率来看,近些年指导咨询委员会每年召开 5 次专门主题讨论会议,举办形式和主题依具体情况而定。2023 年,指导咨询委员会召开了两次会议,分别在 3 月 15 日和 7 月 11 日,会议主题分别围绕“大学院大学”建设、“可持续发展的品牌推广”进行开展,形式为“线上+线下”。2021 年共召开 5 次会议,形式均为线上;2022 年共召开 5 次会议,形式均为线上;疫情以前,形式主要为线下[①]。

## 七、新加坡工程硕士教育模式与认证

### (一) 组织体系

新加坡工程师学会(The Institution of Engineers, Singapore, IES)成立于 1966 年 7 月。IES 积极同世界各国工程教育组织密切合作,旨在促进和支持新加坡工程领域的发展,推动工程科学、艺术和职业发展,造福人类;致力于提升工程从业人员地位,为国家提供优质服务等[②]。工程认证委员会(Engineering Accreditation Board, EAB)是 IES 工程学术专业课程认证、政策和程序管理的专门组织。EAB 成立于 2022 年 5 月,专门负责执行理事会的认证政策、制定认定程序、评估报告审查、国际资格互认等事务,其认证目标主要包括三个方面,一是确保认证的课程符合企业会员要求和各类互认协议标准;二是确定符合多方利益相关者的特定工程项目;三是向教育机构反馈进展,改进和优化工程教育质量[③]。截至 2023 年 7 月,获得 EAB 全面认证的项目共 45 个,获得临时认证的项目共 4 个。

EAB 的具体职权范围主要包括不限于执行认证程序;制订评审准则;就有关评审决定或程序的投诉和上诉,与 IES 理事会做出回应;代表 IES 处理同其他国家资格互认和资格等效性等问题;定期向 IES 理事会报告其工作等[④]。

---

① 东京都立产业技术大学院大学. 运营咨询会议召开情况[EB/OL]. [2024-01-02]. https://aiit. ac. jp/about/council/record. html

② The Institution of Engineers, Singapore. Mission Statement and Objectives[EB/OL]. [2024-01-02]. https://www. ies. org. sg/About-IES/Mission-Statement-and-Objectives

③ The Institution of Engineers, Singapore. Engineering Accreditation Board (EAB) [EB/OL]. [2024-01-02]. https://www. ies. org. sg/Accreditation/EAB10249

④ The Institution of Engineers, Singapore. Engineering Accreditation Board (EAB) [EB/OL]. [2024-01-02]. https://www. ies. org. sg/Accreditation/EAB10249

在EAB的成员组成中,IES主席理应为其成员,其他成员应由IES主席与各利益相关者协商任命,任期最长为三年,任命需符合新加坡工程师协会章程中的规定。IES主席将从19名指定成员中任命EAB主席,EAB主席应在其被任命为EAB成员期间任职。EAB当前董事会组成如表19所示①。

**表19 工程认证机构现任董事会组成**

| 职务 | 姓名 | 公司/组织 |
| --- | --- | --- |
| 主席 | Dr LimKhiang Wee | 新加坡理工学院教授,国家研究基金会顾问 |
| 秘书 | Dr Chau Fook Siong | 工程认证委员会主任 |
| 顾问 | Er. Prof Lock Kai Sang | 新加坡理工学院教授 |
| 成员 | Er. Prof CheongHee Kiat | 新加坡社会科学大学前校长 |
| | Er. Chua TongSeng | 职业工程师委员会成员<br>Kiso-Jiban新加坡私人有限公司董事总经理 |
| | Mr Dalson Chung | 新加坡工程师学会会长<br>国家环境署工业发展与促进办公室主任 |
| | Mr Peter Ho | HOPETechnik私人有限公司执行主席 |
| | Er. HoSiong Hin | 人力部MOM学院职业安全与健康部高级主任(国际WSH)<br>兼监管学院副院长 |
| | Prof Ashraf A. Kassim | 新加坡科技与设计大学副教务长(教育) |
| | Mr Khoong Hock Yun | Tembusu Partners私人有限公司管理合伙人<br>(区块链基金1和2) |
| | Er. Kng Meng Hwee | 职业工程师委员会成员<br>能源市场管理局副首席执行官 |
| | Er. Lim Peng Hong | 职业工程师委员会主席<br>PH咨询私人有限公司董事总经理 |
| | Dr David Low | 高级再制造与技术中心首席执行官<br>新加坡科学、技术和研究机构制造技术研究所执行主任 |
| | Prof Phee Soo Jay, Louis | 南洋理工大学工程学院副院长(创新创业)院长 |

① The Institution of Engineers, Singapore. Composition of the Board [EB/OL]. [2024-01-02]. https://www.ies.org.sg/Accreditation/Composition-of-the-Board

续表

| 职务 | 姓名 | 公司/组织 |
| --- | --- | --- |
| 成员 | Mr Harish Pillay | Red Hat 亚太私人有限公司首席技术架构师 |
| | Prof PaulSharratt | 新加坡理工学院教授 |
| | Mr Mervyn Sirisena | 新加坡工程师学会副会长(专业发展) |
| | Er. A/Prof Tan TengHooi | 新加坡社会科学大学科技学院院长 |
| | Er. Teo Yann | 新加坡咨询工程师协会主席<br>SquireMech 私人有限公司董事总经理 |
| | Prof Teo Kie Leong | 新加坡国立大学设计与工程学院院长 |

### (二)标准体系

EAB 针对的是工程教育专业进行认证,目前获得 EAB 全面认证的课程大部分属于学士层次的课程,硕士层次的课程只有新加坡理工学院的 4 门;获得 EAB 临时认证的课程共有 4 门,分别是新加坡理工学院的 2 门本科课程和 2 门硕士课程①。

EAB 的认证标准是由一些学者和职业工程师共同参与制定的,还参考了《华盛顿协议》其他签署方采用的认证标准以及国际工程联盟制定的毕业生素质和专业能力,共有 11 项通用标准和 14 项特定标准。其中通用标准是适用于所有课程认证,认证的课程需满足所有的一般标准;特定标准是根据不同子学科的工程实践要求而设立,主要涉及课程问题和教师资格,申请认证的课程需至少满足一项。

根据新加坡工程认证学会官网文件,认证相关的通用标准总结如下②:

标准 1:使命和计划教育目标(PEOs)

1.1 每个课程应具有使命和标准,以及相应课程和教学过程

1.2 目标具有可评估性和现实性

① The Institution of Engineers, Singapore. Engineering Accreditation Board (EAB) [EB/OL]. [2024-01-02]. https://www.ies.org.sg/Accreditation/EAB10249

② The Institution of Engineers, Singapore. ENGINEERING ACCREDITATION BOARD ACCREDITATION MANUAL[EB/OL]. [2024-01-02]. https://www.ies.org.sg/Tenant/C0000005/PDF%20File/Accreditation/EAB%20Accreditation%20Manual%20-%20Visits%20after%20Jan%202022.pdf

1.3 根据毕业生的特点和成就来评估,评估结果应用于重新定义和改进 PEOs

标准 2:学生学习成果

2.1 毕业生素质

2.2 除上述素质的其他学习成果

2.3 适当的评估和评价机制

标准 3:课程和教学学习过程

3.1 适当的课程内容

3.2 有效的教学过程

3.3 课程包含解决复杂工程问题

3.4 定期评估教学过程的有效性

3.5 课外活动

3.6 图书馆和教育技术设施

标准 4:学生

4.1 具备取得学习成果的素质

4.2 有令人满意的表现

4.3 教育机构提供学生支持服务

标准 5:教员

5.1 具备丰富的专业知识

5.2 足够大的师资队伍

5.3 教员人数与学生人数成比例,提供足够的师生互动水平

5.4 教员掌握指导和管理该项目的权力

5.5 接受教学方法培训

5.6 具备具有良好的教育资格

标准 6:设施和学习环境

教室、实验室和其他教学设施;计算机和信息技术支持系统

标准 7:机构支持和财政资源

必需的财政资源来留住合格的工作人员,并为其发展提供机会

标准 8:治理和持续质量改进

8.1 治理结构须明确权力和责任

8.2 明确的持续质量改进流程

标准 9:教育机构与行业之间的互动

9.1 行业参与课程制定

9.2 课程为学生提供实习或其他获得行业经验的机会

9.3 教育机构与行业之间需要有一种沟通渠道

标准 10:研发

10.1 教员积极参与研究和开发

10.2 应当鼓励具有活力的研发文化

标准 11:特定项目标准

11.1 除了一般标准外,每个项目还必须满足一套特定的标准

认证的特定标准如下①:

(1)航空航天工程课程标准

①必须在所有相关的工程子学科方面提供足够的理论基础

②应具有良好的风洞(wind tunnel)和计算设施

(2)生物工程和生物医学工程课程标准

提供足够的理论基础;学生必须接受培训,并设计和开发项目;课程涵盖面广

(3)化学工程课程标准

①毕业生必须获得足够的基础知识

②毕业生必须具备数学知识,并能应用相关概念

③毕业的核心要包括特定课程,以及掌握实验技术

④学生必须参加一个顶点设计项目

⑤提供经济与人力资源问题的选修课

(4)土木工程和土木与环境工程课程标准

①毕业生必须精通数学

②毕业生对相关课程具备一般熟练程度,掌握入门级知识

③教员须具备相关学历及专业注册

(5)计算机工程课程标准

毕业生必须具备概率和统计学、微分和积分、离散数学、基础科学、计算机

---

① The Institution of Engineers, Singapore. ENGINEERING ACCREDITATION BOARD ACCREDITATION MANUAL[EB/OL].[2024-01-02]. https://www.ies.org.sg/Tenant/C0000005/PDF%20File/Accreditation/EAB%20Accreditation%20Manual%20-%20Visits%20after%20Jan%202022.pdf

科学和工程科学的知识

(6)计算机科学课程标准

毕业生必须具备编程基础和编程语言、算法和复杂性、计算机组织和架构、数字逻辑等知识;毕业生应整合理论、实践和工具;提供各种选修课

(7)电气工程和电气及电子工程课程标准

①毕业生必须具备分析和设计复杂的电气与电子设备、软件以及包含硬件和软件组件的系统的知识;毕业生必须很好地理解基础科学、工程科学和高等数学的原理和应用

②教员须具备相关学历及专业注册

(8)工程科学课程标准

课程应重视科学和工程基础;学生应参加一个多学科性质的重大设计项目;鼓励提供接触工业的机会

(9)环境工程课程标准

①毕业生必须了解工业过程及其对安全、健康和环境的潜在影响;具备预防和处理产生污染的废物流的当代知识

②毕业生必须具备可应用于环境工程的物理、化学和生物学知识;必须具备一定的数学水平;必须有区域和全球环境问题的基本知识,以及流体力学和传热、化学反应和分离过程的工作知识

③毕业生必须参加一个顶点设计项目

④必须提供研究经验以及专业发展的机会

⑤必须让人们了解公共机构和私人组织在环境管理和废物管理方面的作用和责任

⑥具有跨学科性质,越来越注重废物最小化和污染预防

(10)一般工程课程(包括工程产品开发、工程系统和设计、计算机科学和设计课程)标准

①毕业生必须深入了解设计新产品、工艺、技术或方法所必需的技术基础

②课程必须提供坚实的科学和工程基础,并充分强调工程设计。学生应该参加一个设计项目

(11)工业和系统工程课程标准

毕业生必须具备设计、开发、实施和创新综合系统的能力

(12)信息工程和媒体课程标准

工程学士(信息工程和媒体)课程必须提供足够的理论基础;必须让学生接触媒体创作和制作的艺术和创意过程

(13)材料工程课程标准

毕业生必须具备将基础科学原理和工程原理应用于材料系统的能力;必须全面理解该领域四大要素的科学和工程原理;必须能够应用和整合该领域上述四个要素中的每一个知识,并能够使用符合计划目标的实验、统计和计算方法

(14)机械工程和机械及生产工程课程标准

①毕业生必须能够将数学、科学、力学、热力学和流体力学应用于机械、制造、热力和机电系统和工艺,以及这些系统的设计和实现;毕业生还应具备在该方案确定的至少一个专业领域从事专业工作的能力

②教师须具备相关学历及专业注册

EAB 的通用标准和特定标准不仅涵盖学科齐全,而且标准内容广泛。其在特定标准中涉及了工程行业的各个子学科,全面覆盖了各个子学科的标准要求;而且在具体子学科的标准上,对学生、教员、课程设置、教学设施、毕业要求等方面都提出了相应的要求,其认证标准内容的涵盖面是较为广泛和充足的。此外,EAB 的认证标准对毕业生要求和学生成果产出较为重视,在通用标准和各个子学科的特定标准中几乎都对其有涉及和规定。

## (三) 认证程序

根据 EAB 认证原则,EAB 认证的是项目(Programmes),而不是教育机构;项目认证必须由教育机构主动申请才会开展相关程序,项目必须由国家批准和官方认可,且至少培养了两个学年毕业生;课程认证有效期最长五年,但可能会因其培养环境现状而变得更低,同时如果认证期间培养环境产生较大变化,也需积极同 EAB 报备①。

新项目可以申请临时认证,临时认证是为之后的全面认证做的初步准备,其目的是评估项目申请认证的必要条件是否具备。授予临时认证的最长期限

① The Institution of Engineers, Singapore. ENGINEERING ACCREDITATION BOARD ACCREDITATION MANUAL [EB/OL]. [2024-01-02]. https://www.ies.org.sg/Tenant/C0000005/PDF%20File/Accreditation/EAB%20Accreditation%20Manual%20-%20Visits%20after%20Jan%202022.pdf

是教育机构培养或预计培养两年毕业生之时,如果教育机构两年结束后不进行后续的认证申请,两年后到期即失效。

无论是首次还是再次申请认证的项目,都需对其进行全面评估,其认证流程为:第一步,由教育机构向 EAB 主动申请认证其项目,并且在规定日期内编制和提交认证信息报告;第二步,EAB 成立专门评估小组对提交的信息进行评估,小组成员一般 3 人以内,若存在两个相关性较强的项目,可灵活地由 4~5 人构成联合评审小组;第三步,针对教育机构申请信息情况,确定补充信息和小组构成;第四步,评估小组组长的秘书与教育机构联系来制定认证访问计划;第五步,评估小组对每个项目进行为期两天的认证访问;第六步,评估小组在认证访问的后 4 周内编制认证报告草稿,并与评估表一起提交给 EAB;第七步,EAB 委员会审查报告草稿,在必要时与评估小组商议修改;第八步,评估小组的报告发送给教育机构进行更正;第九步,EAB 根据评估小组的报告做出认证决定并通知教育机构;第十步,如有对决定的上诉须在 30 天内以书面形式提交①。

EAB 认证的特点是申请认证是由教育机构主动提出书面申请要求。出于评估小组成员的专业性和公平性,小组成员包括专业学术人员、行业利益相关者以及熟悉 EAB 认证系统人员。新课程的申请可以考虑全面认证的前期步骤即临时认证。

### (四) 院校培养体系

截至 2023 年 7 月,EAB 全面认证的硕士项目仅有 4 个,且都来自新加坡理工学院。其中,3 个为工程硕士项目,分别为可持续基础设施工程(土地)工程硕士、可持续基础设施工程(建筑服务)工程硕士、电气与电子工程硕士和电气,1 个为理学硕士②。本研究以电气与电子工程硕士为案例进行研究。

电气和电子工程硕士是一个培养期限为两年,共 60 ECTS 学分的研究生项目,旨在为学生提供电气工程、电子工程、能源等相关的知识、技术内容,加

---

① The Institution of Engineers, Singapore. ENGINEERING ACCREDITATION BOARD ACCREDITATION MANUAL[EB/OL].[2024-01-02]. https://www.ies.org.sg/Tenant/C0000005/PDF%20File/Accreditation/EAB%20Accreditation%20Manual%20-%20Visits%20after%20Jan%202022.pdf

② The Institution of Engineers, Singapore. Engineering Accreditation Board (EAB) [EB/OL].[2024-01-02]. https://www.ies.org.sg/Accreditation/EAB10249

强学生理论基础和实践能力，为未来职业生涯作准备[1]。

### 1. 培养目标

项目专门面向电气和电子工程领域，其培养目标主要包括四个主要方面：一是复杂问题解决能力，即能够通过技术解决本领域的复杂问题；二是在兼顾商业、社会、道德与环境等基础上制定相应工程解决方案；三是具有工程领导力，能够不断加强同团队的合作；四是致力于终身学习，对社会产生积极影响[2]。

### 2. 课程体系

申请学习者必须具备两项条件：一是大学认可学士学位，二是至少一年的本科岗位工作经验（包括实习经验），其课程模块整体情况如表 20 所示。整体而言，在两年内至少要完成 8 个模块，平均每年 4 个模块，且第 2 年要完成相应的论文研究。

**表 20　项目申请人课程结构**

|  | 年 | 学期 1 | 学期 2 | 学期 3 |
|---|---|---|---|---|
| 普通候选人 | 第 1 年 | 2 模块 | 2 模块 | — |
|  | 第 2 年 |  | 论文项目 |  |
|  |  | 2 模块 | 2 模块 | — |

电气与电子工程硕士具体课程体系如表 21[3] 所示。在此课程体系中，课程分为核心课和选修课两大板块，其必修环节还包括学位论文的完成。选修课程主要为此专业的技术类课程，不过，所有课程主要在工作日的晚上进行。经项目负责人批准，学生还可以从其他研究生课程中获得最多 12 个学分的拓宽选修课，以替代技术选修课 3。

---

① SIT. Programme Overview [EB/OL]. [2024-01-02]. https://www.singaporetech.edu.sg/postgraduate-programmes/master-science-electrical-and-electronic-engineering

② SIT. Programme Overview [EB/OL]. [2024-01-02]. https://www.singaporetech.edu.sg/postgraduate-programmes/master-science-electrical-and-electronic-engineering

③ SIT. Modules [EB/OL]. [2024-01-02]. https://www.singaporetech.edu.sg/postgraduate-programmes/modules-msc-electrical-and-electronic-engineering

表 21　电气与电子工程硕士课程体系

| | 课程编号 | 课程名称 | 课程学分 |
|---|---|---|---|
| 核心课 | EEE6109 | 电气和电子工程中的可持续性设计 | 6 |
| | EEE6110 | 电气工程专业实践 | 6 |
| | EEE6101 | 硕士学位论文 | 12 |
| 选修课 | EEE6001 | 电力系统分析与控制 | 6 |
| | EEE6002 | 电力电子转换 | 6 |
| | EEE6003 | 交通电气化与建筑环境 | 6 |
| | EEE6004 | 电力系统故障分析与保护 | 6 |
| | EEE6005 | 电能质量和可靠性 | 6 |
| | EEE6006 | 智能电网与网络安全 | 6 |
| | EEE6007 | 电机系统的分析与设计 | 6 |
| | EEE6008 | 电力工程中的状态监测 | 6 |

此项目开设的课程有以下三个特点：

(1)关注技术和实践

工程硕士作为工程人才，要具备良好的工程实践能力和较强的创新能力。实践性是工程硕士最重要的特点之一，也是其与工学硕士培养的最主要差异之一。该项目在入学要求中提出申请者需具备相关学士学位后的一年工作经验，其培养目标之一也是能够为相关工程问题提出解决方案。因此，本项目在课程设置中十分注重相关技术的训练和实践，例如在核心课程开设电气工程专业实践课，在选修课中开设电力系统故障分析与保护课，都体现了此课程对学生实际操作能力和解决问题能力的重视；此外，该项目还利用合作企业的资源为学习者提供实践设备和平台，采用多种实践方式为学生提供工程人才所需的能力和素质的平台和机会。

(2)完备的设施支持

在新加坡，该项目拥有十分先进的电力工程设计和项目设施设备，例如在工业合作伙伴企业的多能微电网实验室、电气资产状况监测工具和电力系统分析软件等。该学校不仅利用学校内丰富的资源，还结合社会上的企业资源为学生提供设施支持，来加强学生实践能力的培养。

(3)相对丰富的选修课程

在该项目中,学校提供了多样丰富的选修课程。其中本项目的技术选修课为8门,此外学生还可以选择学校开设的拓宽选修课来替代技术选修课。技术选修课重视课程的实践性和应用型,重点关注技术,注重工程实践能力的训练和提高,是学生掌握解决实际工程问题的方法。

### 3. 评价体系:毕业要求

每位学生必须在两年内完成八个课程模块和一个12学分的学位论文项目才能毕业,总共60 ECTS学分才能获得电气和电子工程研究生学位。核心课需要在学习的第一年达到最低"B-"级,学生应在12~14个月内举办中期进度考试;同时,专业选修课最低也要达到"B-"级;完成行业研究项目并达到硕士论文的要求。拥有此学位的学生在毕业前就有资格参加职业工程师委员会(PEB)-SIT工程基础考试。

### 4. 教师队伍[①]

在此项目中,除硕士学位论文没有安排具体老师,其余课程共计11位老师,具体教师队伍如表22所示。

### 5. 产学合作

工程硕士项目强调与相关企业积极开展合作,以培养和发展研究生层次的人才。校内学术活动和企业合作项目可以为专业人员提供应用研究技能和工业管理知识,其毕业生有望在其组织的业务、实践或流程中取得创新型进步。

学生将通过从事行业衍生项日来解决现实世界中的问题,并将由学校教师和行业导师共同指导。他们不仅需要完成课程方案里规定的学术要求,以提高项目所需的知识和技能;还要进行项目实践,项目可以由学生自己制定,也可从学校给予的名单中选择一个与行业相关的项目[②]。学校鼓励拥有学士

---

① SIT. Course Finder [EB/OL]. [2024-01-02]. https://www.singaporetech.edu.sg/sitlearn/courses?f%5B0%5D=domain%3A20&f%5B1%5D=duration%3A27&f%5B2%5D=topics%3A74

② SIT. Master of Engineering [EB/OL]. [2024-01-02]. https://www.singaporetech.edu.sg/postgraduate/master-engineering

学位的公司在职员工申请此实践项目,这些申请人不仅是合作公司的付薪员工,还是在 SIT 攻读的全日制研究生①。

表 22　电气与电子工程教师队伍

| | 教师队伍 | 课程编号 | 课程名称 |
|---|---|---|---|
| 核心课 | Akshay Kumar Rathore | EEE6109 | 电气和电子工程中的可持续性设计 |
| | Audrey Ang Siew Lin<br>Er. Lock Kai Sang | EEE6110 | 电气工程专业实践 |
| | | EEE6101 | 硕士学位论文 |
| 选修课 | Dr. Dhivya Sampath Kumar | EEE6001 | 电力系统分析与控制 |
| | Eng Kian Sng | EEE6002 | 电力电子转换 |
| | Elsa Feng Xue | EEE6003 | 交通电气化与建筑环境 |
| | Tan KuanTak | EEE6004 | 电力系统故障分析与保护 |
| | Tan KuanTak | EEE6005 | 电能质量和可靠性 |
| | Sivaneasan | EEE6006 | 智能电网与网络安全 |
| | Cao Shuyu | EEE6007 | 电机系统的分析与设计 |
| | Tseng King Jet | EEE6008 | 电力工程中的状态监测 |

在合作过程中,合作的公司需要与学校合作开发研究项目、为项目相关费用提供资金、指定一名合格的公司主管与学校教师共同指导、协助并主持公司的部分研究项目②。

## 八、马来西亚工程硕士教育模式与认证

### (一) 组织体系

马来西亚工程师委员会(Board of Engineers Malaysia,BEM)成立于 1972 年 8 月 23 日,是颇具影响力知名度工程组织之一。BEM 核心职责和使命在于

① SIT. Postgrad AY2021 flyer [EB/OL]. [2024-01-02]. https://www.singaporetech.edu.sg/sites/default/files/2021-05/Postgrad%20AY2021%20flyer.pdf

② SIT. Postgrad AY2021 flyer[EB/OL]. [2024-01-02]. https://www.singaporetech.edu.sg/sites/default/files/2021-05/Postgrad%20AY2021%20flyer.pdf

负责审核和认证工程师的资格,监督和管理马来西亚工程师注册者的专业操守和执行过程,促进工程师的专业发展,以规范工程服务符合职业道德,确保公共安全①。BEM 包括 13 个委员会,包括工程技术认证委员会(Engineering Technology Accreditation Council,ETAC),申请委员会(Application Committee,AC),工程认证委员会(Engineering Accreditation Council,EAC),等等。

ETAC 和 EAC 是专门面向工程认证的两个委员会。具体而言,ETAC 成立于 2011 年,面向工程技师和工程技术员教育课程的认证,其在确保马来西亚认可的工程技术学士学位、工程文凭和工程技术文凭课程与悉尼协议(SA)和都柏林协议(DA)签署方的工程学位等效性方面发挥着重要作用,但不涉及工程硕士相关学位②;EAC 是负责工程课程与项目认证的工程组织,旨在确保受认证课程能够满足马来西亚研究生工程师的最低学术要求③。EAC 的组成人员包括 BEM、马来西亚工程师学会(The Institutions of Engineers Malaysia,IEM)、马来西亚资格认证机构(Malaysia Qualifications Agency,MQA)和马来西亚公共服务部的代表④。

从 EAC 最新的认证名单来看,EAC 共认证了 62 个项目,其中 60 个成功通过,例如马来西亚城市大学的电气与电子工程项目、吉隆坡大学的机械工程项目等⑤。

### (二)标准体系

马来西亚工程项目认证主要由 EAC 进行评估和审核,认证标准主要包括两大部分,一是对高校(Institutions of higher learning,IHL)资格要求的初步评估,二是对具体课程的详细认证。步骤上,需先满足高校所有条件,才能进行

① BOARD OF ENGINEERS MALAYSIA. Vision & Mission[EB/OL]. [2024-01-02]. http://www.bem.org.my/web/guest/vision-mission-functions

② BOARD OF ENGINEERS MALAYSIA. Engineering Technology Accreditation Council[EB/OL]. [2024-01-02]. http://www.bem.org.my/web/guest/engineering-technology-accreditation-council

③ BOARD OF ENGINEERS MALAYSIA. Engineering Accreditation Council[EB/OL]. [2024-01-02]. http://www.bem.org.my/web/guest/engineering-accreditation-council

④ Engineer accreditation council board of engineers Malaysia. Engineering Programme accreditation standard 2020 [EB/OL]. [2024-01-02]. https://eac.org.my/v2/wp-content/uploads/2022/09/EAC-Standard-2020.pdf

⑤ EAC. List of Accredited Engineering Programme (Malaysia)[EB/OL]. [2024-01-02]. https://eac.org.my/v2/list-of-accredited-engineering-programme-malaysia/

具体认证,否则将无法开展后续认证程序。高校的要求包括 8 个部分,具体如下:

(1)成果教育的实施。

(2)至少 135 名学生学习时间(Student Learning Time,SLT)学分,其中 90 个 SLT 课程必须是 4 年内提供的工程课程。

(3)综合设计项目(Integrated design project,IDP)。

(4)至少 6 个学分的末年项目。

(5)至少 8 周的工业训练。

(6)至少 8 名全职学术人员,至少有 3 名在 BEM 或同等机构注册的职业工程师。

(7)师生比例 1∶20 或更高。

(8)每两学年一次的外部审查或顾问报告。

项目认证标准主要包括 7 个方面,具体如下①:

标准 1:项目(programme)教育目标

建立同高校一致的使命和目标,描述毕业生毕业 3~5 年在职业生涯和职业生活中可能取得的成果。

标准 2:项目成果

项目成果主要指向学生毕业时应当具备的知识、技能集合。

标准 3:学术课程

课程应能够支撑项目目标的完成,包含技术属性和非技术属性目标;应广泛涵盖各学科的相关领域;对教学方法进行评估;课程需保持灵活性;对学术课程的学分做出规定,即必须包括至少 135 个学生学习时间的学分(不包括补习课程的学分),SLT 规定,学生花费 40 个小时的学习时间可获得一个学分;对工业培训、最后一年的项目和其他形式的学习也提出具体要求。

标准 4:学生

准备攻读工程学位的学生应当具备良好的数学和自然科学基础;课程提供必要的教学环境;课程要展示学生获得反馈的必要途径和改进课程的建议;学生不能承担超出能力范围的任务;为学生提供充分的学业发展以外的机会。

---

① Engineer accreditation council board of engineers Malaysia. Engineering Programme accreditation standard 2020 [EB/OL]. [2024-01-02]. https://eac.org.my/v2/wp-content/uploads/2022/09/EAC-Standard-2020.pdf

标准5:学术和支持人员

一个合格项目的全职学术人员的数量不少于8名;可聘请兼职员工,但其数量不得超过员工总数的40%;学术人员应具有研究生学历(硕士及以上学历)且有能力胜任;还应配备足够、合格且有经验的技术和行政人员。

标准6:设施

必须有足够的教学设施;必须提供足够和适当的实验设施和相应的辅助设施,如教室、学习支持设施、学习区域等。

标准7:质量管理体系

包括控制、管理、指导、组织和监督5个方面,来为工程方案的规划、发展、交付和审查以及工作人员的学术和专业发展做出充分安排。

7.1 机构支持、运营环境和财政资源

适当优化政策和管理机制,以吸引、任命、留住和奖励合格的工作人员,并为他们的持续专业发展提供条件;提供和更新基础设施和支助服务;为学术人员和支助人员的发展提供机会;提供健全的政策、充足的资金和基础设施,以确保工程方案的整体质量和连续性。

7.2 方案质量管理和规划

高校应确保多种形式办学项目的质量管理。

7.3 外部评估和咨询系统

外部审查员每两年至少评估一次;高校应设立一个行业咨询小组来规划和持续改进项目质量。

7.4 质量保证

质量保证过程主要涉及以下三方面:第一,学生入学,包括学分和课程转让等;第二,教学与学习;第三,评估和评价,包括审查规则和合格/不合格标准,准备和审核过程,评估水平,评估最后一年的项目/工业培训培训过程。

7.5 安全、健康和环境

在员工和学生中积极引导安全文化建设,并遵守与安全、健康和环境有关的规则或条例。

以上七项标准概述了马来西亚工程教育项目认证的细节,如果未满足其中任何一项,则失去进一步评估的资格。该标准范围较为全面,不仅涵盖对项目本身的要求,例如课程目标、课程内容、课程成果、课程设施等,还涉及课程与外部社会的关系，例如机构支持、财务资源、自然环境等，具有全面性和广泛性。

### （三）认证程序

目前EAC认证的工程教育项目来自62所学校，其中有2所学校的工程硕士课程完成了认证，共计15门工程硕士课程。EAC的认证程序侧重于结果和IHL制定的内部系统，每一门项目认证周期最长为6年，通常评审小组由3名专家构成①。

EAC认证结果分为四类情况：一是充分给予6年认证期限；二是基于低于6年的认证期限；三是推迟认证，IHL需要在一年内重新提交认证材料，以为了促使IHL满足EAC提出的要求；四是拒绝认证，并在接下来的一年内不再接受申请。如果课程、地点、课程名称或课程时间等更改超过30%，就需要考虑更新认证，否则EAC会改变之前的认证决定。如果EAC认为IHL认证材料不充分，需要进一步补充，IHL需要在3个月以内完善相应材料，否则该项目也会认证失败②。上诉环节上，IHL要在收到认证结果的两周内发送上诉通知书；在四周内，反馈上诉所需的具体文件。相应地，上诉委员会应当在3个月以内反馈最终决定和结果③。

认证程序具体如下④：

第一步，资格认证申请。对各种类型的课程认证以及申请截止日期做了规定，工程认证部（Engineering Accreditation Department，EAD）在收到高等教育机构IHL的申请之后确定认证访问的日期，确定之后IHL需按规定提交必要认证文件。

---

① Engineer accreditation council board of engineers Malaysia. Engineering Programme accreditation standard 2020 [EB/OL]. [2024-01-02]. https://eac.org.my/v2/wp-content/uploads/2022/09/EAC-Standard-2020.pdf

② Engineer accreditation council board of engineers Malaysia. Engineering Programme accreditation standard 2020 [EB/OL]. [2024-01-02]. https://eac.org.my/v2/wp-content/uploads/2022/09/EAC-Standard-2020.pdf

③ Engineer accreditation council board of engineers Malaysia. Engineering Programme accreditation standard 2020 [EB/OL]. [2024-01-02]. https://eac.org.my/v2/wp-content/uploads/2022/09/EAC-Standard-2020.pdf

④ Engineer accreditation council board of engineers Malaysia. Engineering Programme accreditation standard 2020 [EB/OL]. [2024-01-02]. https://eac.org.my/v2/wp-content/uploads/2022/09/EAC-Standard-2020.pdf

在认证具体时间安排上：对于新项目的认证，应当至少安排在第一批学生期末考试前的6个月；已获得认可的项目要在有效期满前至少前6个月申请；临时申请认可的项目要在至少6个月前申请；延期认证需至少1年前申请；拒绝认证需至少1年前申请[①]。

第二步，任命评估小组和评估员。根据规定指定一个评估小组，成员要根据他们在特定学科的专业知识和地位而选择，应由工业界和学术界的代表组成。评估小组或评估员将根据本标准中规定的认证标准对课程进行评估。

第三步，安排访问日程。EAD同IHL协定访问时间，且EAD必须在收到IHL相关文件的3个月内进行访问。

第四步，召开资格审查前的会议。评估小组应举行会议来研究和讨论文件。EAD可要求IHL补充和完善相应材料信息。

第五步，认证访问。认证访问一般情况下需在2天内完成，但临时认证则安排1天。

第六步，报告和建议。评估小组/评估员应在认证访问后4周内向EAD提交认证报告。

从马来西亚的整体认证过程来看，其整体过程体现了严密、公正、公开，与日本认证过程较为相似，实地考察时间周期均为2天左右。两者差异是，马来西亚十分重视评审人员和专家团队的构成，其通过大量附件信息表明了不同性质认证项目所需的评审团队，而日本在教学环节上更加重视学生能力水平标准，其在认证过程中，详细表明了被认证的项目应当超过社会基本水平，且对认证实地考察内容相对更广，例如教学大纲、教材、试卷等。

### （四）院校培养体系

EAC官网资料显示，近些年其公开认证了两所高校的工程硕士项目，第一所高校是马来西亚赫瑞-瓦特大学（Heriot-Watt University），主要包括化工与天然气技术工程硕士、石油工程硕士化工工程硕士、机械工程硕士、石油工程硕士、电气与电子工程硕士、土木工程硕士五个，且均为四年制项目。从认证时间上来看，前三者认证时间最早，均认证了2018年到2020年的项目。但目前

① Engineer accreditation council board of engineers Malaysia. Engineering Programme accreditation standard 2020 [EB/OL]. [2024-01-02]. https://eac.org.my/v2/wp-content/uploads/2022/09/EAC-Standard-2020.pdf

“石油工程硕士”尚未开展最新认证,时间有效期为 2021 年到 2022 年,其他 4 个项目均在最新有效期认证项目周期内,具体如表 23 所示。

**表 23　马来西亚赫瑞-瓦特大学工程硕士认证情况**

<table>
<tr><th>序号</th><th>项目</th><th>年份</th><th>生效日期（毕业年份）</th></tr>
<tr><td rowspan="3">1</td><td>化工与天然气技术工程硕士</td><td>4 年制</td><td>2018—2020</td></tr>
<tr><td>化工工程硕士</td><td>4 年制</td><td>2021—2023</td></tr>
<tr><td>化工工程硕士</td><td>4 年制</td><td>2024—2029</td></tr>
<tr><td rowspan="3">2</td><td>机械工程硕士</td><td>4 年制</td><td>2018—2020</td></tr>
<tr><td>机械工程硕士</td><td>4 年制</td><td>2021—2023</td></tr>
<tr><td>机械工程硕士</td><td>4 年制</td><td>2024—2029</td></tr>
<tr><td rowspan="2">3</td><td>石油工程硕士</td><td>4 年制</td><td>2018—2020</td></tr>
<tr><td>石油工程硕士</td><td>4 年制</td><td>2021—2022</td></tr>
<tr><td rowspan="2">4</td><td>电气与电子工程硕士</td><td>4 年制</td><td>2019—2021</td></tr>
<tr><td>电气与电子工程硕士</td><td>4 年制</td><td>2022—2024</td></tr>
<tr><td rowspan="2">5</td><td>土木工程硕士</td><td>4 年制</td><td>2019—2021</td></tr>
<tr><td>土木工程硕士</td><td>4 年制</td><td>2022—2024</td></tr>
</table>

第二所高校是马来西亚诺丁汉大学(University of Nottingham Malaysia),其主要包括化学工程硕士(荣誉)、化学工程与环境工程硕士(荣誉)、土木工程荣誉硕士、电气工程荣誉硕士等 10 个项目,均为 4 年制。从认证时间来看,其最早一批项目认证时间为 2008 年,当前仍在认证周期的项目共 6 个,由于项目较多,故对其最新认证情况进行展示,具体如表 24 所示。

**表 24　马来西亚诺丁汉大学工程硕士认证项目清单**

| 序号 | 项目 | 年份 | 生效日期（毕业年份） |
|---|---|---|---|
| 1 | 化学工程工程硕士(荣誉) | 4 年制 | 2023—2028 |
| 2 | 化学工程与环境工程工程硕士(荣誉) | 4 年制 | 2022—2027 |
| 3 | 土木工程荣誉工程硕士 | 4 年制 | 2023—2028 |
| 4 | 电气工程荣誉工程硕士 | 4 年制 | 2013 |

续表

| 序号 | 项目 | 年份 | 生效日期（毕业年份） |
|---|---|---|---|
| 5 | 电气与电子工程荣誉工程硕士 | 4年制 | 2023—2028 |
| 6 | 电子工程荣誉工程硕士 | 4年制 | 2011—2012 |
| 7 | 电子与通信工程荣誉工程硕士 | 4年制 | 2017—2018 |
| 8 | 电子与计算机工程荣誉工程硕士 | 4年制 | 2017—2018 |
| 9 | 机械工程荣誉工程硕士(Master in Engineering with Honours in Mechanical Engineering) | 4年制 | 2019—2024 |
| 10 | 机电一体化荣誉工程硕士(Master in Engineering with Honours in Mechatronic Engineering) | 4年制 | 2023—2028 |

以马来西亚两所大学的“机械工程”专业作为案例进行对比分析。两所高校语言要求和入学要求[①]基本情况如表25所示[②③]。整体而言，两所高校要求差异不大，但马来西亚诺丁汉大学在具体入学要求细节上更为严格，例如IELTS要求上，其不仅要求最低6分，也同时要求每一项不低于5.5分。

**表25　入学要求对比**

| | 要求内容 | 马来西亚赫瑞-瓦特大学 | 马来西亚诺丁汉大学 |
|---|---|---|---|
| 语言要求 | IELTS | 6.0分 | 6.0分，且每一项不低于5.5分 |
| 入学要求 | A Level | 获得BBC成绩，其中数学和物理科目成绩至少为B | BBB成绩，包括数学和物理科目，不包括批判性思维和通用研究科目 |
| | IB Diploma | 在SL数学和物理中至少获得5分 | 总共30分，并且在高级水平的科目中至少获得5分，必须包括数学和物理 |
| | STPM | 获得BBC成绩，其中数学和物理科目成绩至少为B | BBB成绩，包括数学和物理科目 |

① 一般而言，这些入学要求满足其中一条即可，其主要提供了多样化的入学办法。

② Heriot watt University. MEng Mechanical Engineering [EB/OL]. [2024-01-02]. https://www.hw.ac.uk/malaysia/study/undergraduate/mechanical-engineering-meng.htm

③ University of Nottingham. Mechanical Engineering MEng (Hons) [EB/OL]. [2024-01-02]. https://www.nottingham.edu.my/ugstudy/course/mechanical-engineering-meng-hons

### 1. 培养目标

马来西亚赫瑞-瓦特大学[1]的培养目标为：旨在培养能够通过创造有益于个人或经济的产品或过程来满足社会需求的研究生层次工程师，课程特色是将设计与制造以及商业意识、安全和可持续性等学科内容整合在一个项目中[2]。诺丁汉大学[3]培养目标是：通过多类课程培训，为学生提供坚实基础所需的核心工程科学和设计技能，使学生获得职业发展所需的理论基础和就业技能[4]。

两所高校存在一定共性，即都十分关注工程硕士毕业的职业规划和个体胜任力，强调在满足社会需求基础上发展个体能力；但也存在一定差异，赫瑞-瓦特大学相对更加强调工程师创造力与个体素质培养，其具有"资源集成"；诺丁汉大学相对较重视工程师核心技能培养，其主要通过将"讲座、实验课、研讨会和设计课组成"融合培养学生，是"培养方式"的集成创新。

### 2. 课程体系

马来西亚赫瑞-瓦特大学和马来西亚诺丁汉大学的机械工程专业课程体系具体如表 26 所示。从第一年课程设置情况来看，两所高校都较为重视工程设计、工程数学、动力学、热力学、材料工程等基础内容教学，其差异是赫瑞-瓦特大学课程设置数量更多(8 个)，其将许多教学重点单拆为专门的一门课，诺丁汉大学相对更少(6 个)，其将部分相关性较强的课程合并为一门课。

从第二年课程设置情况来看，两所大学课程相似度相对较高。都在第一年课程基础上进一步加强了对设计与制造、材料学、流体力学、热力学等课程的学习，并引入了控制工程相关的项目课程内容。不同点是赫瑞-瓦特大学大二就早早引入了"商业意识、安全和可持续性"课程和选修课，而诺丁汉大学特

① 赫瑞-瓦特大学在英国、迪拜与马来西亚均建有校区，由于本书主要探讨马来西亚诺丁汉大学，故后文如无特别标记均指向马来西亚地区的赫瑞-瓦特大学。

② Heriot watt University. MEng Mechanical Engineering [EB/OL]. [2024-01-03]. https://www.hw.ac.uk/malaysia/study/undergraduate/mechanical-engineering-meng.htm

③ 诺丁汉大学在我国、英国与马来西亚均建有校区，由于本书主要探讨马来西亚诺丁汉大学，故后文如无特别标记均指向马来西亚地区的诺丁汉大学。

④ University of Nottingham. Mechanical Engineering MEng (Hons) [EB/OL]. [2024-01-03]. https://www.nottingham.edu.my/ugstudy/course/mechanical-engineering-meng-hons

别设计了“机械工程师高等数学与统计学”课程，这一定程度上彰显了“机械工程”工程硕士培养的差异性。

从第三年课程设置情况来看，两所大学都开始通过实践性质培养过程着重加强学生实践能力和团队合作能力培训，赫瑞-瓦特大学设置了工业训练、小组项目 1、工程设计等课程，诺丁汉大学设置了团队设计和制作、管理与专业实践等课程。不同点是后者进一步加强了计算机建模相关技术训练，且提供了 27 个可选课程。

从第四年课程设置情况来看，两所大学差异性较为显著，赫瑞-瓦特大学进一步加强了对学生实践性质课程和小组项目训练，引入了 8 门课程，而诺丁汉大学则既设置了理论性质课程，也设置了实践项目训练。

**表 26　两所大学的课程体系对比**

| 年份 | 马亚西亚赫瑞-瓦特大学 | 马来西亚诺丁汉大学 |
| --- | --- | --- |
| 第一年 | 设计与制造 2<br>电路和电器<br>工程师和科学家数学 3<br>工程师和科学家数学 4<br>动力学 A<br>流体力学 A<br>热力学 A<br>材料力学 A | 工程设计与设计项目<br>材料与制造<br>工程师数学<br>编程、专业和实验室技能<br>静力学和动力学<br>热力学和流体力学 1 |
| 第二年 | 商业意识、安全和可持续性<br>设计与制造 3<br>设计与制造 4<br>材料力学 B<br>流体力学 B<br>振动分析与控制工程<br>热力学 B<br>选修课 | 机械工程师高等数学与统计学<br>设计、制造和项目<br>动力学与控制<br>机电设备<br>管理与专业研究<br>设计中的材料<br>固体力学<br>热力学与流体力学 2 |
| 第三年 | 工程设计<br>工程制造<br>选修科目<br>小组项目 1<br>工业培训 | 计算机建模技术<br>团体设计和制作<br>管理与专业实践<br>27 个可选模块 |

续表

| 年份 | 马亚西亚赫瑞-瓦特大学 | 马来西亚诺丁汉大学 |
|---|---|---|
| 第四年 | 失效事故分析<br>小组项目 2<br>小组项目 3<br>专业和工业研究<br>专业工程技术 1<br>专业工程技术 2<br>个人项目<br>选修科目 | 先进技术评论<br>个人项目<br>集成系统分析<br>27 个可选模块 |

总体对比来看,两所大学的人才培养理念具有较强的相似性,特别是第一年到第三年的课程设置重心乃至课程内容都具有较强一致性,但同时也一定程度上体现了一定差异。赫瑞-瓦特大学十分重视学生实践能力和项目训练,致力于培养胜任社会需求的未来工程师,为此其设置了不少实践性质工程,并专门将许多诺丁汉大学合并讲解的“课程”拆分开来,单独教学,早早开展“商业意识、安全和可持续性”课程,以加强该课程知识传授的广度和深度,提升学生创业思维和工程伦理意识,为学生知识建构和能力训练提供保障。而诺丁汉大学呈现了不完全一致的发展模式,其既十分重视工程领域理论教学,设置了“机械工程师高等数学与统计学”“先进技术评论”等课程,同时也较为强调实践能力和小组合作能力培养,并且为学生提供了大量课程库,学生能够依据兴趣和知识关联性选择意向课程。

### 3. 评价体系

由于赫瑞-瓦特大学官方资料暂未列出其课程或学生培养目标,以下主要对诺丁汉大学项目培养目标等进行分析。

马来西亚诺丁汉大学课程教育目标(PEO)包括三个方面。一是毕业生具有技术能力和领导力,成为未来职业生涯的职业工程师。二是毕业生致力于可持续发展和改善社会。三是毕业生致力于终身学习,利用研究和复杂的问题解决技能生成创新的工程解决方案。课程成果(PO)主要指向能力要求,包括具备基本工程知识、现代化操作工具使用、道德等 12 个方面的能力[①]。诺丁

① University of Nottingham. Department of Mechanical, Materials and Manufacturing Engineering[EB/OL]. [2024-01-03]. https://www.nottingham.edu.my/Science-Engineering/Departments/M3/Programme-Outcomes-PO.aspx.

汉大学项目的实践评价环节主要包括课程作业、小组课程作业、论文、考试、实用文章、研究课题、文章、海报展示、反思性审查等①。

**4. 师资队伍**

“机械工程”主要由赫瑞-瓦特大学的“工程与物理科学”团队教学，其共包括 27 位任课教师，其中副教授共 8 位，助理教授共 19 位。虽然其总体人员体量相对较大，但主要由副教授组成，相对其他团队，其规模较为适中，例如“能源、地球科学、基础设施与社会”团队主要包括 14 位助理教授，4 位副教授。

“机械工程”位于诺丁汉大学的“机械、材料与制造工程学院”，该学院共包括 21 位任课教师，其主任是“Ng. Hoon Kiat”，另外包括 1 位教授，11 位副教授，8 位助理教授。从该学院的团队成员来看，尽管其拥有一定师资队伍储备，但总体数量还相对较少，同时拥有教授职称的教授也相对较少。从诺丁汉大学其他学院任课教师团队规模来看，其人数相对适中，例如电气与电子学院共有 16 位任课教师，化学与环境学院共有 23 位任课教师。

对比而言，赫瑞-瓦特大学师资队伍规模相对较大，但助理教授人员相对较多，而诺丁汉大学师资队伍规模相对较小，但副教授、教授层次人员更多。这在一定程度上表明了两所高校对师资队伍构成理念的差异，即前者更加注重青年教师的培养和挖掘，其能够为年轻教师提供更多平台和机会，而后者则更加注重团队整体实力高地和团队构成均衡性，其期望引入更多高层次工程教师人员。

**5. 产学合作**

赫瑞-瓦特大学合作伙伴遍布 150 个国家，全球学生约 30000 名②，其学位项目以职业为重点，与商业和工业界需求联系十分较密，受到企业、雇主的欢迎③，目前，该校区已与马来西亚的国际公司建立了合作关系，特别是在电子、

---

① University of Nottingham. Mechanical Engineering MEng (Hons) [EB/OL]. [2024-01-02]. https://www.nottingham.edu.my/ugstudy/course/mechanical-engineering-meng-hons

② University of Nottingham. Mechanical Engineering MEng (Hons) [EB/OL]. [2024-01-03]. https://www.nottingham.edu.my/ugstudy/course/mechanical-engineering-meng-hons

③ Heriot watt University. About [EB/OL]. [2024-01-02]. https://www.hw.ac.uk/malaysia/about-us.htm

光子学、石油和天然气等领域①,这些企业公司一方面直接为学生提供了多种奖学金,另一方面也同高校在许多研究方面达成密切合作,包括人力、经费等多方面。

诺丁汉大学为学生提供了两方面职业或产业相关的支持,一是与企业行业及其相关专家的联系。诺丁汉大学在中国、英国和马来西亚都建有校区,其拥有相对广泛的合作网络、校友网络与职业资源,与行业企业保持着密切的联系②。二是为学生提供多类职业指导,以促进学生更加适应产业发展和就业。主要渠道包括行业参观、职业活动,还包括职业咨询服务(CAS),CAS 能够通过多种渠道为学生提供多元化职业资源、实习通道,与产业、公司和雇主建立联系③。

对比而言,两所高校都在全球建有多个校区,都在国际层面形成了广泛、多元的合作网络,同世界多个地区企业达成了密切联系,这些资源能够为当地学生能力培养和职业就业提供有力支撑。

## 九、中国香港特别行政区工程硕士教育模式与认证

目前,中国香港工程师学会暂未对工程硕士项目进行认证,但有开展认证的动议,本节主要对其基本的组织体系、标准体系、认证程序进行系统梳理。

### (一) 组织体系

香港工程师学会(The Hong Kong Institution of Engineers,HKIE)在 1947 年创立,最初名为香港工程协会(The Engineering Society of Hong Kong),旨在促进工程师在各个领域中的专业地位、兴趣和技术水平的提升。HKIE 在 1975 年被正式提出,当时会员约为 2000 人(现约为 3 万人),1982 年 HKIE 正式获得香港政府认可④。HKIE 条例章程明确规定了其机构宗旨,即促进工程科学与工程实践在学科中的普遍进步,维护工程专业声誉,促进各个学科的普遍交

---

① Heriot watt University. Our partners [EB/OL]. [2024-01-03]. https://www.hw.ac.uk/malaysia/about/our-partners.htm

② University of Nottingham. Department of Mechanical, Materials & Manufacturing Engineering [EB/OL]. [2024-01-03]. https://www.nottingham.edu.my/Science-Engineering/Departments/M3/index.aspx

③ University of Nottingham. Mechanical Engineering MEng (Hons) [EB/OL]. [2024-01-03]. https://www.nottingham.edu.my/ugstudy/course/mechanical-engineering-meng-hons#careers

④ HKIE. Getting Started with HKIE[EB/OL]. [2024-01-04]. https://www.hkie.org.hk/en/quali/intro/

流和知识共享,就工程方向相关事务发表意见等[1]。

从组织构成上来看,HKIE 包括企业会员和其他会员两类。企业会员又细分为资深会员和普通会员,前者即年满 35 岁,在工程领域相关职业中表现出色,具备优秀的专业知识和实践能力的高级企业会员,后者即年满 25 岁,在 HKIE 认可的工程学科中获得相应学位,接受过充分训练,成功完成机构相应评估的职业工程师。其他会员包括 5 类,一是准会员,其是年满 23 周岁,具有机构认可的工程或科技领域学历,通过院校评估面试的工程技术专家;二是毕业生会员(Graduate Member),其是已获得高级文凭,具有或正在接受实践培训计划的工程人才;三是学生,其是指从事或已完成本院认可的工程课程的学生;四是伙伴(Companion),其不一定是工程师,而是在与工程相关的职业中处于与会员类别相当的责任职位的人;五是附属会员(Affiliate Member),其是对工程感兴趣的非工程师群体[2]。HKIE 包括航空分部、生学医学分部、土木分部、电子分部、环境分部、岩石分部、材料分部、结构分部、核子分布、资讯科技分布等 19 个部门和仲会员事务委员会、安全工程专责事务委员会、青年会员事务委员会、建造事务争端解决委员会 4 个委员会[3]。

## (二) 标准体系

HKIE 认为工程学位课程是一个充满活力的实体,其必须随着科技和专业及社会不断变化而发展,从这一视角出发,HKIE 提出工程课程应当培养的毕业生能力结构体系[4]:

第一,具有应用学科相适应的数学、科学和工程知识的能力;

第二,能够进行设计、实验,对数据进行分析和解释的能力;

第三,在经济、政治、伦理、环境、可持续性等复杂条件下,设计系统、组件,满足工程所需;

---

① HKIE. The ordinance and constitution[EB/OL].[2024-01-04]. https://www.hkie.org.hk/en/membership/download_mem2/upload/page/189/self/631aa91c39825.pdf

② HKIE. HKIE Membership [EB/OL]. [2024-01-04]. https://www.hkie.org.hk/en/quali/membership_class/

③ HKIE. Divisions and Committees [EB/OL]. [2024-01-04]. https://www.hkie.org.hk/en/membership/division/

④ HKIE. Professional Accreditation Handbook (Engineering Degrees) [EB/OL]. [2024-01-04]. https://www.hkie.org.hk/en/quali/criteria/upload/page/55/self/5e9d51b8d3a67.pdf

第四,能够进行跨学科合作;

第五,能够发现工程问题并且制定解决方案;

第六,具有一定工程道德和责任感;

第七,沟通能力相对较好,能够清晰和有效传达信息;

第八,了解现代工程问题的能力;

第九,能够理解工程解决方案在全球和社会背景下的影响,特别是考虑健康、安全和环境对工人和一般公众的重要性;

第十,能够积极从事于终身学习,不断更新自身技术的能力;

第十一,运行所在工程学科相关知识、技术、工具解决工程任务的能力;

第十二,灵活使用与本学科相关的信息工具,能够窥视和发现不足的能力。

这些能力要求基本与《华盛顿协议》提及的若干能力相契合,既符合香港本地生产、工程活动所需,也一定程度上面向国际,能够作为教育认证的有力支撑。

HKIE 认为,培养上述能力的工程学位课程最少须修读四年全日制课程,当采用以信息技术为基础的教学方法时,大学必须证明这种方法与传统的教学方法是等效的。同时,如果学位项目更改了表述名称、长度、增加课程或删除部分科目,其应当向相关机构发出通知,HKIE 后续将依据情况具体处理。

此外,HKIE 还对学位项目结构标准做出了相关规定,这些项目必须包括一年的数学、基础科学;至少两年的工程科学、工程设计相关的以工程为核心主题的课程;支持课程研究和推进的补充研究①。数学、基础科学课程应当强调数学相关的概念、原理、数值分析与应用,特别是数学在工程领域中的应用,基础科学包括物理、化学、生物以及其他相关的科学项目。以工程为核心主题的课程中,应当包括“工程科学”“工程设计与综合”“健康、安全和环境”“实验室和实地工作”“项目”等内容。“补充研究”要分别强调“实际培训”“交流”“职业工程师”等。

### (三) 认证程序

HKIE 是香港的专业工程学术团体和资格认证机构,面向本科层次工程师

① HKIE. Professional AccreditationHandbook (EngineeringDegrees) [EB/OL]. [2024-01-04]. https://www.hkie.org.hk/en/quali/criteria/upload/page/55/self/5e9d51b8d3a67.pdf

制定了相对完善的认证程序。

第一,由大学向 HKIE 发出认证申请,HKIE 评审委员会将依据具体情况确定是否展开认证。

第二,咨询和认证访问。学校工程学位课程设计应当符合 HKIE 要求,HKIE 将依据已有标准和程序审阅材料,确定现场考察时间等。

第三,现场考察。考察时间一般为一天半,包括与大学相关负责人、学术人员会面、沟通;与学生、支持人员沟通;参观院系设施,包括但不限于图书馆、计算机设施、实验室等。

第四,认可决定和周期。认可决定通常包括四种类型。①有条件授予该项目临时认证;"有条件认可"即向大学和未来可能教学的学生说明该项目结构良好,未来有潜力获得全面认可。换而言之,该类项目具有一定基础,虽然未全面通过评审要求,但整体或部分已经基本达到了标准体系。②授予该项目最长五年的认证。HKIE 可根据申请机构材料具体情况给予相应的认可周期。一般而言,最长认可周期可达五年,但也会根据实际情况给予少于五年的决定。值得一提的是,如果课程为新开发项目,在产生第一批毕业生后,如果项目符合条件,那么第一批毕业生也将算做具有认可资格。③项目未获得认证。如果项目经 HKIE 评审确不符合认证条件,那么 HKIE 将做出"不通过"决定。④撤销对该项目的认可。如果大学的学位项目已经不符合评审时做出的相关规定,或者已经做出较大修改,即其与 HKIE 的相关标准严重不符,那么认可资格会被终止。

第五,认可报告。在 HKIE 秘书处协助下,HKIE 将根据评审小组意见,撰写正式报告。报告具体操作步骤:一是访问小组主席将在小组成员及 HKIE 相关人员的协助下草拟报告;二是报告草稿将寄给来访小组成员征求意见;三是评审小组主席审核;四是将报告草稿完善、优化为最终报告;五是将报告上递给 HKIE 院长等;六是进一步将上级组织审核结果传递给访问小组主席及评审委员;七是公开审核意见和结果。

第六,申诉程序。如果认证委员会决定给予"拒绝"或"终止"有关大学学位项目,那么其应当向申请学校提供申诉渠道。

第七,发布。在确保所有决定没有异议后,通过认可的项目将被发布在 HKIE 官方网页中,以供其他人参考。

## 十、中国工程硕士教育模式与认证

目前,中国工程教育专业认证协会(CEEAA)和其他机构暂未对工程硕士项目进行大范围的认证,但有一些试点工作在开展。本节主要对认证基本情况进行整理与分析。

### (一)组织体系

2006年,中国开始了工程教育认证工作。2015年4月,中国工程教育专业认证协会成立,开展工程教育认证工作的组织实施,并于2016年正式加入《华盛顿协议》。截至2022年年底,全国共认证了机械、精仪等领域2385个专业,其人员架构如表27所示①。

表27 中国工程认证机构现任教育专业认证协会理事会、监事会主要成员

| 理事长 | 王树国 |
|---|---|
| 副理事长 | 陈十一、谢建新、范唯、范海林、刘冬梅、王庆林 |
| 秘书长 | 周爱军 |
| 常务理事 | 王庆林、王孙禺、王树国、方四平、刘冬梅、孙瑞哲、李志义、何志方、张春程、陈十一、陈道蓄、范海林、范唯、周爱军、郑庆华、顾佩华、徐祥楠、黄维、章兢、傅向升、曾勇、谢建新、臧若愚、薛一平 |
| 理事 | 于小虎、干飞、王凤君、王庆林、王孙禺、王志华、王树国、王晓锋、王琳、王景亮、巨荣云、方四平、尹耐冬、邓子新、石碧、叶金蕊、田志凌、朱立新、朱敏、刘平、刘冬梅、刘明亮、刘桂雄、齐如松、汤鑫华、许炜、许钧、孙瑞哲、李刚、李志义、李国安、李明安、李建成、杨丹、杨波、吴健、何志方、宋超智、张广军、张宁、张志锋、张来斌、张伶伶、张彤、张春程、张星臣、张新民、陆大明、陈十一、陈文涛、陈以一、陈坚、陈肖纯、陈宝国、陈道蓄、范海林、范唯、林君、周玉、周诗广、周爱军、郑庆华、郑南宁、房建成、赵自强、赵继、钟诗胜、顾佩华、顾春明、徐祥楠、徐辉、奚立峰、高晓杰、郭勇、唐辉明、黄维、康克军、章兢、阎占斌、梁茜、葛世荣、董青、韩鲁佳、景丽英、傅向升、曾勇、谢建新、路书军、臧若愚、谭天伟、谭振亚、滕伟、潘东晖、燕中凯、薛一平、戴山 |
| 监事长 | 袁驷 |
| 副监事长 | 杨毅刚 |
| 监事 | 丁荣军、万小朋、王翠坤、朱美芳、李亮、杨毅刚、沙爱民、张欣欣、周定文、袁驷、涂善东 |

① https://www.ceeaa.org.cn/gcjyzyrzxh/gyxh/zzjg2/index.html

## （二）标准体系

目前中国工程教育专业认证协会认证的专业主要在认证标准分为通用标准和各专业补充标准两大模块，通用标准适用于所有申请认证的工程课程，各专业补充标准则针对具体学科提出了精细化、具体化的目标。认证标准具体如下①：

### 1. 通用标准

1.1 学生
1）制度措施
2）对学生学业、就业、心理等方面完善的指导措施
3）学生学业成就评估
4）认定过程及规定
1.2 培养目标
1）符合学校定位、社会要求
2）定期评价并修订
1.3 毕业要求
1）具备工程知识
2）具备问题分析能力
3）能够设计/开发解决方案
4）具备研究能力
5）具备使用现代工具的能力
6）理解承担社会责任
7）注重对环境、社会可持续发展的影响
8）具有职业道德和规范
9）具备团队协作能力
10）具备良好的沟通能力
11）具备项目管理能力
12）具有终身学习能力

---

① 中国工程教育专业认证协会. 认证标准[EB/OL]. [2024-01-04]. https://www.ceeaa.org.cn/gcjyzyrzxh/rzcxjbz/gcjyrzbz/index.html

1.4 持续发展

1)建立教学过程质量监控机制和毕业要求评价机制

2)建立毕业生跟踪反馈机制和社会评价机制

3)证明评价结果被应用于专业的持续改进

1.5 课程体系

1)不低于总学分的15%的数学与自然科学类课程

2)不低于总学分的30%的基础类别课程

3)高于总学分20%的毕业设计和实践培训

4)高于总学分15%的社科类课程培训

1.6 师资队伍

1)教师数量及结构要求

2)教师专业能力要求

3)教师工作能力要求及教学研究要求

4)教师为学生提供服务和指导

5)教师应不断改进工作

1.7 支持条件

1)具备良好的教学环境、设备和实践平台

2)具备多样化教学资源

3)具充足的教学经费

4)支持教师队伍建设

5)提供毕业所需的基础设施

6)具备良好的教学管理和服务规范

**2. 各专业补充标准适用范围**

2.1 机械类专业

适用于按照教育部规定设立的、授予工学学士学位的机械类专业;对课程体系及师资队伍提出标准。

2.2 计算机类专业

适用于按照教育部规定设立的、授予工学学士学位的计算机科学与技术、软件工程等计算机类专业;对课程体系和师资队伍提出标准。

2.3 化工与制药类、生物工程类及相关专业

适用于按照教育部规定设立的、授予工学学士学位的化工与制药类、生物

工程类以及应用化学、生物技术、生物信息学等专业；对课程体系和师资队伍提出标准。

2.4 水利类专业

适用于按照教育部规定设立的、授予工学学士学位的水利类专业以及农业工程类的农业水利工程专业；对课程体系和师资队伍提出标准。

2.5 环境科学与工程类专业

适用于按照教育部规定设立的、授予工学学士学位的环境科学与工程类专业；对课程体系和师资队伍提出标准。

2.6 安全科学与工程类专业

适用于按照教育部规定设立的、授予工学学士学位的安全科学与工程类专业；对课程体系和师资队伍提出标准。

2.7 电子信息与电气工程类专业

适用于按照教育部规定设立的、授予工学学士学位的电气类、电子信息类与自动化类专业；对课程体系和师资队伍提出标准。

2.8 交通运输类专业

适用于按照教育部规定设立的、授予工学学士学位的交通运输类专业；对课程体系和师资队伍提出标准。

2.9 矿业类专业

适用于按照教育部规定设立的、授予工学学士学位的采矿工程、矿物加工工程、矿物资源工程等矿业类专业；对课程体系和师资队伍提出标准。

2.10 食品科学与工程类专业

适用于按照教育部规定设立的、授予工学学士学位的食品科学与工程类专业；对课程体系和师资队伍提出标准。

2.11 材料类专业

适用于按照教育部规定设立的、授予工学学士学位的材料类专业；对课程体系和师资队伍提出标准。

2.12 仪器类专业

适用于按照教育部规定设立的、授予工学学士学位的仪器类专业；对课程体系和师资队伍提出标准。

2.13 测绘地理信息类专业

适用于按照教育部规定设立的、授予工学学士学位的测绘地理信息类专业;对课程体系和师资队伍提出标准。

2.14 地质类专业

适用于按照教育部规定设立的、授予工学学士学位的地质类专业;对课程体系和师资队伍提出标准。

2.15 纺织类专业

适用于按照教育部规定设立的、授予工学学士学位的纺织工程、服装设计与工程和非织造材料与工程等纺织类专业;对课程体系和师资队伍提出标准。

2.16 核工程类专业

适用于按照教育部规定设立的、授予工学学士学位的核工程类专业;对课程体系、师资队伍和支持条件提出标准。

2.17 兵器类专业

适用于按照教育部规定设立的、授予工学学士学位的兵器类专业;对师资队伍提出标准。

2.18 土木类专业

适用于按照教育部规定设立的、授予工学学士学位的土木类专业;对课程体系、师资队伍和支持条件提出标准。

2.19 能源动力类专业

适用于按照教育部规定设立的、授予工学学士学位的能源与动力工程、能源与环境系统工程、新能源科学与工程等能源动力类专业;对课程体系和师资队伍提出标准。

2.20 轻工类专业

适用于按照教育部规定设立的、授予工学学士学位的轻化工程、包装工程、印刷工程等轻工类专业;对课程体系和师资队伍提出标准。

可以看出,申请认证的通用标准既基于中国工程教育实际情况和社会环境,又符合国际上工程教育专业认证的一般标准,与国际标准相衔接,内容全面并重视实践性;各专业补充标准针对每个工程类专业自身的性质及特点提出相异的具体标准要求,例如在核工程类专业之中,不仅对课程体系和师资队伍提出标准要求,还对专业的支持条件提出相应规定,要求申请学校需具备从事放射性工作的资质和许可证;兵器类专业则只针对师资队伍提出要求。专业补充标准不能单独使用,在学校申请专业认证时,须同时满足通用标准和相应专业补充标准。

国际工程联盟(IEA)的2021版《毕业要求和职业胜任力》基准修订发布后,中国工程教育专业认证协会也组织专家开展了自己的标准修订,并择时发布。

### (三) 认证程序

中国的工程教育认证工作适应中国的具体情况和法律法规,其基本程序包括以下6个阶段①:

1. 申请和受理

申请认证的学校需在自愿的基础上主动申请,并按照要求撰写并向秘书处提交申请书,然后由认证委员会进行审核,必要时要求学校答复问题或补充材料,受理申请后学校缴纳认证费用,进入认证工作流程。

2. 学校自评与提交自评报告

学校在自评的基础上撰写自评报告并向秘书处提交。

3. 自评报告的审阅

认证委员会对自评报告进行审阅,并作出相应审查处理。

4. 现场考查

认证委员会委派专家到学校开展实地现场考查,考查时间一般不超过三天,由专家组撰写认证报告并提交给认证委员会。

5. 审议和做出认证结论

认证委员会将考察报告送回学校征询意见;认证委员会召开会议进行评审;认证委员会提出认证结论建议;学校提交工程教育报告和相关材料;认证委员会审议认证结论;理事会召开会议投票表决认证建议,批准的认证结论由认证协会发布,认证结论有三种具体情况,两种通过认证,一种不通过认证。

6. 认证状态保持

认证学校对认证报告提出的问题进行有效改进,以保持认证有效期的连续性。

在实践中,中国也开展了工程硕士认证的研究和试点工作,取得了一定经验,但是在认证组织体系、标准体系、国际交流合作等方面,还有大量工作要做。

---

① 中国工程教育专业认证协会. 工程教育认证程序[EB/OL]. [2024-01-04]. https://www.ceeaa.org.cn/gcjyzyrzxh/rzcxjbz/rzcx/index.html.

# 第三章 世界典型国家和地区注册工程师国际认证新进展

工程教育认证与工程师国际认证两者相互关联。专业工程师的流动与互认以工程教育认证为基础。而教育认证的目的就是确保学生在接受工程教育期间获得高质量的教育,掌握胜任工程职业实践所必需的知识、技能和素养,这为他们日后成为合格工程师奠定了坚实的基础,工程师国际互认也是工程教育认证的最重要目的之一。

本章分析了北美洲、欧洲、亚洲典型国家及组织注册工程师国际认证的最新进展,包括法律基础、专业组织、能力标准、认证注册程序以及工程师持续职业发展等内容,为推动我国注册工程师国际认证提供国际经验借鉴。

## 一、欧洲工程师(EUR ING)注册认证

### (一) 法律基础

支撑欧洲工程教育认证和欧洲工程师注册的重要且基础性文件主要包括:旨在增强整个欧洲的高等教育系统更加协调一致性、包容性、更具有流动性的博洛尼亚宣言(Bologna Declaration),以及延续博洛尼亚进程的系列相关文件,如《ECTS 用户指南》、"Erasmus+计划"等,支持流动性仍然是欧盟的"Erasmus+教育"和培训计划的核心焦点。

随着学生流动的需求迅速增长,单个机构越发难以识别不同国家具有不同学位结构和不同学术传统的高等教育系统中的学习水平。博洛尼亚进程就是各国政府对上述挑战的回应。当时欧洲各国的许多高等教育部长同意追求

各自体系趋于一致性，于是1999年6月19日在博洛尼亚市签署了《博洛尼亚宣言》，以促进欧洲机构之间的学生交流以及学位和学习期间的相互认可。这一宣言标志着各国政府对欧洲高等教育体系的统一和互认提出了共同的愿景和共识，目标是通过建立欧洲高等教育区，促进学分体系的互认、贯通和可比性，提高欧洲大学毕业生的就业机会和流动性。博洛尼亚宣言的签署方同意推动实施一系列的教育改革，以促进欧洲高等教育的一体化。博洛尼亚进程中的各个部长会议（Ministerial Conference），以及相关宣言和公报，进一步规划了实施步骤、解决方案和目标，推动欧洲高等教育的协调和改革。

博洛尼亚进程促使了包含48个国家的欧洲高等教育区（EHEA）的建立。作为欧洲高等教育区的一部分，所有参与国同意：

- 引入由学士、硕士和博士学位组成的三级高等教育体系。
- 确保相互承认在其他大学完成的国外学习期限（或学制 learning periods）和资格证书（qualifications）。
- 实施质量保证体系，加强教与学的质量和相关性。

### （二）专业组织

Engineers Europe，原名欧洲国家工程协会联合会（Fédération Européenne d'Associations Nationales d'Ingénieurs，FEANI），成立于1951年[①]，是代表欧洲各国工程师协会的组织。它致力于促进工程教育的质量，工程职业的认可以及工程师在欧洲范围内的流动性，并主要通过制定标准、颁发证书等方式来实现。虽然 Engineers Europe 和 ENAEE 是两个独立的组织，但它们目标一致，都致力于促进工程教育质量和工程职业标准的提升，工作上是互补和衔接的，具有内在连续性。通过 ENAEE 认证高质量的工程教育，为工程师提供了一个坚实的基础，从而更容易满足 Engineers Europe 的欧洲工程师职业资格要求，因此，EUR-ACE 与 EUR ING 注册内在衔接。区别在于，Engineers Europe 更侧重于工程师的职业认可和流动性，ENAEE 专注于工程教育程序的认证。Engineers Europe 的主要任务包括：

（1）提供和维护 EUR ING 头衔。负责颁发和维护"欧洲工程师（EUR ING）"称号。EUR ING 在整个欧洲得到认可，是一种面向持有学士或硕士学

① 自2023年1月1日起更改为 Engineers Europe。

位的工程师的在泛欧洲地区适用的)职业头衔①,并允许以“工程师”的身份开展职业实践。

(2)制定和推广一致、高质量标准。主要包括《欧洲工程师注册指南》《EUR ING 专业工程能力标准》等。其中,注册指南详细规定了 EUR ING 的注册要求、程序和标准,通过这份指南,工程师可以了解如何准备申请材料,包括如何证明他们的教育和职业经历等满足标准,以及如何维护和更新注册状态等内容。专业工程能力标准界定了 Engineers Europe 对工程项目和工程师在其教育过程、工作环境和职业生涯中的终身学习的衡量标准,包括 EUR ING 的工程教育项目的内容类别和学习工作量等内容(见本章第三节能力标准部分)。

(3)颁发 EUR ING 证书。Engineers Europe 将为通过认证的工程师颁发欧洲工程师证书(如图 10 所示)。EUR ING 证书是基于个体所获得的能力的坚实证据授予的,这些能力证据包括教育资格(知识)、技能、培训、职业经验和持续职业发展(CPD)。EUR ING 证书初次授予的有效期为五年,可以续期。EUR ING 证书提供了有关工程师个人教育和职业发展体系的信息,证明申请人已经满足了 Engineers Europe 规定的条件,包括证明申请人已经具有相应的正式资格,完成了符合 EUR ING SPEC 的工程教育项目或等同项目;证明

图 10　欧洲工程师证书示例

① Hiring Engineers from France (alberta. ca). https://open. alberta. ca/dataset/0d577abf-0af3-477f-9998-d5deacfbdcac/resource/f6e5bb54-ad40-4ec0-a733-ef5c0b325866/download/2012-hiring-engineers-from-france-august-2016. pdf

具有一定年限的工程师工作经验或等同经验;申请人致力于持续的正式和/或非正式学习/职业发展等。

(4)制定配套工具。如建立和维护欧洲工程教育数据库(European Engineering Education Database,EEED),FEANI 将符合 EUR ING SPEC 标准的工程教育项目收录入数据库,帮助学生、教育提供者以及工程专业人士识别和选择质量高的工程教育课程。

(5)指导和支持持续职业发展(CPD)。通过提供持续职业发展的指导原则和标准文件与会议、研讨会、网络研讨会等资源,鼓励工程师不断学习和发展,以适应技术和行业的变化。详见本章 CPD 部分。

Engineers Europe 通过不同的监管委员会及秘书处管理和维护 EUR ING 注册。①

欧洲监管委员会(European Monitoring Committee,EMC)是负责监督和管理欧洲工程师注册过程的关键机构。它由一组独立专家组成,这些专家来自欧洲的不同地区,但不代表这些地区,以确保其决策的公正性和中立性。欧洲监管委员会的主要职责包括:(1)欧洲工程师的注册与维护。欧洲监管委员会的运作细节和程序在《欧洲监管委员会手册》(*Handbook for the EMC*)中有详细规定。(2)审查与更新标准。根据技术变化或其他发展定期审查和更新欧洲工程师注册相关的标准(不超过5年审查一次)。(3)验证各国成员组织监管委员会工作的有效性。这是确保 EUR ING 注册过程符合欧洲监管委员会设定的高标准和统一要求的关键步骤。由于不同国家的教育和职业实践标准可能存在差异,因此,验证工作确保所有申请 EUR ING 称号的工程师都遵循一个统一的、高质量的标准,确保了一致性。(4)认证学校与课程。批准那些在已被认可的教育体系中的学校和课程的认证,保证教育质量符合欧洲工程师的标准。(5)提供建议。对于 FEANI 之前未认可的教育系统,监管委员会向执行委员会提供关于是否批准这些新教育系统的建议,帮助扩展和更新认可的教育体系范围。

国家监管委员会(National Monitoring Committee,NMC)是在每个 FEANI 成员国设立的机构,由来自国家工程协会、工业界和教育界的代表组成,负责初步评估和审查希望成为 EUR ING 的申请人的资格,运作细节和程序在《国家

---

① Guide_to_the_Register_FINAL_approved_GA_2013. pdf (engineerseurope. com). https://www. engineerseurope. com/sites/default/files/Guide_to_the_Register_FINAL_approved_GA_2013. pdf#page=10

监管委员会手册》(*Handbook for the NMCs*)中有详细规定。国家监管委员会的任务包括:(1)预审申请者。对申请者的教育背景和专业工程经验是否符合 FEANI 设定的标准进行初步检查和评审。(2)信息汇报。向欧洲监管委员会提供关于本国工程教育结构、学校和课程标准的详细信息。这有助于欧洲监管委员会了解各成员国的教育质量,并确保 EUR ING 注册标准在欧洲范围内保持一致。(3)变更审查与通知。对 FEANI 认可的学校和课程清单的变更或新增都需要通过国家监管委员会的审查,审查通过后,国家监管委员会将相关信息通报给 FEANI 秘书处,以更新官方记录和公布的清单。国家监管委员会的工作确保了 EUR ING 注册过程的地方执行既符合国际标准又考虑到了国家特色,加强了 FEANI 内部的沟通和协调。

### (三) 能力标准

通过制定和推广高质量的工程教育标准,确保了工程学位在欧洲及全球的互认和可比性,增强了工程师的职业流动性和就业机会。标准主要包括欧洲工程师注册指南(EUR ING GUIDE)、欧洲工程师专业能力标准(EUR ING SPEC)等。标准具有内在一致性,如都明确了欧洲工程师的 6 项专业能力,见表 28。

#### 1. 欧洲工程师专业能力标准

欧洲工程师专业能力标准界定了 Engineers Europe 对工程教育项目和工程师在其教育过程、工作环境和职业生涯中的终身学习的衡量标准。EUR ING SPEC 旨在根据欧洲指令 2005/36/EC 关于欧洲专业资格认可指令(European Directive 2005/36/EC on the recognition of professional qualifications)的精神,对资格认可进行对齐。包含了以下信息:

(1)EUR ING 证书和商标。

(2)将 EUR ING 与国家头衔一起使用;EUR ING 可以根据所在国家的规定与国家(学术或职业)头衔一并标示,以表明他们既符合 EUR ING 的标准,也遵守本国的职业规范。

(3)EUR ING 证书申请人和持有人的先决条件。

(4)符合 EUR ING SPEC 的工程项目。

(5)符合 EUR ING SPEC 的工程项目:授予认证。

(6)教育水平和连续经验要求(包括职业发展要求 CLA)。

(7)正式和/或非正式学习/持续职业发展的学科和 ECTS 要求。

(8)符合 EUR ING SPEC 的专业注册。

(9)专业能力要求。

具体如下：

(1)内容类别和学习负荷。还规定了符合 EUR ING 的工程教育项目的内容类别和学习负荷。①总学习负荷。至少包含 180 ECTS 的学习。②学习内容分类。这些学分分布在自然科学(10%)、数学(20%)、工程科学和相关科目(60%)以及非技术科目(10%)几个主要领域。这样的分配旨在保证教育内容的全面性和平衡性,确保工程学生具备所需的专业知识和技能。③个性化的教育路径。个人可以根据自己的兴趣和职业目标,根据当地的规定和教育的发展,通过不同的课程组合来满足这些要求。

(2)教育水平和连续经验要求。EQF 是跨欧洲的各成员国的各种资格和学历制定的资格框架,因此,采用 EQF 进行对齐所需要达到的教育水平和工作经验要求。一般来说, EQF 6 级(高等教育的本科水平或同等水平)一般需要 5~7 年的典型相关经验(包括教育和连续的经验,比如职业发展经验要求); EQF 5 级一般需要 7~10 年,EQF 7 级一般需要 2~5 年。[①]

(3)专业能力要求。在 EUR ING GUIDE 和 EUR ING SPEC 中都明确规定了获得 EUR ING 头衔的职业能力标准,涉及如下 6 个方面,涵盖了从基础知识到复杂的工程设计和实践,以及重要的可转移技能,如团队合作、沟通和持续学习。两者内容也是完全一致的,具体如表 28 所示[②]。

### 2. 欧洲工程师注册指南

EUR ING GUIDE[③] 详细规定了 EUR ING 的注册认证要求、程序和标准,这份指南为希望注册成为 EUR ING 的工程师提供了包括教育背景、工作经验、专业能力和道德规范等方面的要求和具体指导。通过遵循这份指南,工程师可以了解如何准备申请材料,包括如何证明他们的教育和职业经历满足 EUR

---

① Handbook (engineerseurope. com). https://www. engineerseurope. com/sites/default/files/4_173_EMC-EURINGSPEC-20220924_TD. pdf

② Handbook (engineerseurope. com). https://www. engineerseurope. com/sites/default/files/4_173_EMC-EURINGSPEC-20220924_TD. pdf

③ Guide_to_the_Register_FINAL_approved_GA_2013. pdf (engineerseurope. com) https://www. engineerseurope. com/sites/default/files/Guide_to_the_Register_FINAL_approved_GA_2013. pdf#page=10.

表 28　欧洲工程师的 6 项专业能力

| 能力 | 能力描述 |
| --- | --- |
| 知识与理解 | 基于数学和与其所从事学科相关的科学学科,对工程原理有全面、透彻了解。 |
| 工程分析 | 能够运用适当的理论和实践方法来分析和解决工程问题。 |
| 调查 | 意识到技术不断变化,并培养在工程领域寻求创新和创造力的态度。 |
| 工程设计 | 了解与其专业领域相关的现有和新兴技术的使用。<br>了解与其专业领域相关的标准和法规。 |
| 工程实践 | 在其工程领域具有良好工程实践的一般知识,了解材料、零部件和软件的性质、行为、制造和使用。 |
| 可转移技能 | 理解工程职业,并有义务通过承诺应用适当的职业操守为社会、职业和环境服务在工程经济、质量保证、可维护性和使用技术信息和统计方面的能力。<br>能够在跨学科项目中与他人合作的能力。<br>提供涵盖管理、技术、财务和人力考虑因素的领导能力。<br>沟通技能,并通过持续的专业发展(CPD)来保持能力。<br>在欧洲工作时具备足够流利的欧洲语言以促进沟通。 |

ING 的标准。此外,该指南还详细介绍了评审过程、所需的文件和证明材料,以及如何维护和更新注册状态。

Engineers Europe 认为,获得 EUR ING 注册资格需要具备一定水平的初始工程教育再加上职业工程经验,强调了教育和实践经验的结合,两者共同构成了所需的工程形成要素(Elements of Engineering Formation)。[①]

工程形成要素包含工程教育(B 和 U 元素)和工程实践经验(Professional Engineering Experience)[②]。教育和工作经验合计最少需要达到 7 年,其中包括至少 3 年的大学教育(B + 3U)和至少 2 年的职业工程经验(2E)。剩余的时间可以通过更多的工程经验(E)来弥补,也可以通过大学教育。其中,教育的最低标准为“B + 3U”,即申请者完成一个包含至少三年的大学本科工程项目,

① 详见 Guide_to_the_Register_FINAL_approved_GA_2013. pdf (engineerseurope. com)中第 5. 2 条和 5. 3 条中定义。

② B 代表通过一个或多个官方证书认证的高级中等教育,通常是高中毕业证书,这些证书大约在 18 岁时授予;U 代表一年(全日制或等效)的经 FEANI 认可并包含在 FEANI INDEX(学校和课程列表)中的经批准的大学课程。E 代表一年(全日制或等效)的相关工程经验,由 FEANI 接受的机构评估和认可。

这相当于博洛尼亚 180 ECTS 学分。具体的公式如下，这一公式通常被称为 FEANI 公式：

$$B + 3U + 2(U/E) + 2E$$

## （四）注册程序

在 EUR ING GUIDE[1]、EUR ING SPEC[2] 等文件中明确列出了申请所遵循的标准和程序以及递交的文件等。

1）申请人资格与提出申请

首先，申请人在申请前必须具有代表性的正式资格（包括高等教育机构的学位、文凭），并具有一定年限的专业经验或具有等同的职业学习评估。

其次，申请人必须是其居住国或 FEANI 国家成员协会会员。当学位或文凭是在 EE/FEANI 区域之外获得时，还需要向所在国家的官方机构申请正式评估，并将其添加到 EUR ING 申请中。Affiliated Members 附属会员不能提交 EUR ING 申请。申请人必须遵守 FEANI 行为守则立场文件《职业工程师的伦理和行为》（*Code of Conduct：Ethics and Conduct of Professional Engineers*），并按照最新的申请表格递交形式，支付相应的费用。

申请过程不是直接向 FEANI 提交，而是需要通过申请人所在国的成员组织进行。这样的申请流程，既确保了申请过程的本地化管理，确保申请者的教育背景和专业工程经验得到详细审查，同时也使 FEANI 能够更有效地处理来自各成员国的申请。

2）审查清单具体包括：

（1）教育

国家监管委员会检查申请人成功完成的学校/学位项目是否出现在 FEANI 索引中，或与该国官方认可的，与索引中所列的学位项目等同。

对于评估和认可各成员国内的教育文凭或学位，FEANI 采取的是一种谨慎和有条件的方法。其本身不直接对特定国家的文凭或学位的等效性做出判

---

① Guide_to_the_Register_FINAL_approved_GA_2013. pdf (engineerseurope. com). https://www. engineerseurope. com/sites/default/files/Guide_to_the_Register_FINAL_approved_GA_2013. pdf#page=10

② Handbook (engineerseurope. com). https://www. engineerseurope. com/sites/default/files/4_173_EMC-EURINGSPEC-20220924_TD. pdf

断。然而,FEANI 认可一些特定的认证体系,如果某个国家的工程学文凭或学位是根据这些被 FEANI 认可的体系获得的,或者被列入 FEANI 索引的国际部分认可清单(如《华盛顿协议》),那么这些文凭或学位就会被 FEANI 视为与其成员国家接受的学历等同。假如申请人的工程学文凭或学位来自 FEANI 未明确认可的体系,那么,申请者可能需要通过其他方式证明其学历与 FEANI 成员认可的学历有等效性。

(2)职业实践经验

国家监管委员会检查工程实践经验的持续时间是否满足最低要求,而且其性质是否可以使人预期申请人将达到所描绘的职业工程能力,如表 28 所示。为了使国家监管委员会能够审查申请人的工程实践经验,申请应附上简历。

(3)证书

EUR ING 的注册通过 FEANI 秘书处发行的证书进行确认,证书会详细说明受教育的持续时间和类型。对于特殊情况,会使用专门设计的证书,并明确描述受到的教育。

(4)注册更新/有效性

EUR ING 职业头衔由 FEANI 发放,并可在持有者遵守《职业工程师的伦理和行为》的前提下长期保留。原则上,每十年需要通过相应的国家监管委员会进行更新注册,以确保注册信息的准确性和时效性。超过 70 岁的 EUR ING,除非他们联系 FEANI 进行更正,否则将被从注册名册转移到一个单独的不活跃名单中,因为预期他们已退休或不再作为职业工程师从事相关活动。

(5)财务

FEANI 和每个国家成员承担经营 EUR ING 注册所涉及的行政工作成本,并有权通过向申请者收费来收回这些成本。

### (五)持续职业发展(CPD)

CPD 在工程师注册和再注册中非常重要。在欧洲工程师专业工程能力标准中强调,Engineers Europe/FEANI 及其颁发的 EUR ING 证书鼓励通过制定、监测和审查标准来持续改进工程师的能力,支持工程师的持续职业发展活动,并保持职业发展的连续性①。

在工程师注册和再注册环节，提供坚实的 CPD 证据都是必要的。在颁发证书环节，申请人必须提供符合能力要求的强有力证据，其中除了教育资格（知识）、技能、培训、职业经验，提供正式和/或非正式学习证明/持续职业发展活动证明必不可少。EUR ING 证书初次授予的有效期为 5 年，再注册时同样需要 CPD 证明。

关于 CPD 的时长与类型。正式和/或非正式学习/持续职业发展的科目和 ECTS 学分要求为，工程师每 5 年至少需要完成 100 小时的 CPD，平均每年 20 小时，以保持其专业知识和技能的更新，具体类型及其他可能的 CPD 活动类型分别如表 29 到表 30 所示。

**表 29　CPD 的类型及注释**

| CPD 类型 | 注　释 |
|---|---|
| 基于工作的学习 | 通过日常工作活动进行的专业发展。 |
| 公司内培训课程或讲座 | 在讲堂或虚拟环境中进行。 |
| 正式的研究生学术课程 | 所有此类活动都将涉及某种形式的评估。 |
| 外部培训课程 | 由认可的机构或培训者提供。 |

**表 30　其他形式的 CPD 活动**

| | |
|---|---|
| 参与专业工程组织活动 | 可能包括在委员会和董事会的志愿服务；担任高等教育认证访问团成员；协助进行 CPD 审核；指导同事进行工作经验；参与技术标准制定。 |
| 技术访问或外部任务 | 必须能够证明它如何扩展与职业相关的知识和技能。 |
| 基于个人学习的专业发展，更新专业发展所需知识和技能 | 必须展示出所学习活动如何扩展与职业相关的知识和技能。 |
| 在会议上准备和展示技术类论文 | 发表前经过同行评审的论文。 |
| 准备并在期刊或书籍中发表技术类著作 | 发表必须与职业相关。 |
| 在专业 CPD 活动中进行教学或指导 | 不适用于高等教育或研究机构任成员的工程师。 |

① Handbook (engineerseurope. com). https://www. engineerseurope. com/sites/default/files/inline-files/EMC% 20-% 20EUR% 20ING% 20SPEC% 20update. pdf

## 二、美国注册工程师国际认证

### （一）法律基础

美国实行严格的专业工程师制度，持有经注册的工程师执照的工程师才能被称为专业工程师（Professional Engineer，P. E.）。1937—2022 年，美国相关机构共注册了 931640 名注册工程师（Engineering Licensees）。P. E. 执照是一种保障措施，获得此执照，意味着工程师在其专业领域内具备足够的资格、教育、经验和能力，能够负责和签署重要的工程设计和项目文件，同时也是公众识别合格工程师的一种方式。各州法律限制了非持执照者的工程实践活动，只有持有 P. E. 执照的专业工程师才能进行如下工程实践活动：

- 正式设计和认证工程设计图纸
- 竞标政府合同
- 运营工程咨询或设计公司
- 提供专业工程咨询服务
- 在法庭上就技术问题提供专家见解
- 向公众提供工程服务的广告和宣传

美国没有全国性、统一的工程师执照①。这意味着工程师必须在他们希望开展工程实践的各个州分别获得执照。而州际执照认证存在差异，每个州/管辖区（Jurisdiction）都有自己的执照标准和要求②。比如，佛罗里达州的工程委员会（Florida Board Of Professional Engineers）不要求考生在向美国工程与测量考试委员会（The National Council of Examiners for Engineering and Surveying，NCEES）、（Fundamentals of Engineering，FE）提交申请，但如果想获得工程实习生（EI）证书，考生必须在通过考试后提交工程实习生认证申请；而特拉华州明确提出，在获得 ABET 认证的工程学位或者即将毕业的大四学生之前，不要申请考试。在伊利诺伊州，工程基础考试只用于专业工程师和结构工程师两个职业，每个职业都有特定的教育要求，申请相应的实习生之前需要满足相应的标准③。

美国实行以州为单位的《工程师执照法》，注册工程师的相关法律法规由

① https://ncees. org/licensure/international-professionals/

② FE Exam | NCEES. https://ncees. org/exams/fe-exam/#florida

③ FE Exam | NCEES. https://ncees. org/exams/fe-exam/#florida

各州自定,执照的颁发、管理及执行由各州参照各自情况执行。各州通过立法制定执照法规、标准、资质和行为准则,来确保影响公共安全和福祉的在关键领域工作的专业人员拥有适当的资格和责任意识①。

各州工程师执照法规保障了执照制度在标准、资质和问责三方面发挥关键作用②:

(1)标准:通过要求工程师和测量师在教育、经验和考试方面达到一定标准。

(2)资质:在复杂和技术性强的领域,普通公众通常无法评估专业人员的资质和表现,不具备相应的专业知识。执照制度提供了一个官方认证机制,帮助公众识别合格的专业人士。

(3)问责:获得执照的专业人员需要遵循严格的行为准则,这包括在其专业实践中必须考虑到公众的健康、安全和福祉。

## (二)专业组织

美国工程师注册制度涉及三类主要机构:

- 美国工程与测量考试委员会(NCEES)。负责制定和管理工程师考试,包括 FE 和 PE。NCEES 在全国范围内提供统一的考试标准,确保考试的质量和公平性、透明性。
- 各州专业工程师执照局。美国各州对于专业工程师的资质规制有着极大的自主权。各州专业工程师执照局分别制定本州的工程师执照法,负责执照的颁发、更新以及监督执业活动等。这意味着虽然 NCEES 提供了统一的考试,但每个州的执照要求、继续教育要求等可能会有所不同(见本章第一节法律基础部分)。
- 工程与技术教育认证委员会(ABET):负责认证 STEM 领域(科学、技术、工程、数学)的教育项目,包括工程和工程技术学位项目。ABET 的认证确保教育项目满足行业标准,为学生提供了必要的知识和技能。

美国于 1907 年在怀俄明州设立的执照制度,标志着美国工程师职业化的开始。随着更多州颁布类似立法和建立自己的执照制度,美国开始认识到需要一个全国性的委员会来帮助提高法律的统一性,并促进持有执照人员的州

① https://ncees.org/

② https://ncees.org/

际流动性。1920 年,NCEES 成立,由各州工程师和测量师执照委员会组成,共有 69 个成员委员会(Member Boards)[①]。

NCEES 还提供三项服务:一是记录程序(RECORDS PROGRAM)。通过该记录程序,能够持续记录和持续专业能力追踪,它允许申请者整理并提交在其他州申请执照所需的信息,帮助持有执照的工程师和测量师在跨州执业时能够简化认证流程,从而促进洲际流动。二是持续职业能力追踪(CPC TRACKING)。这是一项免费的持续专业能力(Continuing Professional Competency,CPC),追踪服务,使得持有执照的工程师能够记录和跟踪他们的继续教育课程。该服务通过 MyNCEES 账户提供,允许用户管理和证明他们的 CPC 活动。成员委员会也可以通过登录在线系统来访问相关信息。自 2016 年服务开通以来,截至 2021—2022 年年末,27300 个 MyNCEES 账户持有者在系统中跟踪了超过 600000 个完成的 CPC 课程。三是资格评估服务(Credentials Evaluations Service)。对申请人的教育背景进行审核,以确保其符合 NCEES 工程教育标准,尤其是帮助非 ABET 认证学位的申请人在美国获得的执照。NCEES 向各州执照委员会提交一份评估报告,评估结果将指出申请人教育背景相比于 NCEES 设定的工程教育标准的不足之处,以及是否符合要求。各州委员会使用这一评估结论来决定申请人是否符合获得专业执照的资格。

总的来说,NCEES 在美国工程师制度中发挥如下作用:

(1)专业执照考试。需要经历两次考试,基础工程考试(Fundamentals of Engineering,F. E.)和工程原理与实践考试(Principles and Practice of Engineering,P. E.)。NCEES 负责开发和为这两次关键考试评分,确保考试内容的质量和公平性,并提供考试准备材料和其他学习资源,帮助学生通过考试[②];

(2)促进州际流动。①提供全国统一的标准化考试。统一的考试确保所有考生都按照同样的标准进行评估,使得各州更容易承认其他州的执照,简化了各州之间承认执照的流程。②制定模范法和规则(Model Laws and Rules)。模范法律和规则提供了一个标准化框架,确保不同州的执照要求更加一致,这使得专业人士更容易在不同州工作而无需重复整个执照获取过程,从而简化申请执照的过程。③帮助跨州获得执照的记录程序 MyNCEES(Records

① Squared-2022-new-3-1. pdf (ncees. org). https://ncees. org/wp-content/uploads/2023/04/Squared-2022-new-3-1. pdf

② Exams | NCEES. https://ncees. org/exams/

program)。通过记录程序进行持续记录和追踪CPC促进洲际流动。MyNCEES账户能够一站式访问所有NCEES服务,包括查看考试结果、跟踪继续专业发展活动和建立NCEES记录。记录程序通过电子方式记录申请人的申请信息,直接将申请资料提交给各州的执照委员会,减少了信息的重复验证(如大学成绩单、考试结果、就业证明、专业推荐信),简化了在多个管辖区申请执照的时间和过程①,同时也使得管理和维护专业执照的过程更为简便。促进执照持有者在不同州之间的流动,这意味着使工程师更容易在不同的州获得并保持其专业执照,有助于提高工程行业的灵活性和适应性,同时确保了公共安全和专业标准的维护。2021—2022年,有31个成员委员会在29个州使用了该系统进行初次执照申请(Initial Licensure Applications)。

(3)保障公共安全。作为非营利的组织,NCEES所提供的专业工程师和测量师执照为公共安全提供了保障。他们认为,工程师和测量师等高度复杂和技术性的职业对公共安全和福利产生重大影响。专业执照作为一种公共保护措施,确保了工程师和测量师通过"3 Es"获得的专业能力,是确保专业人员质量和公共安全的关键机制。

(4)负责美国境外申请者的学历评估。对于那些希望在美国获得专业执照的国际申请人而言,由于他们的学位通常不是由ABET工程认证委员会认证的,因此,美国的许多执照委员会(Licensing Boards)要求申请者对自己的学术资历进行评估。NCEES也提供一项评估服务,用于比较申请者的学术背景与既定标准的符合性。然后将这些信息提供给申请者所申请参加考试的执照委员会。② 而如果想要在美国境外参加考试,则需要遵循相应的标准——《在美国境外NCEES考试管理的评估标准》③。

(5)帮助美国P. E.获得国际认证。作为国际专业工程师协议(IPEA)和亚太经济合作组织(APEC)工程师协议的签署方,NCEES通过维护国际注册,支持在美国的专业工程师在上述两个协议成员国中获得认可,这有助于提高美国工程师在国际上的流动性和认可度。并且,NCEES国际注册的会员数量在2021—2022年有所增加,截至2021—2022年年底,NCEES国际注册共779

① Annual-report-2022-flip. pdf (ncees. org). https://ncees. org/wp-content/uploads/2023/05/Annual-report-2022-flip. pdf

② https://ncees. org/licensure/international-professionals/

③ Investigation_Enforcement_Guidelines_2018_track_changes (ncees. org). https://ncees. org/wp-content/uploads/2022/08/Criteria-for-Evaluating-the-Admin-of-Exams-at-Non-US-Sites-August-2018. pdf

名活跃的专业工程师会员(Professional Engineer Members),比上一年增加了7%,显示了其在全球范围内对工程专业的影响力。要想获得国际注册(International Registry)要满足7点要求:①持有P. E.的美国公民或永久居留证。②廉洁、无纪律处分。③保持当前在NCEES中的记录。④符合学历要求。⑤完成FE、PE考试。⑥符合CPC要求。⑦至少7年以上工作经验。

(6)国际倡议中的领导作用。NCEES不仅在美国境内促进专业工程师的标准化和流动性,也在国际上发挥着重要作用,通过与国际工程联盟(IEA)的合作和参与国际协议,并承担关键角色,推动全球工程师认证和标准的统一。比如在2021—2022年间,NCEES前任总裁,Patty Mamola,担任了APEC协议的主席。

### (三) 能力标准

美国各州都有自己的专业执照的特定法律和规定,具体标准需要与相应的州的执照委员会确认。这些标准由美国工程和测量考试委员会(NCEES)和各州的专业工程师委员会共同制定和维护。但成为专业工程师(P. E.)的基本要求在全美大多数地方都遵循一个通用框架,即所谓的"3 Es"原则,即教育(Education)、经验(Experience)、考试(Examination):

- 教育要求:在ABET的工程认证委员会(EAC)认证的项目中获得工程学士或硕士学位。
- 经验要求:在基础工程(FE)考试后累积至少四年的相关工程工作经验。
- 考试要求:在基础工程(FE)考试中获得合格成绩。在完成所需的工作经验后,在所在工程学科的专业工程师(PE)考试中获得合格成绩。

"3 Es"是工程和测量等高度复杂的技术性职业与商务贸易等职业之间的重要区别①。这些区别不仅体现在对专业知识和技能的要求上,也反映在对从业者责任和对公众安全保护的重视程度上。

在获得执照后,持有者必须定期更新其执照,通常是每5年一次。为了保持执照有效,工程师需要参与持续职业发展和教育活动,如研讨会、进修课程、专业会议等。此外,注册工程师必须遵守职业道德准则和相关法律法规,确保工作中的诚信、公正和对公众安全的承诺。

---

① https://ncees.org/licensure/why-licensure-matters/

## (四) 注册程序

如前文多次提及的,在美国若想获得 P. E. 执照成为注册工程师,必须具备"3 Es"①三大要求。其中,教育要求指申请者需获得 ABET 工程认证委员会(EAC)认证的工程专业的学士学位、修完学位课程的证明。工作经验要求指在获得前述工程专业学士学位后,还需要具有经过州工程师注册局认可的积累 4 年或以上的工程相关工作实践经验。考试要求强调申请者要通过 NCEES 组织的工程基础考试(FE)。考试通常在申请者大学毕业前后举办,通过 FE 考试的申请者,均被视为实习工程师。实习工程师具有从事一些工程业务,但非独立执业的资格。实习工程师需要积累至少 4 年的工程相关实际工作经验,且再次顺利通过 NCEES 工程实践与原理考试(PE),才可能成为专业工程师。具体如图 11 所示。

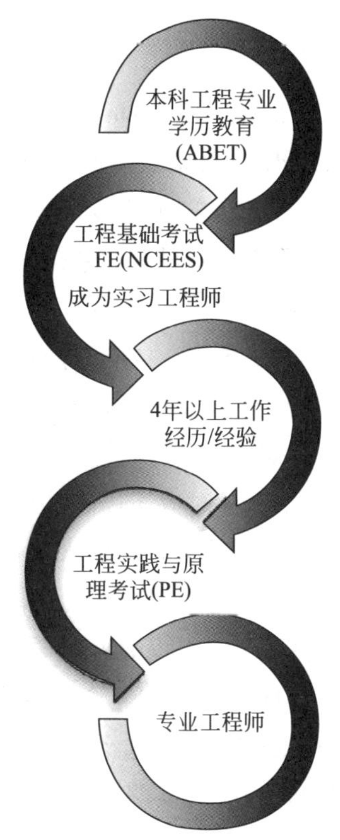


图 11 美国工程教育认证与工程师资格认证衔接路径

来源:ICEE 制

① Why Licensure Matters | NCEES. https://ncees.org/licensure/why-licensure-matters/

第一步是通过在经过 EAC/ABET 认证的本科工程学位的学生毕业后或即将毕业的大四学生,通过 FE 考试,全年皆可考,形式是机考。FE 考试包括 110 个问题。考试预约时间共约 6 小时,包括:保密协议(2 分钟)、教程(8 分钟)、考试(5 小时 20 分钟)、计划内休息(25 分钟)。FE 考试的具体要求都由各州视情况而定,提供土木工程、机械工程等考试。

第二步是获得在相应工程学科中累积至少四年的相关工程工作经验。

第三步是在候选人所在学科的工程原理与实践(PE)考试中获得可接受的成绩(4 年经验后方能考试)。NCEES 提供 27 个不同领域的 PE 考试,例如土木工程、机械工程、电气工程等。PE 考试的具体要求由各州视情况而定。

获得执照需要多年的努力,根据 NCEES 2022 年的统计报告显示,参加 FE 考试的平均年龄约为 27 岁,参加 PE 考试的平均年龄约为 31 岁。

### (五) CPD

在美国,持续职业发展(Continuing Professional Development, CPD)或继续教育(Continuing Education, CE)对注册工程师(P. E.)是一项重要要求。不同州的工程师执照管理机构设有各自的标准,以确保注册工程师的专业知识和技能保持最新。通常要求专业工程师只有达到持续专业能力(CPC)的标准才能续期,更新他们的专业执照。

NCEES 持续专业能力(CPC)标准。要求持照人每个日历年(1 月 1 日至 12 月 31 日)获得相当于 15 个职业发展学时(professional development hours, PDHs),不允许结转至下一续期周期,确保他们的专业知识和技能保持最新状态。在这 15 个学时中,至少 1 个学时应通过成功完成一个工程伦理的课程或活动来获得,或通过改进业务实践或运营方法来获得。①

NCEES 为持证工程师提供的关键支持服务能够帮助他们跟踪和记录 CPD 活动(见本章专业组织部分)。工程师可以通过 MyNCEES 账户免费追踪和报告 CPC 课程和要求。② 具体步骤如下:第一步是确定要跟踪 CPC 要求的州执照委员会。登录 MyNCEES 账户,并选择 CPC 跟踪功能。在这里,需要选择所在州的执照委员会并输入相应的续期周期信息。第二步,输入 CPC 课程信息。当完成继续教育课程后,需要在账户中添加课程信息和相应的 PDHs,

① https://ncees.org/ncees-services/cpc-tracking/

② https://ncees.org/

上传证明文件。第三步，追踪进展。通过 MyNCEES 账户，查看所在州的 CPC 要求与自己已完成的 CPC 课程相比较。第四步，上传已完成的 CPC 报告。将完成的 CPC 报告电子版传输给州执照委员会。

## 三、德国注册工程师国际认证

德国的雇主非常尊重拥有德国认可资格的工程师。拥有工程师职业头衔者有资格在德国从事只有注册工程师才能执行的特定任务[①]。例如，根据德国联邦工程师协会（Bundesingenieurkammer, BIngK）官网的解释，咨询工程师（Beratender Ingenieur）[②]意味着：

（1）职业要求：

必须是德国 16 个州工程师协会中的一员。

这一职业称号象征着高质量的专业标准。甚至为了明确谁拥有“咨询工程师”的法定头衔，这些工程师被列入各州工程师商会的名单中，因此可以查询。

（2）职业实践：

需要多年的职业实践经验，以保证实际知识和技能。

（3）职业资格：

需要持续的职业培训，以保持技术知识的最新状态。

（4）职业责任保险：

必须有足够的职业责任保险，以保护客户和消费者。

（5）职业承诺与道德（Verpflichtung）：

作为中小企业型自由职业者，咨询工程师承担公共福祉责任，独立执行所有工程技术学科的工作。

独立于供应、贸易或生产利益，保证他们的独立性，并确保遵守最高的技术科学质量标准。

作为独立的规划者、专业评估者或分析专家，咨询工程师遵守行业规则和现代职业道德责任。

他们的工作基于确凿的技术知识，必须持续接受专业培训。

忠实地维护独立性，排除与工程技术相关的商业副业，以及通过过度推销

---

① Becoming a Licensed Engineer in Germany: What Every Engineer Should Know | Maker Prohttps://maker.pro/blog/becoming-a-licensed-engineer-in-germany-what-every-engineer-should-know

② Beratende Ingenieure-Bundesingenieurkammer (bingk.de). https://bingk.de/beratende-ingenieure-2/

的职业违规行为。

(6)专业合作:

凭借其资格和实践经验,咨询工程师是技术服务领域的理想合作伙伴。他们的独立性保证了技术服务的质量。

(7)职业职责:

规划、监督、独立咨询、专业自主性、代表客户利益等。

总而言之,咨询工程师在建筑和工程领域承担多种角色和责任,工作不仅限于技术方面,还涵盖了项目协调、监督和独立咨询服务。他们不仅对自己的工作负责,还承担着对社会的责任,因此,需要保持专业独立性,确保其服务不受任何外部利益的影响。作为专业人士,他们致力于遵守行业的标准和道德规范,并持续更新他们的专业知识和技能。此外,咨询工程师的工作还包括避免任何可能影响其独立判断的活动,如商业副业或过度的广告活动。他们在执行工作时,以切实的技术知识为依据,确保他们的服务和建议符合最高的技术和科学标准。这种专注于质量和道德的职业态度,使他们成为客户可信赖的专业顾问。

### (一) 法律基础

德国通过制定法律和标准化程序来确保工程师这一职业称号的专业性和权威性,以及工程工作的质量和安全性。

在德国,非德国籍工程师或希望在德国从事工程师职业的移民工程师,在执业前,首先需要获得使用“工程师”头衔的批准。例如根据德国巴登-符腾堡工程师协会(即 Ingenieurkammer Baden-Württemberg, INGBW)[①]法案,工程师必须首先获得使用工程师专业头衔的批准,该批准过程由巴登-符腾堡工程师协会管辖。只有经过工程师协会认可的成员才有资格使用“咨询工程师”的专业称号[②]。INGBW 法案旨在确保工程师职业的规范和保护其权利。该法案还认证那些在德国得到职业资格认可的工程师,允许他们在欧洲劳动力市场中享受各种福利和机会[③]。

① Ingenieurkammer: about us (ingbw. de). https://www. ingbw. de/ingenieurkammer/about-us. html

② Ingenieurkammer: Beratender Ingenieur (ingbw. de). https://www. ingbw. de/ingenieurkammer/ueber-uns/aufgaben/beratender-ingenieur. html

③ Becoming a Licensed Engineer in Germany: What Every Engineer Should Know | Maker Prohttps://maker. pro/blog/becoming-a-licensed-engineer-in-germany-what-every-engineer-should-know

为了使工程师的工作标准化[①]，各州通过制定法律等积极推动标准化进程。也有法律对工程师的责任进行了规定。如巴登-符腾堡州在《有限专业责任合伙公司》[②]中规定，只有所有合伙人都是咨询工程师，即列入巴登-符腾堡州工程师协会的相应名单中，才有可能成立有限专业责任合伙公司。

## (二)专业组织

与美国相似，德国的工程师注册由各州负责。在德国的工程师注册中，涉及德国联邦工程师协会、各(16个)州工程师协会、以及工程教育认证机构ASSIN、工程师注册机构等。

### 1. 德国联邦工程师协会

成立于1989年2月17日的德国联邦工程师协会(BIngK)，其成员包括德意志联邦共和国的16个州工程师协会，作为一个代表德国各州工程师协会的联合机构(见图12)，BIngK主要负责代表和维护其成员的共同利益，代表其成员协会及其中的45000名成员的共同利益。它在德国联邦和欧洲层面上活动，并代表该职业群体的观点，向公众发表意见。

图12　德国16个州工程师协会

① https://bingk.de/normung/

② voranbringen: PartGmbB (ingbw.de). https://www.ingbw.de/voranbringen/partgmbb.html

德国联邦工程师协会发布了《工程师教育目标及其在德国终身学习资格框架内的定位》(*Ziele der Ingenieurausbildung und deren Einordnung innerhalb des Deutschen Qualifikationsrahmens für lebenslanges Lernen*)[①]的文件,阐明了工程师教育的一般目标和具体专业领域的目标,关注如何将工程师这一职业角色纳入到德国终身学习资格框架(Deutsche Qualifikationsrahmen für Lebenslanges Lernen,DQR)。这份16页的立场文件在2015年4月10日于柏林举行的第56届德国联邦工程师协会大会上通过。文件特别强调工程师的课程设计应该使毕业生有资格使用“工程师”这一职业称号,确保工程师教育的质量和统一性,同时促进在欧洲范围内工程师资格的互认和流动。

管理机构。BIngK的总部设在柏林,最高管理机构是BIngK大会(BKV),由各州工程师协会的代表组成。BIngK的领导层由7人组成的理事会领导,该理事会于2020年10月9日选出,任期4年。截至2022年12月31日,共有咨询工程师会员12120个。[②]

### 2. 州工程师协会

以巴登-符腾堡工程师协会(Baden-Württemberg Chamber of Engineers)为例,该组织是代表巴登-符腾堡所有专业领域工程师的官方代表机构,代表他们在公共和政治层面的利益。1990年根据巴登-符腾堡工程师协会法(Chamber of Engineers Law of Baden-Württemberg - IngKammG)成为公共机构,并受巴登-符腾堡财政和经济部的监督。[③]

巴登-符腾堡工程师协会的任务包括:

(1)保护工程师专业头衔。包括巴登-符腾堡工程师协会在内的所有德国工程师协会都有法律义务确保其成员遵守专业行为规则,并保护咨询工程师这一专业头衔。

(2)作为官方联系伙伴,在政治层面代表工程师的利益。

(3)确保并促进职业特别是“咨询工程师”专业头衔的发展,以保护公众和环境。

---

① voranbringen: Ingenieurausbildung (ingbw.de). https://www.ingbw.de/voranbringen/berufspolitische-arbeit/ingenieurausbildung.html

② https://bingk.de/ueber-uns/mitglieder/mitgliederstatistik/

③ Ingenieurkammer: about us (ingbw.de). https://www.ingbw.de/ingenieurkammer/about-us.html

(4)监督遵守专业义务,以维护工程服务的质量。

(5)通过调查和报告为机构和法院提供咨询和支持。

(6)在专业名单中记录成员及其服务,为投资者、建筑客户、机构和其他潜在客户提供可用服务的概览。

(7)促进工程师的职业培训和进修。

(8)对成员之间以及成员与非成员之间的纠纷进行法庭外解决。

(9)颁发弗里茨-莱昂哈特奖(Fritz-Leonhardt Prize,FLP),这是欧洲最重要的土木工程奖(Civil Engineering Prize)之一。

巴登-符腾堡工程师协会成员构成如下:首先,包括不同的会员类型,覆盖从学生到工程师以及不再从事工程职业的工程师等。咨询工程师是强制性会员,受雇、官方和自雇工程师是自愿会员。不再从事专业活动的工程师也可以作为高级会员加入,自然科学或技术学科的学生可以作为初级会员加入。其次,覆盖17个不同的工程专业领域。从建筑施工、土木工程到测量和交通工程以及环境保护等不同工作领域,大多数在建筑行业。

INGBW也为学生提供许多帮助。(1)允许自然科学或技术学科的学生可以作为初级会员加入;(2)提供实习信息发布平台,商会成员可以为学生、准学生和学生提供实习(Praktikantenstellen)机会,从而帮助学生获得实习、入门级工作;(3)为女性、女学生提供免费的导师制;(4)提供指导计划;(5)联系专家等。

### (三) 能力标准

《工程师教育目标及其在德国终身学习资格框架内的定位》文件比较了欧洲资格框架和德国终身学习资格框架,使在欧洲范围内比较不同的一般职业资格及其相关技能成为可能,以促进人员流动性;以及如何将工程帅这一职业角色纳入到德国终身学习资格框架的背景下进行讨论。文件特别强调了工程师的课程设计应该使毕业生有资格使用"工程师"这一职业称号。在内容上,各工程师协会已就以下定义达成共识:只有那些在德国公立或公认的高校或职业学院成功完成至少六个学期的技术工程专业学习,并且其学习课程主要为工程相关的MINT(数学、信息科学、自然科学和技术)科目的人,才有资格使用"工程师"称号。

对于工程师特别重要的能力包括知识和理解、分析和方法、设计、研究和评估、工程实践、反思能力、社交和沟通能力、时间管理这八方面。这些标准强调了毕业生在设计和实现工程项目时不仅要考虑技术方面,还要考虑社会、健康、安全、生态和经济等多方面因素。具体而言:

**知识和理解(Wissen und Verstehen)**。掌握理论和应用基础(自然科学、数学和工程学基础)以及深化这些知识是必不可少的。基于此,学生应发展出达到毕业所需的专业能力。毕业生应在其工程学专业及更广泛的工程学背景下证明其知识和理解。

**分析和方法(Analyse und Methode)**。工程师应能够识别和结构化问题和流程,最终以方法论的方式找到解决方案。分析包括考虑可能的解决方法、选择最合适的方法及其实施。毕业生应能够应用各种方法,如数学分析、计算机辅助模型设计或实际实验。毕业生还应具备解决包含非专业领域方面的工程科学任务的能力。

**设计(Entwicklung (Design))**。毕业生预期能够利用工程科学方法,根据知识水平,在考虑产品生命周期的基础上,开发和实现设计。设计可能涉及设备、过程、方法、建筑、基础设施措施或其他工件,可能需要考虑超出技术方面的社会、健康、安全相关、生态和经济环境因素。

**研究和评估(Recherche und Bewertung)**。毕业生应能够应用适当的方法进行具体技术问题研究。研究可包括文献研究、设计和执行补充项目和实验、数据分析以及计算模拟。查询数据库及使用指南(如标准)和安全规定可能是必需的。毕业生应能够评估其研究基础的相关性。

**工程实践(Ingenieurpraxis)**。毕业生应能够应用他们的知识来解决实际问题、进行研究和开发工程科学中使用的设备和工艺。这些能力应包括材料、计算机辅助建模、工程规划、开发和生产过程以及设备和工具的知识和应用。同样需要了解生产、技术文献和其他信息源。毕业生应能够检查结果的合理性和正确性。

**反思能力(Reflexionsvermögen)**。毕业生应意识到技术任务的解决方案通常是在对话中产生的,这种对话可能在不同学科之间发生。在实现目标的过程中,几乎总是需要进行讨论,以质疑解决方案。毕业生应学会接受、分析并从中提出新的解决方案。这需要批判性思维能力。

**社交和沟通能力(Soziale und Kommunikative Kompetenzen)**。预期毕业生能够融入团队并承担责任。他们应该能够识别和协调团队中的问题,对其他团队成员产生激励作用。自我激励和主动性是必需的。他们应能够针对特定情况，清晰表达复杂的专业内容及其相关的想法、问题和解决方案，并能够向专业人士和不同社会群体的代表进行论证和展示。

**时间管理(Zeitmanagement)**。毕业生应根据实践的要求进行时间管理。

### (四) 注册程序

首先，是学历认定。对于在外国高等教育体系中完成学业的工程师，需要根据《FEANI 欧洲工程师注册指南》[①]验证其学位的有效性。

以巴登-符腾堡州《工程法》规定为例，没有官方认证的情况下，任何人不能使用“工程师”的职业称号，只有外国的工程教育得到认可的情况下才允许使用德国“工程师”的头衔进行执业。自 2016 年 2 月 27 日起，巴登-符腾堡州工程师协会负责巴登-符腾堡州的审批使用职业称号“工程师”的申请。巴登-符腾堡州制定了认可国外获得的工程师资格的详细文件[②]。即使没有官方认证，具有外国工程师资格的也可以申请从事工程师工作，但在没有官方认证的情况下，他们不能使用“工程师”职业头衔。要使用这一头衔，必须通过巴登-符腾堡州工程师协会的认证，以证明他们的外国学历与德国的要求相当。对于欧盟公民，特别是那些在欧洲联盟或欧洲经济区国家获得学位的人，认证有一些简化的规定。[③]

其次，申请者需要成为 FEANI 国家成员组织的会员的认证成员，并可以通过邮寄方式或通过 FEANI 的电子申请服务提交申请。这一过程是实现在德国工程领域工作的关键步骤，确保工程师的资格得到适当的认可和验证。[④]

### (五) CPD

德国 16 个州的工程师协会提供进一步的培训[⑤]。仍以巴登-符腾堡州工程师协会为例，巴登-符腾堡州工程师协会制定了继续教育规定 *Fortbildungskonzept*

---

① Guide_to_the_Register_FINAL_approved_GA_2013. pdf (engineerseurope. com). https://www. engineerseurope. com/sites/default/files/Guide_to_the_Register_FINAL_approved_GA_2013. pdf#page=10

② Merkblatt-Nr-082 (ingbw. de). https://www. ingbw. de/fileadmin/pdf/Ablage/Merkblatt_Berufsanerkennung_Stand_2021. pdf

③ https://www. ingbw. de/voranbringen/berufsanerkennung. html

④ Becoming a Licensed Engineer in Germany: What Every Engineer Should Know | Maker Prohttps://maker. pro/blog/becoming-a-licensed-engineer-in-germany-what-every-engineer-should-know

⑤ https://bingk. de/fortbildungsangebote-der-laenderkammern/

*der INGBW*[①][②]。这些规定体现了 INGBW 对其成员职业发展的重视。要求其会员(特别是咨询工程师)每年参加认可的教育活动获得一定数量的积分,以证明他们在专业上的持续发展。这种通过结构化的积分系统(Punktesystem)来确保成员参与相关培训和继续教育活动,确保其成员的专业知识和技能保持最新状态。

1. 制定与修改。

继续教育规定最初由 INGBW 理事会于 2006 年 1 月 24 日制定。最近一次修改是在 2015 年 10 月 30 日的第 29 届会员大会上,由 INGBW 主席于 2015 年 11 月 4 日颁布。

2. 培训义务。

所有会员(除了资深会员)有责任参加专业培训。培训通过积分系统记录,以证明完成培训。

3. 培训积分。

咨询工程师每年需获得 6 个培训积分。

积分认定方式如下:

60~90 分钟的活动赋予 1 个培训积分。半天活动赋予 2 个培训积分。

全天活动赋予 4 个培训积分。

多日活动:从第二天开始,每天额外赋予 3 个培训积分。

以授课形式进行的培训,同一内容只计算 1 次。

4. 记录与证明。

培训记录通过协会网站的会员区域进行自我记录。

培训记录的审核在网上进行。

## 四、英国注册工程师国际认证

### (一) 法律基础

英国与注册工程师相关的法律[③]主要围绕着安全、健康、职业发展这些关

① voranbringen: Fortbildung (ingbw. de). https://www. ingbw. de/voranbringen/fortbildung. html

② Merkblatt-Nr-005 (ingbw. de). https://www. ingbw. de/fileadmin/pdf/Merblatt-Gesetze/M005_Fortbildungsordnung. pdf

③ Legislation. gov. uk. https://www. legislation. gov. uk, https://www. legislation. gov. uk/primary+secondary?title=engineering

键词展开,内容涵盖保障工程师工作场所健康、培训(税)、职业发展和安全实践,以及与未来工程师培养如工科生实习等。如 1974 年《工作健康与安全法等法案》(*Health and Safety at Work etc Act 1974*)[①]由健康与安全执行局和个别地方当局执行,是涵盖英国工作场所健康和安全实践的主要立法,规定了雇主和雇员的义务。为工程师提供了必要的保障,具体体现在所有的工作场所应:

- 有充分的培训,以确保所有员工了解并遵守健康和安全程序。
- 为在职员工提供充分的福利。
- 有妥善维护的安全工作环境。
- 有关健康和安全的相关信息、指导和监督。

1999 年颁布的《工作健康与安全管理条例》(*Management of Health and Safety at Work Regulations*)[②]以《工作健康与安全法》制定的规则为基础,更详细地介绍了雇主需要采取哪些具体措施来管理健康和安全。该法规主要涉及风险评估。所有雇主必须对其工作场所进行深入的风险评估,并提供以下内容:

- 有关工作场所风险的信息。
- 有关如何保护员工的信息。
- 对员工进行如何应对风险的培训。

比如,针对工程师 CPD 培训税的专门法案,根据《1982 年工业培训法案》的相关条款制定的《2023 年工业培训税(工程建造业培训委员会)令》(*The Industrial Training Levy (Engineering Construction Industry Training Board) Order 2023*)[③]于 2023 年 7 月 21 日生效。旨在实施工程建设行业培训委员会提出的税收提案,包括对雇佣少量员工的雇主的豁免规定。该命令规定,所有雇主在每个征税期间需支付的税额不得低于其相关报酬的 0.2%。国务大臣认为这些措施对于促进行业内的充分培训是必要的,并认为行业内雇主应支付的金额是适当的。

另外,关于工科学生“实习”,也有相关法律提供保护,主要围绕国家最低工资(National Minimum Wage, NMW)展开,对于实习生在何种情况下享有

---

① https://countingup.com/resources/engineering-regulations-in-the-uk-to-know-about/

② The Management of Health and Safety at Work Regulations 1999 (legislation.gov.uk). https://www.legislation.gov.uk/uksi/1999/3242/contents/made

③ https://www.legislation.gov.uk/uksi/2023/847/introduction/made

NMW 进行了明确规定。(1)国家最低工资(NMW)的支付:对于实习生来说,是否享有最低工资并不取决于称呼,而是取决于雇佣状态。因为实习(Internship)有时候被称为工作实习或工作体验(Work Placements or Work Experience)。实习生,如果被归类为工人(Workers),通常有权获得国家最低工资。雇主必须支付 NMW,不能仅仅通过声明某人不适用或通过起草协议来将某人视为非工人或志愿者的协议来规避这一义务。但是,如果是以"工作观察(Work Shadowing)"的形式,即纯粹是观察员工而没有任何实际工作参与,雇主不需要支付 NMW①。(2)国家最低工资的豁免有四种情况:第一种情况,如果实习是作为英国高等或进一步教育课程(UK-based further or higher education course)的一部分,需要进行不超过一年学生实习,则实习生不享有国家最低工资的权利。第二种情况,这一豁免也适用于义务教育年龄阶段的学生的校内工作体验(School work experience placements)。第三种情况,实习生仅仅进行了"工作观察",即仅观察了员工而没有任何实际工作参与,雇主也不需要支付 NMW。第四种情况,如果是志愿工作者,也无权获得最低工资②。(3)"实习生"法律地位:"实习生"这个称呼在最低工资法下没有法律地位。是否有权获得最低工资不取决于职称(如"实习生"),而是取决于工作性质和雇佣状态。(4)支付最低工资的条件。如果满足以下条件,雇主必须向实习生支付国家最低工资:有概述工作性质的合同(合同可以是口头的或书面的)、被要求到工作岗位上(即使不愿意),以及雇主有工作分配给实习生。如果这些条件得到满足,即使是无薪实习,也可能在法律上存在问题。

EUR ING 的头衔受到保护。EUR ING 注册人有权使用 EUR ING 的头衔。英国枢密院(UK Privy Council)已批准使用此头衔作为前置名称,护照机构将接受 EUR ING 作为护照上使用的头衔。它应该始终用大写字母写在名字和任何其他等级和头衔的前面,例如 EUR ING J Smith CEng。③

---

① UK Internship Regulations for Students - Piktalent. https://piktalent.com/countries/uk/student-internship-visa/#:~:text=Student%20Internships%20and%20NMW%3A%20Students,to%20the%20National%20Minimum%20Wage

② Employment rights and pay for interns - GOV.UK (www.gov.uk). https://www.gov.uk/employment-rights-for-interns#:~:text=Students%20required%20to%20do%20an,School%20work%20experience

③ 工程理事会(engc.org.uk). https://www.engc.org.uk/international-activity/european-recognition/eur-ing/european-engineer-eur-ing-registration/

## （二）专业组织

在英国，工程师注册和认证主要由工程理事会和多个工程专业学会共同管理。需要明确的是，工程理事会和专业学会并不具备内在的从属关系，而是在业务上各有侧重，共同服务于英国工程师行业。

### 1. 工程理事会——顶层机构

工程理事会是英国工程师制度的顶层和核心机构，负责监管英国工程行业。工程理事会于 1981 年获得英国皇家特许，1996 年正式被承认作为英国工程师专业团体代表，在《皇家宪章》的许可下运作[①]。1986 年工程理事会作为 6 个发起团体之一代表英国加入了《华盛顿协议》。

一方面，在英国工程师的运行体系中统筹管理、监督、授权以及协调等工作。既负责工程教育专业认证，又负责工程师注册，负责其中的监督和授权认证机构、协调相关利益等工作。管理机构的统一也使得工程教育专业认证与工程师注册两者之间具有天然的紧密关联性，使得学习与实践、学习与工作实现了在标准层面的更早的、紧密关联。还维护着超过 228000 名工程技术员、注册工程师、特许工程师和信息及通信技术技术员的国家注册名册。另一方面，负责起草和发布一系列工程师认证标准和专业能力标准，以及申请和注册程序等法规性文件（包括极其重要的纲领性文件 UK-SPEC、AHEP 等文件）。此外，工程理事会设计并提供在线专业发展系统 mycareerpath®，记录专业发展活动。

### 2. 专业学会

专业学会作为专业工程机构则在工程理事会与工程师个体之间充当了"桥梁"角色，负责工程师注册等一系列具体事务的执行、实施工作，如评估提出申请的候选人的能力和承诺是否满足相应标准和条件、监督注册者的持续专业发展（CPD）以及认证或批准学位、专业发展计划、资格或学徒制等[②]。

目前，英国共有 39 个获得授权能够进行专业注册的专业机构，如英国特许 IT 协会（The Chartered Institute for IT，BCS）[③]、机械工程师学会（Institution

---

① 英国工程理事会[EB/OL]. https://www.engc.org.uk/media/3877/uk-spec-v12-web.pdf

② Engineering Council（engc.org.uk）https://www.engc.org.uk/licensees

③ BCS, The Chartered Institute for IT | BCShttps://www.bcs.org/

of Mechanical Engineers, IMechE)、土木工程师学会(Institution of Civil Engineers,ICE)等。

成为专业工程机构会员的好处包括①:

- 获得专业地位的认可,可能包括头衔后缀
- 在专业发展中提供支持和指导,包括注册过程
- 参加技术地区活动、研讨会、会议,通常享有特别的会员费率
- 获得每月期刊和其他技术出版物
- 使用技术图书馆
- 获取职业咨询
- 加入专业兴趣小组和其他网络机会
- 获得健康和法律咨询

另外,还有一类机构是"附属学会"(Professional Affiliates)。尽管未经授权不具备相应的上述资质认证和工程学位教育鉴定、专业注册的资格,但是,它们可以通过与专业学会合作,通过与一些获得授权的专业工程学会的协议为其成员进行专业注册。

## (三)能力标准

《工程专业能力标准》(UK-SPEC)由英国工程理事会负责制定,规定了作为工程技术员(EngTech)、注册工程师(IEng)和特许工程师(CEng)专业注册所需的资格和能力要求,以及专业注册的标准、路径、流程和工程教育项目的认证等内容,还包括展示所需能力和承诺的活动示例。②

三个等级的工程师注册头衔都需要展示如下五个广泛领域的能力和承诺(详见表31):

A——知识和理解的能力

B——设计、开发和解决工程问题的能力

C——责任、管理和领导力

D——沟通和人际技能

E——专业承诺

① Engineering Council (engc. org. uk) https://www. engc. org. uk/licensees

② Engineering Council (engc. org. uk). https://www. engc. org. uk/standards-guidance/standards/uk-spec/; https://www. engc. org. uk/standards-guidance/standards/uk-spec/fourth-edition-implemented-from-31-december-2021/#: ~: text = The% 20UK% 20Standard% 20for% 20Professional, the% 20required% 20competence% 20and% 20commitment

UK-SPEC 中体现了不同级别工程师能力描述(详见表 31)。不同级别工程师的能力要求由其所承担的工作职责、角色以及工作内容的难度决定,体现了从技术操作到理论分析,再到创新解决方案和领导能力的递进关系。比如,对工程技术员的要求侧重应用性,即应用技术解决问题;而注册工程师的要求则更高,不仅涵盖 EngTech 的技术应用能力即应用技术解决基本问题,还包括更高层次的理论知识、维护和项目管理能力,以及领导力和发展其他专业人员的部分责任;特许工程师在 IEng 的基础上更进一步,需要具备创新和引领变革的领导能力,解决新技术或复杂系统的工程问题,以及在项目管理和专业发展方面的更全面责任,更突出体现了“创新”“管理”“负责”(详见表 33)。

**表 31　UK-SPEC 中不同级别工程师的能力描述**

| | 工程技术员<br>(EngTech) | 注册工程师<br>(IEng) | 特许工程师<br>(CEng) |
|---|---|---|---|
| 描述 | 应用经过验证的技术和程序来解决实际工程问题、应用安全的工作系统。 | 维护、管理现有和正在发展中的技术应用,并可承担工程设计、开发、制造、施工和运营工作。 | 借助创新创造等技术变革,通过新技术或现有技术提出解决措施或方案,并对带有重大风险的复杂工程系统进行负责。 |
| 关键能力 | 对产品、设备、工艺或服务设计、开发、制造、调试、操作或维护做出贡献<br>监督或技术责任<br>人际交往技巧,能有效沟通技术问题<br>专业工程价值的承诺。 | 利用理论知识和经过充分验证的技术解决现实技术中的问题;<br>成功地运用他们的知识,使用既定的技术和方法来交付工程项目或服务(知识和技术转化为工程实践能力);<br>为项目、经济规划和管理做出贡献,并指导、发展其他专业人员(领导力);<br>人际交往技巧,能有效沟通技术问题;<br>承诺专业工程价值。 | 用理论知识解决新技术问题和开发新技术问题;<br>成功应用知识提供创新的产品和服务和/或承担复杂工程系统的技术责任;<br>负责项目、子项目或任务上的财务和规划方面的工作;<br>管理、指导发展其他专业人员;<br>人际交往技巧,能有效沟通技术问题;<br>承诺专业工程价值。 |
| | 五大共有能力领域:A. 知识和理解能力;B. 设计、开发和解决工程问题的能力;C. 责任、管理和领导力;D. 沟通和人际技能;E. 专业承诺。 | | |

针对不同级别工程师所要达到的教育资格也分别进行了比较(详见

表 32)。如若想获得特许工程师(CEng)的注册认可,其教育资格必须达到经由专业工程学会认证通过的工程或技术硕士或以上的学位(1999 年 9 月后)。

**表 32 UK-SPEC 中不同级别工程师的(教育)认定资格描述**

<table>
<tr><th></th><th>工程技术员<br>(EngTech)</th><th>注册工程师<br>(IEng)</th><th>特许工程师<br>(CEng)</th></tr>
<tr><td>注册认可资格</td><td>• 持有专业工程学会批准的工程或建筑方面的资格证书,是工程领域从业者非常重要的资格:<br>► 在英格兰和北爱尔兰的规范资格框架或国家资格框架中达到 3 级(或以上);<br>► 在苏格兰学分和资格框架中达到 6 级(或以上);<br>► 在威尔士学分和资格框架 3 级(或以上)。<br>• 除适当的工作经验外,持有专业工程学会认可或批准的同等资格或学徒经历,或在相关国家或国际资格框架①中处于同等水平。</td><td>• 工程或技术领域获得认可的学士或荣誉学位;<br>• 获得 1999 年 9 月之前工程或技术认证;领域的高级国家证书(HNC)或高级国家文凭(HND);<br>• 1999 年 9 月之后开始的 HNC 或 HND(但 HNC 须在 2010 年 9 月之前开始)或工程或技术基础学位,加上适当的继续达到学位水平专业工程学会认可或批准的同等资格或学徒经历,或在相关国家或国际资格框架中处于同等水平。</td><td>• 经认可的工程或技术荣誉学士学位,再加上由专业工程学会批准的适当的硕士学位或工程博士学位,或适当的继续学习到硕士水平;<br>• 经认可的综合型工程硕士学位;<br>• 1999 年 9 月以前开始的工程或技术荣誉学士学位;<br>• 专业工程学会认可或批准的同等资格或学徒经历,或在相关国家或国际资格框架中处于同等水平。</td></tr>
<tr><td>个人评估</td><td colspan="3">没有获得认可资格的申请人,将对其资格进行个人评估和其他相关学习,例如:正式学术课程、就业培训、经验式学习、自主学习。<br>申请人应提交其教育程度、职业历史和培训记录,及受雇主能力和相关技能认可的相关文件。<br>申请人也可能被要求撰写技术报告或参加技术面试。</td></tr>
<tr><td>能力与承诺专业审查</td><td colspan="3">申请人将根据英国标准规范中规定的最低要求的能力标准以及专业承诺进行评估。被许可方可以增加与其特定工程学科相关的要求。<br>被许可方的注册工程师组成专家小组,对申请人进行专业评审面试(PRI),专家小组将就申请人是否符合其所选择的注册类别提出建议或指导要求。</td></tr>
<tr><td>专业注册</td><td colspan="3">相关委员会对专业审查建议进行审查。通过后,申请人可进行注册。注册者需遵守职业行为准则。</td></tr>
</table>

① 如联合国教科文组织的教育资格框架分类 UNESCO's International Standard Classification of Education (ISCED) framework

**表 33　特许工程师(CEng)能力描述及示例**

| 能力 | | 示例 |
|---|---|---|
| A. 知识和理解能力<br>特许工程师应结合一般性、专业性工程知识和理解,进一步优化先进和复杂系统的应用。 | • 申请人应证明:是否具有一套完善的理论方法,使其能够发挥自身的特别作用。 | • 与角色相关的正式培训;<br>• 在不同的行业或角色中学习和拓展新的工程知识;<br>• 了解专业领域中当前和新兴技术的最佳实践;<br>• 通过研究和实验,发展知识的广度和深度;<br>• 学习并发展新的工程理论和技术。 |
| | • 能够为不寻常或具有挑战性的问题开发技术解决方案,利用知识处理复杂的技术问题或具有重大风险的情况。 | • 开展技术研发工作;<br>• 基于新的或不断发展的技术开发新的设计、工艺或系统;<br>• 进行复杂、非标准的技术分析;<br>• 开发涉及复杂或多学科技术的解决方案;<br>• 开发和评估持续改进系统;<br>• 在安全关键行业或应用程序中开发解决方案。 |
| B. 设计、开发和解决工程问题的能力<br>技术工程师应采用适当的理论和实际方法来设计、开发、制造、建造、调试、操作、维护以及循环利用工程程序、系统、服务和产品。 | • 申请人应证明:<br>• 积极参与识别和定义项目需求、问题以及机会。 | • 建立有效执行任务所需的工程步骤;<br>• 确定承担工程任务所需的可用产品或流程,并制定一种确定最合适的解决方案;<br>• 编制技术规范;<br>• 审查、比较对招标邀请的技术方面的回应;<br>• 建立用户的改进需求机制。 |
| | • 能够确定进行完成工程任务和有效进行任务所需的设计、开发以及分析所需的适当调查和研究。 | • 确定并准许适当的研究方法;<br>• 对技术问题进行调查,确定潜在的解决方案,并比较它们所需的因素;<br>• 进行物理测试或试验,分析、评估结果;<br>• 进行技术模拟或分析;<br>• 准备、提出、准许设计建议,对风险进行适当分析,同时考虑到成本、质量、安全、可靠性、可访问性、外观、目的适用性、安全性(包括网络安全)、知识产权限制和机会,以及环境的影响。 |
| | • 能够实施工程任务,评估工程解决方案的有效性。 | • 确保该设计的应用能产生适当的实际结果;<br>• 实施设计解决方案,考虑到关键的限制条件,包括对安全、可持续性和处置或废弃的适当考虑;<br>• 确定并实施经验教训;<br>• 评估现有设计或工艺,识别现有或潜在的故障并加以改进,包括对风险、安全和生命周期的考虑;<br>• 积极学习对结果的反馈,改进未来的设计解决方案,建立最佳实践。 |

续表

| 能力 | | 示例 |
|---|---|---|
| C. 责任、管理和领导能力<br>技术工程师应提供技术和商业管理。 | • 申请人应证明：<br>• 规划能够有效实施重大工程任务或项目所需的工作和资源。 | • 为项目或任务制定预算和相关的工作方案；<br>• 系统地审查影响项目实施的因素，包括安全、可持续性和处置或废弃的考虑；<br>• 执行任务或项目风险评估，确定缓解措施；<br>• 领导制定和商定实施计划和方案；<br>• 与客户、同事、承包商和其他利益相关者，包括监管机构协商和商定安排；<br>• 确保信息流的适当性和有效性。 |
| | • 管理（组织、直接和控制）工程任务或项目、计划或进度、预算和资源要素。 | • 开展适当的管理体制，包括风险登记册和应急系统；<br>• 保持质量、成本和时间之间的平衡；<br>• 监测进度和并进行成本预测，在需要时采取适当行动；<br>• 在法律和法定要求范围内建立并一贯保持适当质量标准；<br>• 与客户、承包商和其他利益相关者进行有效的沟通。 |
| | • 管理团队，协助他人满足不断变化的技术和管理需求。 | • 与团队和个人商定目标和工作计划；<br>• 加强团队对专业标准的承诺；<br>• 领导、支持团队和个人发展；<br>• 评估团队和个人绩效，并提供反馈；<br>• 在需要时向其他团队或专家寻求意见，进行关系管理；<br>• 为工程团队、工程师、客户、管理人员和相关利益相关者提供专业知识、指导和投入；<br>• 开发提供硕士水平的教学模块，或领导高校的研究项目。 |
| | • 积极提高专业质量，推广最佳实践。 | • 提高整个组织以及其客户和供应商网络的质量；<br>• 管理操作以保持质量标准，如 ISO 9000、EQFM；<br>• 支持或指导项目评估，并提出改进建议；<br>• 分享经验教训或成果。 |

续表

| 能力 | | 示例 |
|---|---|---|
| D. 沟通和人际技能<br>技术工程师应能够进行有效的沟通、掌握人际交往技巧。 | • 申请人应证明能用英语与他人进行有效沟通。 | • 准备有关复杂事项的报告、图纸、规范及其他文件；<br>• 领导、主持、贡献并记录会议和讨论；<br>• 向技术和非技术同事交换信息并提供建议；<br>• 参与专业关系网络或互动。 |
| | • 清楚地提出建议、理由和结论，并进行讨论。 | • 撰写科学论文或文章；<br>• 准备并发表有关战略事项的报告；<br>• 准备投标、建议或研究；<br>• 确定、认可并领导工作，实现集体目标。 |
| | • 展示个人和社会技能，以及对多样性和包容性问题的意识。 | • 了解、管理自己的情绪、优势和弱点；<br>• 在应对新的、不断变化的人际关系时保持自信和灵活；<br>• 确定努力实现集体目标；<br>• 建立、维护并加强富有成效的工作关系，解决冲突；<br>• 支持他人需要。 |
| E. 专业承诺<br>技术工程师应证明对适当专业行为准则的承诺，承认对社会、职业和环境的义务。 | • 理解并遵守相关行为准则。 | • 证明自身符合被许可方的职业行为准则；<br>• 识别各准则中特别相关的各个方面；<br>• 了解相关的立法和监管框架，以及要如何遵守；<br>• 领导相关立法和监管框架内的工作，包括社会和就业立法。 |
| | • 了解其角色的安全影响，管理、应用并改进安全工作系统。 | • 确定并承担责任，确保其他人对健康、安全和福祉问题承担责任；<br>• 确保系统满足健康、安全和福祉要求；<br>• 制定并实施适当的危害识别和风险管理体系和文化系统；<br>• 管理、评估并改进这些系统；<br>• 应用完善的健康和安全立法知识，例如：HASAW 1974、CDM 法规、ISO 45001 和公司安全政策。 |

续表

| 能力 | | 示例 |
|---|---|---|
| E. 专业承诺<br>技术工程师应证明对适当专业行为准则的承诺,承认对社会、职业和环境的义务。 | • 理解可持续发展原则,并将其应用到工作中。 | • 开展责任运作和行动,同时考虑取得环境、社会和经济成果的必要性;<br>• 提供产品及服务,维持、提高环境和社区质量,满足财务目标要求;<br>• 认识到可持续性原则,以及如何应用于日常工作;<br>• 了解并确保利益相关者参与可持续发展;<br>• 有效利用资源;<br>• 采取行动以尽可能减少自身责任领域中的环境影响。 |
| | • 开展并记录必要的持续专业发展,保持、提高在实践领域的能力。 | • 负责评估发展需要;<br>• 规划如何满足个人和组织目标;<br>• 开展计划内和计划外的持续专业进修活动;<br>• 保持能力发展的相关证据;<br>• 根据计划情况评估持续专业进修结果;<br>• 协助他人进行持续专业发展。 |
| | • 理解在自身角色中可能出现的道德问题,并以合乎道德的方式履行责任。 | • 理解在角色中可能遇到的道德问题;<br>• 举例说明应用了伦理原则声明中所述的伦理原则;<br>• 举例说明在哪里应用或支持了组织或公司所定义的道德原则。 |

## (四)注册程序

英国工程师专业注册认证制度中无须考试,而是通过申请者个人的评估和专业委员会的专业审查和面试环节,对申请人进行专业能力和承诺的评估。整个专业注册包括两个基本前提和四个阶段。EngTech、IEng、CEng 或 ICTTech 的专业注册对所有工程师和技术人员开放,但需要申请人确认自身满足两个条件,这也是专业注册流程开始的基本前提。只有特许工程师的专业注册需具备工程硕士学位。

(1)能够满足基础工程知识和理解的要求。一种方式是通过正规教育资格;其中,不同类别的头衔相对应的学历教育资格要求不同,其中,注册工程师只需要达到本科获得认可的学士学位即可，而特许工程师则需要获得经过认证的综合硕士学位或学士与硕士学位的组合（见图 6）；如果申请人不具备认可的学历资格，则可以选择替代方式，即通过个人评估其继续教育评估自身的资格和学习成果；

（2）能够证明自己的能力和承诺达到必要的标准。申请人通过比对英国 UK-SPEC 能力相对应专业注册所提出的标准来判读自身是否符合最低要求。

在满足前述基本前提条件后，申请人可开始申请工程专业注册（见图 6）：

第一步，申请人要先成为获得许可的专业工程机构的会员，该机构也是其专业注册的授予机构。申请人选择机构时，最好选择与其工作领域最接近、与其学科相关且获得许可的。这样的机构能够更适合、更好地评估申请人的专业注册能力。[①] 目前获得许可的专业工程机构名单详见工程理事会官网。加入会员的好处包括获得同行对其专业地位包括职位的认可；支持和指导其专业发展，包括注册流程；职业建议；使用技术库等。长期脱离与学会的关系将导致专业注册资质的失效。

第二步，申请人向获得许可的专业工程机构提出申请，之后由该专业学会组织一个由已获得注册的工程师组成的专家小组对申请人是否满足工程理事会制定的标准进行专业审核，专家小组会提出一个关于申请人条件是否满足标准的建议提供给专业学会委员会。机构将提供有关注册的详细信息，包括流程和时间表等（获工程理事会许可的专业注册机构名单）。

但是，评估流程根据头衔和专业领域的不同略有差异：对于技术员的资格审查，根据获得许可的专业机构的不同，一般而言，可能只评估申请人所提交的书面证据，也可能会有专业审查面试。而对于注册工程师或特许工程师头衔的专业审核过程则明确分为两个阶段书面证据评估之后再进行面试。在一些工程领域中，专业机构可另行规定评估能力和承诺的方法。

第三步，前述专业审查提出的建议由专业学会相关委员会进行评审。当申请人满足下列三个条件，便可取得专业注册：

（1）专家小组提出申请人已满足要求；

（2）流程的所有阶段都已完成、满意；

（3）专业学会的相关委员会认可该建议。

---

① Engineering Council (engc. org. uk). https://www. engc. org. uk/licensees

第四步,所有流程完成,获得许可的专业机构将授予申请人作为 EngTech、IEng 或 CEng 的专业注册头衔,申请人也将正式获得注册头衔。需要注意的是,如个人想要持续保持专业注册,则需要承诺以下两点:一是通过 CPD 和专业学会的成员资格保持其能力;二是遵守专业学会的职业行为准则。

对于需要重新注册的注册者,CPD 可作为重新注册的替代性条件。在工程理事会的规定(Regulation 7A)中要求,如果个人的注册暂停了 12 个月或更长时间,在 3 年内无需重复经历专业评审过程也可以重返注册名册,但需要提交注册暂停期间从事工程实践的 CPD 记录。如果在此期间没有从事相关工作(如职业休假、长期病假或育婴假),且无法提供 CPD 记录,他们必须与授权机构制订计划,证明他们对未来 CPD 计划和专业能力的承诺。[①]

如果注册过期失效(Lapsed Registration),在注册有效期过期的 3 年内,注册人可以恢复注册,但需支付一定的行政费用。但是,如果注册超过 3 年,个人必须重新向其中一所机构申请,并将接受全面的专业审查。当然,无论是申请还是每年注册,都需要向专业机构支付一定的费用[②]。

在英国也可以申请欧洲工程师 EUR ING 的注册,需要满足以下条件[③]:首先,必须是专业工程机构的成员,并且必须在工程理事会注册为注册工程师或特许工程师。其次,候选人需要通过 Engineers Europe 网站上的申请工具进行 EUR ING 注册。这也仅适用于首次申请。最后,首次申请需缴纳 245 英镑申请费。

### (五) CPD

工程理事会规定拥有 EUR ING 头衔的人每 5 年需要重新注册 1 次,国际专业工程师(IntPE(UK))和国际工程技术师(IntET(UK))的注册需要每五年更新。续签需要证明在此期间持续对重要工程工作和持续职业发展(CPD)负责。

职业发展是指知识技能的获取和个人品质的发展,对于达成和维持工程能力非常重要,无论是对个人还是雇员而言。职业发展通常在工作环境中进

① https://www.engc.org.uk/media/4145/cpd-policy-statement-issue-3.pdf

② 工程理事会(engc.org.uk). https://www.engc.org.uk/professional-registration/registration-fees/

③ Engineering Council (engc.org.uk). https://www.engc.org.uk/international-activity/european-recognition/eur-ing/european-engineer-eur-ing-registration/

行，依赖于知识理解、培训和经验积累。然而，它不一定与教育分开，两者过程可能会结合，例如在基于工作的学位或学徒制（Work-based Degrees or Apprenticeships）中。工程领域的职业发展（Professional development）通常与获得和维持在英国工程能力标准 UK-SPEC 和 ICTTech 标准中所描述的注册状态有关。[①]

职业发展分为两类：初始职业发展（Initial Professional Development，IPD）和持续职业发展（CPD）。

### 1. 初始职业发展

初始职业发展（IPD）：通常发生在注册之前，指在成为 EngTech、IEng、CEng 或 ICTTech 等专业注册人员之前在职场的发展。这是潜在专业人士学习应用他们的知识和理解、发展技能、职业态度和能力并开始应用专业判断的阶段。初始职业发展使工程师和技术人员能够展示成为工程理事会注册成员所必需的能力和承诺。

初始职业发展可以通过结构化的项目进行，比如学徒制或研究生培训计划、新入职计划。无论采取何种方式，初始职业发展均应该为工程专业人士提供在工作场所实践基础知识和在多种设置中获得经验的机会。

这些雇主计划通常由专业工程机构认证或批准，这也意味着该计划或方案的目标符合专业注册的标准（UK-SPEC 和 ICTTech 标准），并且计划中进行的任何专业发展都将被记录，这对于在专业评审时证明其能力至关重要。工程理事会的《政策声明文件》（*Initial Professional Development Policy Statement*）[②]解释了认证和批准的过程，以及专业工程机构在考虑认证计划时所进行的程序。当然，也可以在没有上述正式结构化程序的情况下独立进行 IPD，即自我管理式的 IPD。那就需要申请人熟悉自身对应的注册标准，并让雇主和机构知道其为实现专业注册所做的努力。无论选择哪种途径，计划、记录和审查 IPD 活动都将使申请专业注册的过程更加顺畅。

### 2. 持续职业发展

持续职业发展（CPD）：职业发展并不会因为获得注册而停止。所有的工

① https://www.engc.org.uk/professional-development/

② https://www.engc.org.uk/engcdocuments/internet/website/IPD%20Policy%20Statement%202019.pdf

程理事会的专业注册者,包括工程师和技术人员都需要通过持续职业发展来维持和提升他们的专业能力,他们也都做出了承诺维持和持续提升他们的能力,这也就意味着需要进行持续专业发展。CPD 的核心是通过工作中的挑战和机遇以及与同事、客户和供应商(包括其他学科的专业人员)的互动进行非正式学习。其中,有两个监管文件支持 CPD:《CPD 注册者守则》(*CPD Code for Registrants*)[①]与《CPD 政策声明》(*CPD Policy Statement*)[②]。《CPD 注册者守则》(详见该守则附件 1)[③]规定了工程技术员、ICT 技术员、注册工程师和特许工程师在持续专业发展方面应遵循的指导原则。这些原则包括负责制订并执行个人学习和发展计划,参与多样化的发展活动,记录 CPD 活动及其反思和评估,定期审查学习计划,并支持他人的学习和发展。这些原则旨在确保专业人员持续提升其技能和知识,以适应职业发展的需求。

强制性涵盖了强制性 CPD 义务、强制性记录 CPD 以及强制性支持他人 CPD。

(1)强制性义务(Obligation)。CPD 这一强制性义务要求在英国专业工程能力标准(UK-SPEC)和 ICTTech 标准中有所阐述,并在《CPD 注册者守则》中进行详细说明。

在《CPD 政策声明》[④]中详细说明了 UK-SPEC 中对 EngTech、IEng、CEng 共有的能力(Competence E4),具体如下:执行并记录持续专业发展以维护和增强自己实践领域的能力[⑤]。证据示例包括:

- 审查自身的发展需求
- 规划如何满足个人和组织目标
- 执行并记录计划内和计划外的 CPD 活动
- 保持能力发展的证据

---

① Board Meeting (engc. org. uk). https://www. engc. org. uk/engcdocuments/internet/website/EngC_CPD_Code_for_Registrants. pdf

② https://www. engc. org. uk/media/4145/cpd-policy-statement-issue-3. pdf

③ Board Meeting (engc. org. uk). https://www. engc. org. uk/engcdocuments/internet/website/EngC_CPD_Code_for_Registrants. pdf

④ https://www. engc. org. uk/media/4145/cpd-policy-statement-issue-3. pdf

⑤ "Carry out and record the Continuing Professional Development (CPD) necessary to maintain and enhance competence in their own area of practice."出自 Microsoft Word - CPD Policy Statement (Issue 3) (engc. org. uk). https://www. engc. org. uk/media/4145/cpd-policy-statement-issue-3. pdf

- 根据制订的计划评估 CPD 成果
- 协助他人进行 CPD

(2)强制性记录 CPD。为了保证 CPD 的真实发生,需要注册者记录他们的 CPD 活动,而专业工程机构会对这些记录进行年度抽查[①]。自 2019 年 1 月起,记录 CPD 活动将成为注册工程师和技术员的强制性要求。持续不回应或不参与来自授权成员的 CPD 记录请求的在职注册者可能会被从工程理事会的注册名册中移除。[②] 此过程旨在鼓励所有注册者更有意识地规划和反思其学习和发展,以促进个人、雇主和社会的共同利益。

(3)强制性支持他人 CPD。在《CPD 政策声明》中详细说明了 CPD 性质、目的和价值,以及成员可以期望从其所属机构获得的支持。在其中能力 E4 描述了"协助他人进行其 CPD"的证据[③]。特别强调,协助他人的 CPD 也是注册者职责的一部分,"所有专业工程机构的成员(许可持有者)都有义务通过 CPD 维持其能力,并支持他人的学习"。这意味着积极支持、引导和协助他人,尤其是初级同事的 CPD。这可能通过正式指导或培训进行,或可能是日常专业人员之间知识和能力交流的一部分。

支持多样化的目的:CPD 学习的内容重点因个人的职业发展阶段和需求而异。既支持常规性的、确保持续工作能力的 CPD,也支持转换到不同的工作角色的 CPD,也支持长期职业目标实现。因此,注册者的学习重点可能在不同时间针对不同能力领域。

形式多样化:可以通过多种方式进行 CPD 而不限于单一形式,重点在于通过学习活动的反思和目标设定来保持和提升专业能力。包括非正式学习(如一般技术阅读、参加技术讲座以及与他人(例如同事、客户、供应商)包括其他学科的专业人员的互动)和结构化活动(如课程、远程学习计划、私人学习、参加展览和会议、准备论文和演讲、指导、参与专业机构活动或相关的志愿工作等)。

自我负责和管理:注册者自己最适合确定自己的需求以及如何满足这些需求,因此,他们有责任识别主动识别并规划自己的 CPD 需求、机会并制订

① https://www.engc.org.uk/media/4145/cpd-policy-statement-issue-3.pdf

② Engineering Council (engc.org.uk). https://www.engc.org.uk/professional-development/continuing-professional-development-cpd/

③ "Assisting others with their own CPD"出自 https://www.engc.org.uk/media/4145/cpd-policy-statement-issue-3.pdf

CPD 计划(该计划应定期审查,至少每年一次),记录学习成果,以及如何实现既定目标等。此外,他们还有责任遵循工程理事会的指导,包括道德原则、可持续性、风险管理等方面。

全系统支持:(1)雇主或有经验的同事在个人 CPD 的发展和执行中将发挥重要作用。(2)他们所属的机构也会提供相关的指导和帮助。专业机构的主要职能之一是推动和支持其成员的专业发展。工程理事会的认证机构通过提供指南、资源和指导计划等多种方式支持其成员 CPD,尤其是,需要根据工程理事会的注册规定,对在职注册者的 CPD 记录进行年度随机抽样,并提供适当反馈。抽样的目的是鼓励一种文化,使成员自然地参与 CPD 并主导自己的学习和发展,鼓励注册者主动参与 CPD,而非监管。在 CPD 抽样期间大部分或全部时间内非职业活跃的注册者(例如退休或休职)可申请豁免。

自我反思和评估:CPD 学习应以反思性和目标导向为基础,与具体目标相关,即使这些目标仅是为了维持其专业工程能力。而拥有定期审查的发展计划将促进学习。在此过程中,注册者应不仅记录 CPD 活动,而且将通过这些活动学到的或实现的内容,与任何计划目标联系起来。UK-SPEC 和 ICTTech 标准可作为设定个人发展目标的参考框架。这种做法不仅帮助他们确定未来需求并相应规划,而且,作为一个设立计划、反思、评估的循环过程的一部分。

成果导向:上述做法同时也是鼓励基于成果导向的方法,是以成果为导向的专业学习方式,这比仅依赖于输入度量(如小时数或分数)更适合专业学习。

CPD 可以作为重新注册的"替代性"条件。对于因为各种原因而导致需要重新注册的注册者,在 EC 的规定(Regulation 7A)中要求,如果个人的注册暂停了 12 个月或更长时间,他们可以在三年内返回注册名册,而无需重复经历专业评审过程。这种情况下,需要提交注册暂停期间从事工程实践的 CPD 记录。如果在此期间没有从事相关工作(例如,职业休假、长期病假或育婴假),且无法提供 CPD 记录,他们必须与授权机构制订计划,证明他们对未来 CPD 和专业能力的承诺。[①]

### 3. Mycareerpath 系统

在专业发展过程中,由工程理事会设计并提供的、为工程师和技术人员设

① https://www.engc.org.uk/media/4145/cpd-policy-statement-issue-3.pdf

计的在线专业发展记录系统 Mycareerpath[①] 在记录专业发展活动中发挥重要作用。

其设计初衷旨在帮助用户计划和记录任何有助于其专业能力和知识(包括 IPD 和 CPD)的活动,例如指导同事、学习新技术、参加培训课程、参与专业机构等。该系统与适合 EngTech, IEng 和 CEng 的 UK-SPEC 标准以及其他职称如 CPhys、CEnv 和 CSci 的标准相一致,提供适用于所有人的平台。用户可以根据所选择的注册类别的能力声明来衡量和跟踪进展。该系统被许多专业工程机构,包括专业学会和专业附属学会采用以供其成员使用。如包括 CIHT、CIPHE、EI 等在内的 26 个专业机构都采纳了该系统。使用 Mycareerpath 可以将所有记录集中在一个地方,方便在专业评审时以简化和统一、整合、完整的形式向机构提交他们的专业发展记录,或更新 CPD 记录。

## 五、法国注册工程师国际认证

### (一) 法律基础

尽管与某些国家(如一些需要工程师有许可证或注册证书才能执业的国家)相比,法国的工程师职业可能不会受到严格的许可和注册要求的约束,在使用“工程师”(Ingénieur)这一称呼方面的法律约束也相对宽松,但这并不意味着其他形式的工程师称谓在法律上完全无保护,相反,通过教育和认证获得的“Ingénieur diplômé”这一称号是受到一定保护的,尤其是当它与通过 CTI 认证的工程学位相关联时。而获得“Diplôme d’ingénieur”(工程师学位)是进入某些工程领域的重要途径,这个学位由 CTI 认证,确保了教育质量和专业知识的标准。持有这一学位的个人被认为是“Ingénieur diplômé”,这在就业市场上是一个重要的资质。此外,尽管在法国,要成为一名工程师并不一定要求加入某个职业协会或通过特定的许可、认证程序,但确实存在一些专业组织和协会,如法国工程师和科学家协会(Association des Ingénieurs et Scientifiques de France, IESF),它们致力于维护行业标净、促进职业发展和代表工程师的利益。这些组织虽然不强制,但对于职业网络和认同来说是重要的。

---

① Engineering Council (engc. org. uk). https://www. engc. org. uk/professional-development/mycareerpath/

在《教育法典》(*Code de l'éducation*)中对于"工程师"头衔的授予机构、需要满足何种条件等进行了规定,如根据第 L642-9 条颁发的工程文凭赋予其持有人"国家合格工程师"的称号;根据 Article D642-12,国家合格工程师职称的候选人必须满足两个条件:①证明在通常委托给工程师的职能中从事五年专业实践;②已通过按照 D642-13 条组织的考试。①

合格工程师的头衔只能由 CTI 授权的学校颁发,CTI 是根据 1934 年 7 月 10 日的法律成立的官方组织,隶属于高等教育部。合格工程师的头衔授予硕士学位,并按命令注明颁发该学位的学校。该头衔也在欧洲作为 EUR-ACE® 标签的一部分在欧洲得到认可。②

另外,法国《劳动法典》(*Code du Travail*)规定了包括工程师在内的劳动者的一系列内容,如雇佣关系和工作条件等③,也规定了国家职业认证目录(RNCP)和特定资格目录(Répertoire spécifique,RS)的注册程序,如由 2018 年 9 月 5 日法律引入的《劳动法》第 L6113-5. 至 L6113-6 条;根据 2018 年 12 月 18 日第 2018-1172 号法令引入的同一法典第 R6113-1 至 R6113-17 条④,该法典涉及在国家目录中注册职业资格和资格的条件等。⑤

若想获得证书必须在国家职业证书目录 RNCP 中进行注册,RNCP 数据库由法国职业培训协会(France Compétences)负责,这些也都在法律中予以明确。在 2009 年的法律中,RNCP 数据库作为在职人员和失业人员培训行动的参考工具这一功能被进一步加强。另一工具"inventaire",最初设计的目的是充当数据库,目的是指出在国家层面对于劳动力市场很重要的资格(如语言、

---

① 见法国教育法典中监管部分(Partie réglementaire)第六编:高等教育的组织(ReplierLivre VI: L'organisation des enseignements supérieurs)[条款 D611-1 至 D687-2 (Articles D611-1 à D687-2)]中第四篇:技术培训(ReplierLivre VI : L'organisation des enseignements supérieurs)(条款 D642-1 至 D643-62-6)的第二章:长期技术培训(Chapitre II : Les formations technologiques longues)[条款 D642-1 至 R642-65)/Chapitre II : Les formations technologiques longues (Articles D642-1 à R642-65) - Légifrance (legifrance. gouv. fr)] https://www. legifrance. gouv. fr/codes/section_lc/LEGITEXT000006071191/LEGISCTA000027865477/#LEGISCTA000027865477;Code de l'éducation - Légifrance (legifrance. gouv. fr). https://www. legifrance. gouv. fr/codes/texte_lc/LEGITEXT000006071191/2023-03-27/

② The "Titre d'ingénieur" (national master's degree in engineering) - ESILV Graduate School of Engineering, Paris. https://www. esilv. fr/en/the-school/french-title-engineer/

③ https://app. croneri. co. uk/topics/employment-law-france/indepth

④ Journal officiel de la République française - N° 81 du 4 avril 2021 (francecompetences. fr). https://www. francecompetences. fr/app/uploads/2021/07/joe_20210404_0081_0015-1. pdf

⑤ 20210602_FC_NOTICE_CERTIFICATION. pdf (francecompetences. fr). https://www. francecompetences. fr/app/uploads/2021/06/20210602_FC_NOTICE_CERTIFICATION. pdf

计算机等),但不符合获得某一水平的标准。[①]

## (二) 专业组织

法国工程师职衔委员会是法国工程师专业认证领域最具权威的机构,受法律委托评估和认证所有法国和外国的提出认证申请的工程学校以及工程师资格认定和工程师文凭发放[②],使具有职业和学历两种属性的工程师职衔与工程师学历教育享有盛誉。

CTI 是欧洲工程教育认证网络(ENAEE)的创始成员,参加了负责修订 EUR-ACE®框架标准和指南(EAFSG)的工作组[③],因此,获得了为工程学位课程颁发欧洲质量标签 EUR-ACE®(硕士水平)的授权。此外,CTI 还是多个机构如欧洲工程师协会的创始成员[④]。CTI 的一系列操作使得法国工程师教育的认证及文凭授予的方法和标准符合欧洲标准,与欧洲工程师教育认证体系的评估和认证结果相互认可。

法国工程师和科学家协会(Ingénieurs et Scientifiques de France,IESF)[⑤],代表着超过 100 万工程师(即占总劳动人口的 4%)和超过 20 万研究人员,代表广大的工程师和科学家。[⑥] 负责维护工程师和科学家名录(Répertoire des Ingénieurs et des Scientifiques),目前注册的工程师(diplômes d'ingénieurs )和科学家有 1177723 个[⑦]。

法国职业培训协会(France compétences)负责职业培训与学徒,也负责维护国家职业资格目录(RNCP)和特定资格目录(RS)。它于 2019 年 1 月 1 日根据 2018 年 9 月 5 日第 2018-771 号法律(第 36 条)《自由选择职业未来法》(*par la loi pour la liberté de choisir son avenir professionnel*)成立,负责资助、规范

---

① 20210528_FC_Rapport_EUROPE_certification_FR_final_WEB_dp. pdf (francecompetences. fr) https://www. francecompetences. fr/app/uploads/2021/05/20210528_FC_Rapport_EUROPE_certification_FR_final_WEB_dp. pdf:6-7

② CTI 的历史与使命[EB/OL]. https://www. cti-commission. fr/la-cti/histoire-et-missions

③ Communication / Information - CTI - Commission des Titres d'Ingénieur (cti-commission. fr) [EB/OL]. https://www. cti-commission. fr/en/communication-information

④ 什么是欧洲工程师? | 欧洲工程师 (engineerseurope. com) [EB/OL]. https://www. engineerseurope. com/what-engineers-europe

⑤ https://www. iesf. fr/

⑥ https://www. iesf. fr/752_p_49464/qui-sommes-nous. html

⑦ https://repertoire. iesf. fr/

和完善职业培训和学徒制度。它隶属于负责职业培训的部委，是具有法人资格和财政自主权的国家公共机构，也是法国管理职业培训和学徒制方面唯一的机构，其战略方向由国家、地区、代表全国和跨行业雇员和雇主工会以及有资质的人士共同管理。它向行政委员会、负责职业培训的部长和议会报告其管理情况①。该机构从三个层面提高职业培训和学徒市场的效率：(1)资助。以最佳和可持续的方式资助职业培训和学徒制度。(2)规范市场。帮助确定技能需求并开发经济和教育教学模式。(3)提高职业培训和学徒制度参与者之间的透明度和协同作用。此外，该协会还特别发布《国家职业认证名录》和《特定资格目录》以登记的最新职业资格清单。由5个部门负责运行，其中，职业认证理事会(La Direction de la certification professionnelle)负责管理国家名录(国家职业认证名录和特定资格目录)，并列出新兴或快速变化的职业名单②。根据《劳动法典》，其角色和任务主要包括两方面：一是对包括RNCP和RS这两个国家职业目录的注册申请进行认证同意；二是列出新兴、快速发展的职业名单③。

### (三)能力标准

CTI制定硕士层次工程师学位的参考和指南文件——“R&O”④。“R&O”明确指出，获得工程师文凭的毕业生同时也获得了硕士学位⑤，并定义了授予硕士工程学位同时也是注册工程师的标准，描述了硕士层次工程师的通用概况，详细标准见第二章。

外国学生在法国的工程学位认证也参考R&O框架，但具有一定的灵活性，做适当调整，如“在欧洲高等教育区以外ECTS学分不做强制性要求”“工

① Les directions de France compétences - France compétences (francecompetences. fr). https://www. francecompetences. fr/fiche/les-directions-de-france-competences/

② Les directions de France compétences - France compétences (francecompetences. fr). https://www. francecompetences. fr/fiche/les-directions-de-france-competences/

③ 20210528_FC_Rapport_EUROPE_certification_FR_final_WEB_dp. pdf (francecompetences. fr). https://www. francecompetences. fr/app/uploads/2021/05/20210528_FC_Rapport_EUROPE_certification_FR_final_WEB_dp. pdf

④ RO_Referentiel_2023_VF2023-03-16. pdf (cti-commission. fr). [EB/OL]. https://www. cti-commission. fr/wp-content/uploads/2023/03/RO_Referentiel_2023_VF2023-03-16. pdf

⑤ “Le titre d’ingénieur diplômé conférant le grade de master, les diplômés ont la capacité de poursuivre leur cursus par une formation doctorale”

程学位头衔也不是强制性的”等。通常,上述外国学生的认证是与欧洲 EUR-ACE®标签的申请相结合,后者需要参考《EUR-ACE® 框架标准和指南》(EAFSG)。因此,“R&O”框架与 EUR-ACE®这两个框架在一个申请流程中会被同时考虑在内。目前,CTI 经 ENAEE 协会授权,仅在硕士水平上授予 EUR-ACE®标签。

法国职业和高等教育资格框架与欧洲标准接轨。具体来说,法国国家职业资格框架参照欧洲终身学习资格框架,法国高等教育资格框架参照欧洲高等教育区通用资格框架,从而确保法国的高等教育资格与欧洲其他国家相兼容,促进学生和毕业生的跨国流动。自 2018 年 9 月 5 日,《自由选择职业未来法》成立后,法国体系发生了巨大变化。这项法律的目的是改革职业培训和学徒制度,使法国的职业培训体系更加透明、灵活、高效和国际兼容性,同时更紧密地与劳动市场的需求对接。从立法层面明确了法国产生了新的 8 级职业资格框架,包括知识、技能与自主性三个维度。这个资格框架是基于与职业认证系统的利益相关者广泛协商后确定的,增强法国职业资格在欧洲范围内的互认和可比性。①

### (四) 注册程序

对于想要在法国成为认证工程师的个人,大致需要完成三个步骤:

1. 完成认证的工程学位课程:个人需要完成 CTI 认证的工程学位课程,这是获得工程师职衔的基本要求。

2. 获得工程师学位:在成功完成学位课程后,毕业生将获得“Diplôme d'Ingénieur”学位,这是法国工程师的官方学位。

3. 职业注册:虽然法国没有一个统一的工程师注册系统,但某些专业领域可能要求工程师在特定的职业机构注册,以便从事专业工作。

若想获得正式认可的证书必须在 RNCP 中进行注册,RNCP 数据库由法国职业培训协会负责②。法国职业资格和认证系统于 2014 年开始采用“技能块”

---

① 20210528_FC_Rapport_EUROPE_certification_FR_final_WEB_dp. pdf (francecompetences. fr). https://www. francecompetences. fr/app/uploads/2021/05/20210528_FC_Rapport_EUROPE_certification_FR_final_WEB_dp. pdf

② 20210528_FC_Rapport_EUROPE_certification_FR_final_WEB_dp. pdf (francecompetences. fr) https://www. francecompetences. fr/app/uploads/2021/05/20210528_FC_Rapport_EUROPE_certification_FR_final_WEB_dp. pdf:6.

的概念，将职业资格分解为一系列可单独认证的“技能块”单元，增加了获取资格的灵活性。这些技能被定义为“一套同质的、连贯的、有助于独立从事职业活动并可以进行评估和验证”。这一概念是为了促进学习模块化和认证的灵活性，从而支持个人职业发展和终身学习。2018 年的《自由选择职业未来法》进一步加强了对“技能块”概念的应用，使其成为职业资格认证中的一种强制性做法。这项改革简化了职业培训和认证过程，使之更加适应快速变化的劳动市场和个人职业发展的需求。

法国职业资格框架在认证方面体现了三个特点：一是重视职业实践技能的评估。在法国职业资格框架中，确实更倾向于使用“savoir-faire”（实践技能或知道如何做）而不是“aptitude”（天赋或能力），这样的选择强调了对具体、可操作技能的重视，而不仅仅是理论知识或天生的能力。这种表述反映了框架对于评估和认证职业能力中实践应用方面的重视。二是学习成果导向。关于资格（certifications）的描述用学习成果而不是学习目标来表示，意味着重点放在了通过特定教育或培训程序实际获得的知识、技能和能力上。侧重对个人实际能力的评估和认证，而不仅仅是他们参与培训的意图或目标。三是重视实用性和可操作性以及软技能。在职业资格的描述中，“自主性和责任感”是评估个体能力的重要维度。[①]

### （五）CPD

2014 年，法国进行了重要的职业培训体系改革。一是个人培训权（individuel à la formation，DIF）到个人培训账户（Compte Personnel de Formation，CPF）的过渡。这一改革旨在简化和增强个人继续教育和培训的权利。CPF 的引入意味着每个劳动者都有一个随个人而转移的培训点数账户，这些点数可以用于职业发展和终身学习的资助。CPF 的点数即使在换工作后仍然有效，更加强调了个人对自己职业发展的控制权。二是终身职业培训的资金简化。通过 CPF 个人可以更直接地访问培训资金，并根据自己的需要选择合适的培训课程。三是职业培训四方治理体系。建立了一个涉及国家、地区、社会伙伴和雇主、雇员代表的职业培训四方治理体系。四是关注学生的长期职业融入问题。在

---

① 20210528_FC_Rapport_EUROPE_certification_FR_final_WEB_dp. pdf (francecompetences. fr) https://www. francecompetences. fr/app/uploads/2021/05/20210528_FC_Rapport_EUROPE_certification_FR_final_WEB_dp. pdf:7.

R&O 中,为学生的持续职业发展做了多种准备。① 如建立职业信息、指导和就业准备系统。学校可以利用 RNCP② 中的信息来开展课程。

## 六、日本注册工程师国际认证

### (一) 法律基础

日本工程师协会(the Institution of Professional Engineers, Japan,IPEJ),也称为“日本技术士会”。该机构成立于 1951 年 6 月, 1958 年 7 月实施了第一次工程师考试,2000 年申请加入 APEC 协议,2008 年开始接受国际工程师申请,2021 年开始关注工程师 CPD。该协会旨在传播和提高对工程师制度的认识,其职能包括但不限于工程师注册、提高工程师资质,普及工程师制度等。

日本工程师协会为工程师注册和管理提供了全面支持和服务,在协会的制度化体系下,确保了工程师专业资质认可的公平与公正。不过,在工程师协会成立以前,日本也有工程师注册相关的法律依据,例如 1950 年的《建筑师法》中对建筑工程师的注册程序、废止、监督、管理等规则和条例进行了详细说明。但其主要由国土交通大臣管理,由获得许可的注册结构执行,其与现代的工程师协会功能还不完全等同,且主要服务于其国家工程师管理,不具有国际视角下工程师流动和认可的职能。

1957 年《技术士法》正式为日本工程师注册和管理制度提供了法律保障,进一步加强了日本工程师协会在其国内的认可度和知名度。《技术士法》指出“工程师”指的是经第三十二条第一项的注册,从事涉及科学技术(不包括人文科学)高级专业应用能力所需的计划、研究、设计、分析、测试、评估或相关指导工作(不包括在其他法律中受到限制的工作)的人员。《技术士法》围绕工程师考试、工程师资格、工程师注册、工程师义务等方面详细说明了各操作环节的规则、规定。同时,该法较早地说明了注册工程师包括两次考试,第一次考试主要用于确定个体是否具有成为工程师所需的科学基础知识,但拥有文

---

① 20210528_FC_Rapport_EUROPE_certification_FR_final_WEB_dp. pdf (francecompetences. fr) https://www. francecompetences. fr/app/uploads/2021/05/20210528_FC_Rapport_EUROPE_certification_FR_final_WEB_dp. pdf: 7

② Fiche_thematique_RNCP_2022-03-04. pdf (cti-commission. fr). https://www. cti-commission. fr/wp-content/uploads/2022/03/Fiche_thematique_RNCP_2022-03-04. pdf

部科学省令规定资格的人,可免除此次考试;第二次考试主要用于测试个体是否拥有成为工程师所需的专业技术知识和技术应用能力①。《技术士法施行规则》进一步明确了工程师考试的具体信息,考试地点、测试办法以及21个技术部门的选修课内容范围,《工程师法施行条例》说明了第一次考试为11000日元,第二次考试为14000日元。《技术士法施行规则》和《工程师法施行条例》也对各个环节的具体细则做出了规定,例如技术委员会构成、注册费等。除此以外,日本工程师协会也将《注册许可税法实施令》作为自身机构运行的重要法律依据文件,该文件对协会课税标准、税率等做出了详细规定②。

在《技术士法》发布后的数十年中,其也被不断完善和优化,修改内容包括但不限于加强文本表述逻辑性、修改表述指向、添加具体额外规定等。例如在2001年4月以后实施的《技术士法》中,在第四章第四十七条之后,增加一条“工程师应当持续促进自己在工作中所掌握的知识和技能水平的进步,提高自己的资格”;在第二章的第五条第一项中,在“第一次考试”下面加上“成为技术师所必需的科学技术方面的基础学识和遵守第四章规定的适应性”,在“必要”下面加上“关于技术部门的”③。《技术士法》掀起注册工程师热潮,2004年注册工程师约为55000人,2006年首次超过65000人,2015年首次超过85000人,2022年已达到近10万人。

在上述法律形成的支撑体系下,其不仅有效保证了日本注册工程师的有序推进,规范了工程师资格与能力要求标准,同时也较大程度上鼓舞了更多人才加入注册工程师领域,推动整体工程领域高水平发展,进而为其国家发展奠定坚实力量。

## (二)专业组织

日本工程师协会组织的整体架构如图13所示④⑤,其总部设在东京,包括

---

① E-GOV. 技术士法[EB/OL]. [2024-01-04]. https://elaws.e-gov.go.jp/document?lawid=358AC0000000025

② IPEJ. 注册免许税法实施令[EB/OL]. [2024-01-04]. https://www.engineer.or.jp/c_topics/008/attached/attach_8612_4.pdf

③ 众议院. 技术士法[EB/OL]. [2024-01-04]. https://www.shugiin.go.jp/internet/itdb_gian.nsf/html/gian/honbun/houan/g14709064.htm

④ IPEJ. 日本技术士会的介绍[EB/OL]. [2024-01-04]. https://www.engineer.or.jp/c_topics/000/000260.html

⑤ IPEJ. 日本技术士会的概要[EB/OL]. [2024-01-04]. https://ssp.jst.go.jp/jcff/media/files/201805/cn/posters/engineer_cn_201804.pdf

8 个地方本部和 31 个县支部。8 个地方本部分别为北海道本部、东北本部、北陆本部、中部本部、近畿本部、中国本部、四国本部以及九州本部。县支部主要包括宫城县支部、青森县支部、秋田县支部、福岛县支部、山形县支部、岩手县支部、富山县支部、石川县支部、爱知县支部、岐阜县支部、三重县支部、静冈县支部、兵库县支部、冈山县支部、鸟取县支部、山口县支部、高知县支部、大分县支部、鹿儿岛县支部、宫崎县支部、佐贺县支部、熊本县支部、长崎县支部、神奈川县支部、埼玉县支部、山梨县支部、长野县支部、千叶县支部、茨城县支部、栃木县支部、群马县支部。

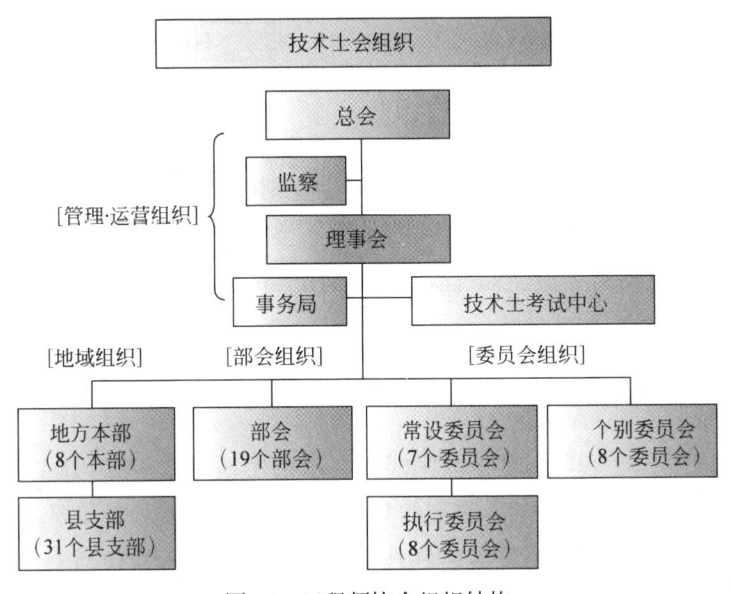


图 13　工程师协会组织结构

工程师协会的 19 个部会相当于不同行业组织,具体包括机械部会、船舶・海洋/航空宇宙部会、电气电子部会、化学部会、纤维部会、金属部会、资源工学部会、建设部会、上下水道部会、卫生工学部会、农业部会、森林部会、水产部会、经营工学部会、情报工学部会、应用理学部会、生物工学部会、环境部会、核辐射部会(原子力・放射线部会)。

7 个常设委员会包括伦理委员会、总务委员会、策划委员会、研修委员会、广报委员会、社会委员会、国际委员会。8 个执行委员会包括 CPD 支援委员会、研修工程师支援委员会、青年工程师支援委员会、工程师活性化委员会、防灾支援委员会、科学技术振兴支援委员会、日韩工程师交流委员会、海外活动支援委员会,其具体情况如图 14 所示。

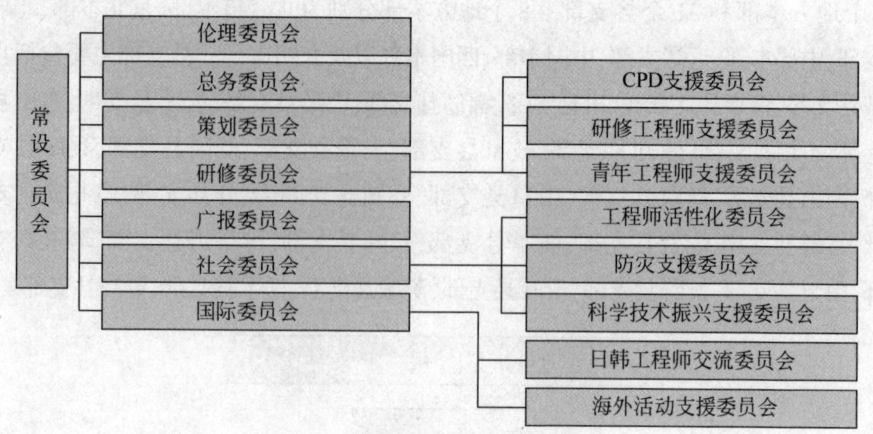


图 14　常设委员会组织架构图

此外,工程师协会还包括 8 个基于个别规则的委员会,其包括 APEC 工程师评审委员会、IPEA 监管委员会、IPEA 审查委员会、男女共同参画推进委员会、工程师制度检讨委员会、工程师资格活用委员会、工程师 CPD 业绩管理委员会、合规委员会。

## (三) 能力标准

为确保日本工程师与其他国家能力要求的实质等效,参照 IEA 提出的职业能力框架,日本文部科学省制定的《职业工程师的素质和技能要求》规定了职业工程师必须具备的最低素质和技能要求。能力要求共包括七个方面,其分别对应了 IEA 的 GAPC 中"职业胜任力"(PC)13 个能力要求,且已被纳入实践人才培养,具体如表 34 所示①。

**表 34　能力要求标准**

| 能力要求 | 能力要求细分 | 对照 PC |
| --- | --- | --- |
| 专业知识 | 理解和应用专业领域所需的全面专业知识和特定领域知识。 | 理解并应用知识 |
| | 理解日本本国特有的法律和其他制度、社会条件和自然条件所需的专业知识等。 | 理解并应用当地知识 |

① IPEJ. Professional Engineers, Japan [EB/OL]. [2024-01-04]. https://www.engineer.or.jp/c_topics/009/009329.html

续表

| 能力要求 | 能力要求细分 | 对照 PC |
|---|---|---|
| 问题解决 | 能够围绕复杂问题,开展调查,识别与分析问题发生的潜在原因以及实际背景中的制约因素。 | 问题分析 |
| | 能够围绕复杂问题,充分考虑各方面相互冲突的要求,并提出解决方案或改进建议,同时评估其对复杂问题的影响。 | 解决方案的设计和开发<br>判断力 |
| 管理能力 | 在计划实施和调整过程中,合理分配各类生产要素,以满足质量、成本、生产率等方面要求。 | 管理工程活动 |
| 评估 | 能够有效评估每个阶段以及最终结果和影响,为其他工作优化提供支持。 | 评估 |
| 通信 | 能够通过口头、书面等多种途径与各方进行有效沟通。 | 沟通和合作 |
| | 在海外工作时,除具备语言能力,还应努力了解当地社会和文化的多样性。 | 沟通和合作 |
| 领导力 | 能够对实践情况有清晰的设计和判断,有效协调和汇集多方利益相关者利益。 | 管理工程活动 |
| | 在国外工作时,能够同拥有不同价值观、技能的他人合作,以推进项目开展。 | 沟通和合作 |
| 工程师伦理 | 完成工作任务时,能够将社会安全、健康等置于首位,充分考虑其可能产生的文化、环境影响,意识到自身使命和相关责任。 | 保护社会<br>伦理 |
| | 完成工作任务必须符合相关法律要求的要求。 | 法律、监管与文化 |
| | 工作决策需充分自身工作范围和职责,并承担相应责任。 | 对决策负责 |
| | 不断增加和完善工作所需知识,确保自身进行足够的持续专业发展。 | CPD 与终身学习 |

能力协议中,日本主要加入了 APEC 协议和 IPEA 协议,因此工程师协会特别提出了成为 APEC 和 IPEA 协议注册工程师的基准能力要求①,具体如

① 由于只是基本要求,所以日本在提出注册成为 APEC 协议和 IPEA 协议工程师的基本条件时,使用了同样的能力要求。

表35所示[①]。这些要求并非满足其中一条即可,而是必须同时满足,这确保了日本职业工程师具备合适的教育背景、专业能力和注册,并且在工作经验、项目负责、持续发展和道德准则方面达到要求。

**表35　基准能力要求**

| 序号 | 具体要求 |
|---|---|
| 1 | 已完成认可或被认为与之等同的工程教育项目。 |
| 2-1 | 拥有上表中,具备独立实践的职业工程能力。 |
| 2-2 | 持有日本职业工程师有效注册证书。 |
| 3 | 毕业后大于7年的工作经验。 |
| 4 | 专门负责过超过2年的工程类项目。 |
| 5 | 保持个体持续专业发展在满意水平。 |
| 6-1 | 同意遵守由IPEJ制定的日本职业工程师道德准则以及所在地的其他司法管辖区的职业行为准则。 |
| 6-2 | 同意为个体行为单独负责。 |

## (四)注册程序

日本工程师注册主要由法定代表机构“工程师协会”实施,包括承办第一次考试和第二次考试,管理审查合格者或完成指定课程者信息,发放等级证书等。仿照美国英国工程认证制度,日本形成了具有本国特色的双路径多通道工程师注册程序,具体如图15所示[②]。具体而言,成为职业工程师必须通过两次考试,通过第一次考试的工程师可称之为“实习工程师”,但只有研修非JABEE认证项目专业的学生需要考试,而直接研修JABEE认证项目专业的学生可免除第一次考试,因此在成为实习工程师之前存在两种途径。从第一次考试内容上来看,其主要包括基础科目、适性科目和专门科目三种,且所有科目得分必须分别获得50%以上的得分。

① IPEJ. Basic criteria of IntPE[EB/OL].[2024-01-04]. https://www.engineer.or.jp/c_topics/009/009345.html

② IPEJ. 日本技术士会的概要[EB/OL].[2024-01-04]. https://ssp.jst.go.jp/jcff/media/files/201805/cn/posters/engineer_cn_201804.pdf

在成为实习工程师后，存在三条进路面向第二次考试：

①作为技术师助理的路径。实习工程师可注册成为工程师助理（候补技术士），并在实践工作的工程师指导下积累 4 年工作经验获得第二次考试机会。在此过程中，工程师助理的注册部门可与第二次报考单位不一致。工程师助理的注册程序主要包括“提交、受理申请材料”“申请文件的审查”“记载”“注册证书颁发”，3～5 月是申请最密集的时期，全程大概需要 1 个月时间①。

②在监督者手下获得实务经验的路径。这要求实习工程师在实践工作者受领导（不一定是工程师）监督，积累经验至少超过 4 年，但要提供《监督者要件证明书》及《监督内容证明书》两份文件②。

③工作经验导向的申请路径。在这一路径中，并不对监督者或相关要求做出强制规定，反而更加看重工作经验，一般情况下，只要工作经验超过 7 年，即可申请第二次考试，但综合技术监理部门为 10 年。

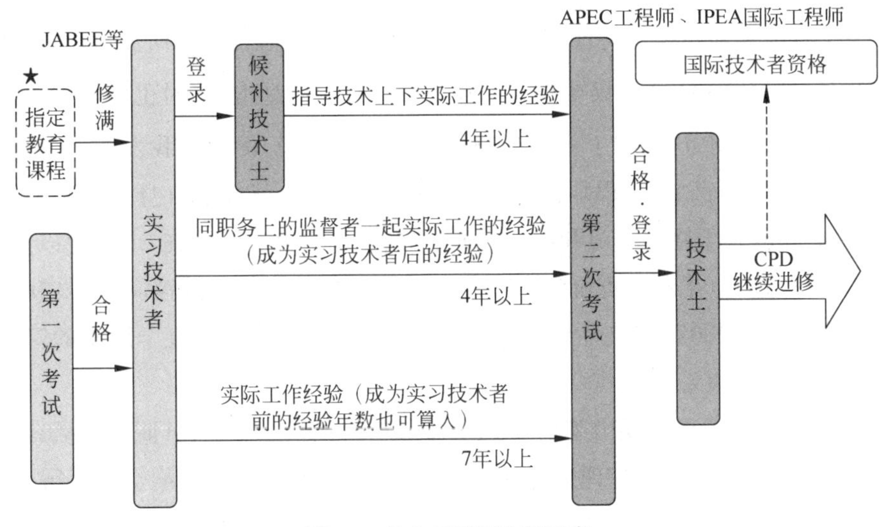


图 15　日本工程师注册程序

第二次考试分为笔试和口试两大部分。在非综合技术监理部门笔试中，

① IPEJ. 技术师助理注册手续指南[EB/OL].[2024-01-04]. https://www.engineer.or.jp/c_topics/003/attached/attach_3820_1.pdf

② JABEE. 成为技术士的路径[EB/OL].[2024-01-04]. https://jabee.org/doc/gijutusi_210507.pdf

必修科目约为 2 小时,其主要包括专业知识、应用能力、问题解决能力等方面内容;两个选修科目约为 3.5 小时,第一类选修科目主要关于专业知识及应用能力;第二类选修科目主要关于实践问题解决能力及课题完成能力。在非综合技术监理部门口试中,共 20 分钟,主要关于工程师实践工作能力与工程师合格性考察。所有科目都必须获得至少 60% 以上的得分。

最新统计数据显示,2020 年第二次考试合格者的平均年龄约为 42.7 岁,而 JABEE 认证课程结业者年龄约为 32.1 岁。在全部成为实习工程师的人中,完成 JABEE 认证课程的人的比例仅有 16% 左右,其中 20~30 岁的人约占 52%,30~40 岁的人约占 35%①。自 2008 年以来,申请和通过第二次考试的人群均有显著提升,2020 年申请者达到 20365 人,合格者约为 2415 人,合格率约为 11.9%。

### (五) CPD

工程师必须始终保持他们的知识、技能水平能够胜任工作所需,持续开展 CPD 活动。CPD 活动不仅要重视对动态变化社会的适应,同时也要特别注意工程师伦理问题,这有利于帮助自身不断获得新知识,促进自我发展,获得社会信用②。换而言之,工程师在获得注册资格以后,不能停止自身技术和能力发展,必须着眼于终身学习和职业生涯发展,不断提升自己。在 21 世纪以前,日本工程师协会并未全面和系统形成 CPD 活动的相关制度,其第一份 CPD 行动指南发布于 2008 年,在后续至今的约 15 年中,另外发布了五个版本的管理手册或进修指南文件。

日本 CPD 活动主要由工程师 CPD 业绩管理委员会负责,其职能包括具体 CPD 实施活动、工程师管理运行手册、CPD 活动与其他协议联络会的运行、工程师 CPD 注册审查以及其他事务等③。根据工程师应当具备的素质能力,

---

① JABEE. 成为技术士的路径[EB/OL].[2024-01-04]. https://jabee.org/doc/gijutusi_210507.pdf/

② IPEJ. 技术士 CPD[EB/OL].[2024-01-04]. https://www.engineer.or.jp/cmtee/kensyuu/080401CPDpanfu.pdf

③ IPEJ. 技术士 CPD 指南[EB/OL].[2024-01-04]. https://www.engineer.or.jp/c_topics/003/attached/attach_3013_1.pdf

CPD 形成了专业学识和共同资质两大类能力体系和若干子能力，具体如表 36 所示①。

**表 36　CPD 能力资质框架**

| 资质区分 | 资质项目 |
| --- | --- |
| 专业学识 | 1-1 技术部门整体 |
| | 1-2 专业（选修）科目 |
| | 1-3 法律、规格制度 |
| | 1-4 社会自然条件 |
| 共同资质 | 2 问题解决 |
| | 3 管理 |
| | 4 评价 |
| | 5 沟通 |
| | 6 领导力 |
| | 7 工程师伦理 |

CPD 认证的内容包括但不限于在企业或者大学开展的讲习会、研修会、演讲会、研讨会等；口头汇报论文或发表论文；企业内的研修指导、担任大学讲师，受到政府表彰、通过工程师考试、翻译相关材料等等。在这些活动中，每个项目子计算指标权重系数和计算上限都不尽相同，且针对每条和某一系列项目另有相关要求。例如论文回头汇报权重系数为 3，但若在其他场所汇报了相同主题文稿，那么不进行重复计算，论文每页折算为 5 小时，但每篇论文上限为 40 小时等。具体情况如表 37 所示②③，此外，工程师每年应当获得的最低限度 CPD 也有所要求，对于维持当前资质而言，每年最少应当获得 20CPD，高级工程师需要至少 50CPD 小时。

① IPEJ. 技术士 CPD 指南［EB/OL］.［2024-01-04］. https://www.engineer.or.jp/c_topics/003/attached/attach_3013_1.pdf

② IPEJ. 技术士 CPD 管理手册［EB/OL］.［2024-01-04］. https://www.engineer.or.jp/c_topics/003/attached/attach_3013_2.pdf

③ IPEJ. 技术士 CPD 指南［EB/OL］.［2024-01-04］. https://www.engineer.or.jp/c_topics/003/attached/attach_3013_1.pdf

**表 37　CPD 形态项目**

<table>
<tr><th>形态区分</th><th>形态项目</th><th colspan="2">内容</th><th>CPD 换算时间</th><th>CPD 上限</th></tr>
<tr><td rowspan="4">参加型</td><td>1. 演讲会</td><td colspan="2">参加演讲会、讲习会、研修会、研讨会、电子学习、观摩会等。</td><td>1/h</td><td>—</td></tr>
<tr><td>2. 企业内研修</td><td colspan="2">企业组织实施的活动。</td><td>1/h</td><td>—</td></tr>
<tr><td rowspan="2">3. 协会活动</td><td colspan="2">参加协会的委员会、专门部会等。</td><td>1/h</td><td>30</td></tr>
<tr><td colspan="2">订阅学会会刊。</td><td>1/h</td><td>10</td></tr>
<tr><td rowspan="11">发信型<br>(発信型)</td><td rowspan="6">4. 报文、论文</td><td rowspan="2">1)技术发表会(口头发表)。</td><td>公共机关主办。</td><td>5/h</td><td>—</td></tr>
<tr><td>企业主办。</td><td>2/h</td><td>—</td></tr>
<tr><td colspan="2">2)学术论文的口头发表。</td><td>0.4/m</td><td>—</td></tr>
<tr><td rowspan="2">3)发布学术杂志论文或论文集论文、报告。</td><td>学术杂志上的技术论文。</td><td>40/篇</td><td>—</td></tr>
<tr><td>未经同行评审的论文及企业内部论文集等。</td><td>10/篇</td><td>—</td></tr>
<tr><td colspan="2">4)在学会等发行的学术杂志上进行论文、报告的审稿。</td><td>5/篇</td><td>—</td></tr>
<tr><td rowspan="3">5. 讲师、技术指导</td><td colspan="2">1)大学、学协会、研究机关、民间团体、企业等举办的研修会、讲习会、技术说明会、研讨会、小组讨论的讲师以及大学兼职讲师等。</td><td>3/h</td><td>—</td></tr>
<tr><td colspan="2">2)小学、中学理科教育的讲师。</td><td>1/h</td><td>—</td></tr>
<tr><td colspan="2">3)对研修技术人员等进行具体的技术指导。</td><td>1/h</td><td>—</td></tr>
<tr><td>6. 图书撰稿</td><td colspan="2">撰写(包括翻译)技术书籍作为出版物。</td><td>1/h</td><td>30</td></tr>
<tr><td>7. 技术合作</td><td colspan="2">作为知识分子参加大学、研究机关、国际协力机构等,JABEE、APEC 工程师审查委员,公共机关审查委员等。</td><td>1/h</td><td>30</td></tr>
<tr><td rowspan="4">实务型</td><td>8. 资格取得</td><td colspan="2">取得国家资格的技术资格。</td><td>20/个</td><td>—</td></tr>
<tr><td rowspan="3">9. 业务成果</td><td colspan="2">来自国家、地方公共团体、学术协会等公共机构。</td><td>20/个</td><td>—</td></tr>
<tr><td colspan="2">企业表彰规定的东西。</td><td>10/个</td><td>—</td></tr>
<tr><td colspan="2">专利申请。</td><td>40/个</td><td>—</td></tr>
</table>

续表

| 形态区分 | 形态项目 | 内容 | CPD 换算时间 | CPD 上限 |
| --- | --- | --- | --- | --- |
| 自我学习型 | 10. 多样自我学习 | 自我研究、无法确认听讲的点播讲座、收看广播大学等的电视、参加大学与研究生院的职业训练、通过技术参加志愿者活动、环境教育活动、参加展览会、参观博物馆等、语言学习、跨行业交流会、私人学习会、官网旁听公共审议会、为了取得资格的学习、制作演讲会的资料、其他。 | 0.5/h | 30 |

注:h 即 hour,小时;m 即 minute,分钟。

日本工程师协会形成了相对体系化的审查流程和过程,但所有 CPD 活动都应当通过协会审核才能得到认可,申请材料既可以是纸质版材料,也可以是电子版材料。其中,纸质版材料即“工程师 CPD 注册证书”,该证书证明了不同形态活动获得的 CPD 时间;电子材料需提交职业工程师 CPD 管理系统(PE-CPD),该系统为每个被审查者提供了相应账号密码,申请者可根据需要随时登录系统进行操作。此外,CPD 活动线上审查具体流程如图 16 所示,相关负责人将按照实际情况对申请者信息进行确认和审查,若时间匹配,统计结果将上传 CPD 业绩管理委员会,反之,将进一步与申请者协商修正活动时间。

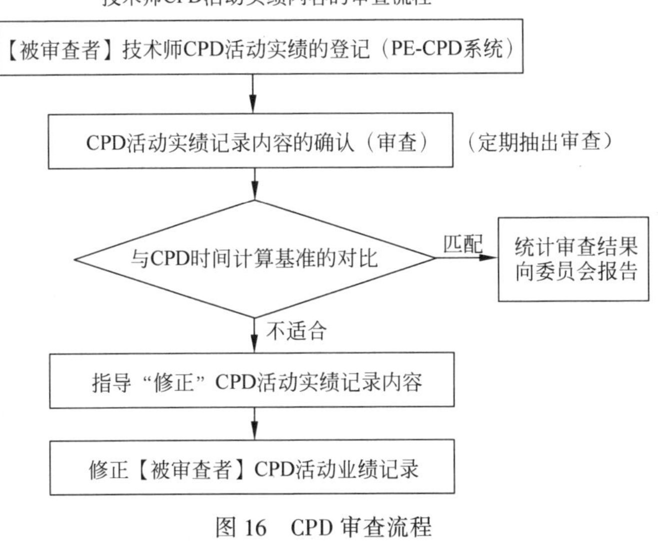


图 16　CPD 审查流程

## 七、新加坡注册工程师国际认证

### （一）法律文件

新加坡职业工程师委员会（The Professional Engineers Board, PEB）是国家发展部的法定部门。PEB 根据 1971 年《职业工程师法》（*Professional Engineers Act*）成立，早期《职业工程师法》首次对职业工程师委员会、职业工程师注册、撤销、处罚、申请费等相关事宜做出了规定，并提出一项明确法案，即成立“职业工程师委员会”，规定董事会成员、权力结构、公章与职能等要点内容，为职业工程师的注册以及与之相关的目的做出规定①。而后《职业工程师法》也被不断修订和完善，1977 年对“职业工程师注册资格”“取消注册”中的具体条例进行了修改和完善，例如删除了注册资格中“不少于三年实践经验”的款项；1994 年进一步对第 1 条、第 10 条、第 20 条、第 21 条等进行了修改；2005 年对该法进行了近 25 处修改，除完善文字描述，例如在主体法案第 11（1）条中，使用“is not a registered professional engineer”代替“neither is a registered professional engineer ...”等，还新加了部分补充规定，例如新增“强制投票”“取消董事会成员资格”“董事会会议及法定人数”等。在《职业工程师法》被提出的 50 余年中，其不断被完善和修订，表明了政府对注册工程师认识的不断深化和重视关注。此外，部分《职业工程师》配套更新条例也发挥着重要作用，例如《2005 年职业工程师（订明实收资本金额）通知》《2009 年职业工程师（认可资格）通知》《2016 年职业工程师（注册为职业工程师资格）（豁免）令》等。

除《职业工程师法》外，相关的法律条例也为委员会实施管理和注册程序提供了支持。《职业工程师委员会规则》规定了历年会议召开次数（10 次），秘书担任规则、委员会事务处理顺序、投票规则（半数以上）、财务要求、主席选举、成员提名、空缺名额处理、处罚条例以及诉讼投诉规定等内容②，这些内容确保了委员会能够按照政府要求如期开展各类工作，保证了自身在工程师注

① Singapore Statutes Online. Professional Engineers Bill [EB/OL]. [2024-01-04]. https://sso.agc.gov.sg/Bills-Supp/25-1969/Published/19691020?DocDate=19691020&ProvIds=P1II-#pr3-

② Singapore Statutes Online. Professional Engineers Board Rules[EB/OL].[2024-01-04]. https://sso.agc.gov.sg/SL/PEA1991-R2?DocDate=20051201&ProvIds=xv-#xv-

册和推广工程师声誉方面的可靠性和权威性，有利于促进注册工程师制度合理运作和执行。《职业工程师规则》指出每个注册工程师都应当拥有一个注册号，其必须满足基本条件，通过相应考试才能成为注册工程师，除此以外该文件也详细规定了本国/外国工程师注册、胜任资格与培训、实践经验要求（至少4年）、注册费（不同注册内容费用不同）、注册证书、申请费用、注册考试制度等①。

《职业工程师（职业操守及道德守则）规则》最早发布于1991年，最新版为2018年版，其间共更新五次。该法不仅规定了职业工程师在实践工作中应当履行的职责、任务和义务，例如职业工程师不允许在完成任务过程中谋取个人利益，不得提供非专业化意见等等，同时也对职业工程师之间的合理竞争做出相关要求。可以说，《职业工程师（职业操守及道德守则）规则》是新加坡针对职业工程师发展伦理的专门性政策，其为塑造德才兼备的职业工程师奠定了坚实基础。

## （二）专业组织

The Professional Engineers Board（PEB）组织架构并不复杂，大致由5个主要部分构成，分别为建筑管制专员（the Commissioner of Building Control）、新加坡工程师学会会长或由其提名的注册职业工程师、由已注册职业工程师推选产生的6名注册职业工程师、6名由部长直接任命的注册职业工程师、建筑师委员会的注册建筑师。目前，PEB主席为“Er. Lim Peng Hong”。PEB致力于制定职业工程师的道德和技术标准，对工程师进行注册与认证，促进工程师国际互认和跨境流动，故而其具体职责主要与职业工程师相关的若干事项紧密相连：备存职业工程师名册、执业者登记册及持牌法团登记册；管理职业工程师注册申请、考试等相关事宜；授权供应职业工程服务的新加坡公司和合伙企业；建立和维护工程专业的职业行为和道德标准；审理和裁决与职业工程师的职业操守或职业道德有关的争议；促进与工程相关的学习和教育②。截至2023年3月底，PEB认证的职业工程师共有4399位，持有执业者在册职业工

① Singapore Statutes Online. Professional Engineers Board Rules［EB/OL］.［2024-01-04］. https://sso.agc.gov.sg/SL/PEA1991-R2?DocDate=20051201&ProvIds=P1II-#pr4-.

② Professional Engineers Board Singapore. Functions［EB/OL］.［2024-01-04］. https://www1.peb.gov.sg/functions/.

程师共有2518位(57.2%),2022年新认证注册工程师约68位,其中土木工程领域25位,电气领域31位,机械领域11位,化学领域1位[①②]。

### (三) 能力标准

要注册成为职业工程师,申请人必须提供足够的证据,证明他已达到职业工程师应有的能力标准,其主要通过完成规定预设的考试进行核实。参考华盛顿协议毕业生属性与能力要求及新西兰注册工程师能力标准,PEB提出了符合其国需求的能力标准框架,其主要包括七个方面能力要素,分别为问题分析能力、解决方案设计与开发能力、评价能力、负责任决策、管理工程活动、判断力、沟通交流。每个能力下包含具体能力项目内容,其既是注册工程师应当达到的标准,也是PEB面试时重点考察的内容,具体如表38所示[③]。

**表38 新加坡注册工程师能力要求**

| 序号 | 能力要素 | 能力项目 |
| --- | --- | --- |
| 1 | 问题分析能力:定义、调查和分析“复杂问题”。 | • 识别并定义问题的范围;<br>• 使用定量和定性技术调查和分析相关信息;<br>• 核查分析结果的正确性;<br>• 通过必要的研究,获得确凿结论。 |
| 2 | 解决方案设计和开发能力:设计或开发“复杂问题”的解决方案。 | • 确定需求、要求、约束条件等;<br>• 提出可靠的概念和建议;<br>• 与利益相关者协商;<br>• 评估选择,确定最符合需求和标准的解决方案;<br>• 规划和实施有效、高效和实用的系统或解决方案。 |
| 3 | 评价能力:评估“复杂活动”的结果和影响。 | • 识别风险;<br>• 制定风险管理政策、程序和协议,以控制安全和危害;<br>• 通过“消除、最小化和避免”技术管控风险。 |

① Professional Engineers Board Singapore. Directory of Professional Engineers with Practising Certificates[EB/OL].[2024-01-04]. https://www.peb.gov.sg/pe_general_pe.aspx

② Professional Engineers Board Singapore. Annual Report [EB/OL]. [2024-01-04]. https://www1.peb.gov.sg/files/Downloads/Annual%20Report%20&%20FS/pebannualreport2022.pdf

③ Professional Engineers Board Singapore. RegistrationasPE [EB/OL]. [2024-01-04]. https://www1.peb.gov.sg/files/Downloads/Guidelines/RegistrationasPE.pdf

续表

| 序号 | 能力要素 | 能力项目 |
|---|---|---|
| 4 | 负责任决策：负责部分或全部“复杂活动”的决策。 | • 对产出成果或负责的人负责；<br>• 承担责任。 |
| 5 | 管理工程活动：管理部分或全部“复杂活动”。 | • 计划、安排和组织项目以交付指定的成果；<br>• 引入适当的质量保证技术；<br>• 管理资源人员、财务和物质等资源；<br>• 管理相互冲突的需求和期望。 |
| 6 | 判断力：在“复杂活动”过程中进行合理的判断。 | • 识别备选方案的能力；<br>• 在选项之间做出选择，并证明决策合理性的能力；<br>• 同辈对个人判断力的认可程度。 |
| 7 | 沟通交流：在活动过程中与他人清楚地沟通。 | • 使用口头和书面沟通来满足个体受众的需求和期望；<br>• 使用一系列适合受众和环境的媒体进行沟通；<br>• 尊重他人；<br>• 在与他人沟通时，积极聆听，具有同理心。 |

在上述表格“能力要素”描述中，“复杂问题”和“复杂活动”具有一定模糊性，为此 PEB 对其进行了详细刻画和解释。从“复杂问题”的核心特征来看，其涉及范围广泛，包含一定相互冲突的技术、工程和其他问题；没有明确的解决方案，需要个体抽象思维和独创性的分析决策适当模型；需要专业和深入的知识；不经常遇到；包含外部问题和标准；涉及广泛的利益相关者；产生重大影响；包含若干可分解的子问题。从“复杂活动”的核心特征来看，其应当运用多种资源，例如人员、资金、设备、材料、信息和技术等要素，致力于解决重要问题，特别是涉及冲突性的技术、工程、项目等，以新颖的方式创造性地运用工程原理知识，并在一系列环境中产生重大影响，可以超越以往的经验局限。

### （四）注册程序

在新加坡，注册工程师的审核主要由 PEB 实施。申请成为 PEB 注册工程师，必须先获得注册资格，即持有 PEB 认可的学位或资格要求，才可以申请注册。PEB 认可的学位限制中，最低也要修读不少于三年的全日制本科工程学位课程，最长为四年，这主要与高校和机构学位项目有关。申请人必须向 PEB 证明自身获得的学位以及若干材料证明，以获得认可资格。

在获得 PEB 正式审批后，需参加两场笔试考试和相应实践工作经验才可获得正式申请资格。两场考试包括工程考试基础(Fundamentals of Engineering Examination,FEE)和专业工程考试实践(Practice of Professional Engineering Examination,PPE)。FEE 的考试费用约为 350 美元，2024 年考试日期暂定 1 月。FEE 采用开卷考试，包括 Part1 和 Part2 两个部分，Part1 主要考察该领域核心工程科目主要知识和内容，Part2 主要考察选修科目知识内容，时间均为 3 小时 10 分钟，Part1 只包括 40 道多选题，Part1 中土木领域回答 9 道题中的 5 道即可，电气、机械、化工领域回答 7 道问题中的 5 道即可。一般而言，考试成绩在考试后的 12 周内发送给学生，但不告知学生具体成绩，只表明“通过”或“不通过”，未通过 FEE 测试的申请人有权利向 PEB 申请成绩查询，但必须控制在成绩公布的两周内。除此以外，PEB 还提供了相对较为细致的大纲，大纲中不仅列明了参考书籍、考试范围、主题，每个主题提问数量，同时还附上了往届“真题”。从 FEE 整体安排流程来看，PEB 为申请人提供了较为全面和详细的行动和学习指南，时间、环节安排公开透明，有助于为申请者提供学习规划、成绩申诉等全面保障。

PPE 重在测试申请人将知识和经验应用于专业工程实践的能力，以及他们对土木、电气、机械或化学等工程专业实践在规则和条例等方面的认识。但参加 PPE 考试需要满足两条基本要求，一是必须先参加并且通过 FEE 考试；二是在所报考的注册工程师方向相关领域获得至少 2 年 6 个月的实际工作经验。PPE 考试费用约为 450 美元，高于 FEE。在今年(2023 年)，PPE 组织的四个领域考试日期均安排在了 5 月 19 日，同 FEE 一样，均采用开卷形式，时间均为 6 小时 20 分钟。但具体时间安排略有差异，PPE 的 Part1 时间约为 2 小时 10 分钟，具体包括两项内容，一是完成 10 道多选题，二是回答 5 个问题中的 3 个问题。Part1 时间约为 4 小时 10 分钟，需回答 1 道必答题和 7 个问题中的 4 个问题。为方便对比审阅，梳理 PPE 与 FEE 相关要求情况，形成表 39。

一般而言，通过 PPE 考试必须同时考过 Part1 和 Part2，即均获得“及格”成绩(同 FEE 一样，不列明分数)。若申请人只申通了其中一项考试，则视为未通过考试，但是 PPE 提供了较为友好的管理方式，即如果申请人在 3 年豁免期内能够通过未通过的考试，PPE 将承认申请人符合条件，给予合格证明。否则,3 年以后,申请人重新参加考试就必须重新参加 Part1 和 Part2。类似地,考试成绩于 12 周之内通知学生。

表 39　FEE 与 PPE 对比

| 考试类型 | 应试资格 | 费用 | 分项 | 时间 | 形式 |
|---|---|---|---|---|---|
| FEE | 满足注册基准条件 | 350 美元 | Part1 | 3. 1h | • 40 个多选题。 |
| | | | Part2 | 3. 1h | • 土木领域问题 9 选 5,其他领域 7 选 5。 |
| PPE | 必须先通过 FEE,具有 2 年半实践工作经验 | 450 美元 | Part1 | 2. 1h | • 10 道多选题;<br>• 完成 5 个问题中的 3 个。 |
| | | | Part2 | 4. 1h | • 1 道必答题;<br>• 完成 7 个问题中的 4 个。 |

对 FEE 和 PPE 近五次考试具体数据①进行梳理和总结,得到表 40 和表 41②。从表 40 来看,化学领域 2019 年首次开展注册考试,申请者人数相对较少,但通过率相对较高;2018 年以前,土木领域考试通过率较高,但 2019 年以后机械领域通过率较高;在近五次考试中,化学领域申请者平均约为 7. 67 人、土木平均约为 334. 80 人、电气领域平均约为 162. 00 人、机械平均约为 147. 80 人。

表 40　FEE 近五次考试通过率

| 领域 | 2022 年 | 2021 年 | 2019 年 | 2018 年 | 2017 年 |
|---|---|---|---|---|---|
| 化学 | 57. 1%(7) | 50. 0%(6) | 100. 0%(10) | — | — |
| 土木 | 39. 8%(402) | 45. 5%(481) | 37. 9%(322) | 57. 0%(230) | 60. 7%(239) |
| 电气 | 29. 3%(164) | 39. 5%(190) | 39. 5%(147) | 57. 8%(147) | 55. 6%(162) |
| 机械 | 52. 4%(124) | 52. 1%(146) | 58. 0%(157) | 45. 6%(160) | 46. 7%(152) |
| 总体 | 39. 7%(697) | 45. 3%(823) | 44. 2%(636) | 53. 8%(537) | 55. 3%(553) |

注:括号内为当年申请者人数。

① Professional Engineers Board Singapore. Summary of PPE Exam Results[EB/OL]. [2024-01-04]. https://www1. peb. gov. sg/PPEexamresults/

② Professional Engineers Board Singapore. Summary of FEE Exam Results[EB/OL]. [2024-01-04]. https://www1. peb. gov. sg/feeexamresults/

从表41来看,化学领域2021年开始PPE考试,近两次考试人数也相对较少,考试通过率较高;在近五次考试中,土木领域申请考试者平均约为257.40人,电气领域平均约为160.20人,机械领域平均约为96.40人;从历年考试合格率来看,主要在24%~33.6%之间,变幅相对较大,2022年相对较低;从各领域来看,化学、机械方向考试通过率最大,平均百分比分别约为65%、34.72%,电气、土木分别约为30.82%、24.9%。

**表41　PPE近五次考试通过率**

| 领域 | 2022年 | 2021年 | 2019年 | 2018年 | 2017年 |
| --- | --- | --- | --- | --- | --- |
| 化学 | 80.0%(5) | 50.0%(4) | — | — | — |
| 土木 | 19.1%(282) | 23.3%(249) | 21.8%(248) | 28.5%(253) | 31.8%(255) |
| 电气 | 34.5%(148) | 34.4%(160) | 26.7%(176) | 32.5%(163) | 26.0%(154) |
| 机械 | 32.6%(86) | 56.9%(102) | 28.3%(113) | 34.0%(94) | 21.8%(87) |
| 总体 | 26.3%(521) | 33.6%(515) | 24.8%(537) | 30.8%(510) | 28.2%(496) |

注:括号内为当年申请者人数。

此外,PEB也为“经验丰富的申请者”提供了口试机会,以代替上述考试。但口试要求标准相对较高,即要求此类申请者具有至少25年PEB认可的职业工程师实践经验,其中至少10年必须在新加坡获得。若之前已口试失败,中间须间隔至少一年。

通过上述两场考试后,注册工程师申请者也应具备至少四年符合PEB委员会认可性质和时间的实践经验。在满足上述考试、实践经验以及相应学位要求上,PEB将承认申请者具有职业工程师申请资格,申请人可进行职业工程师面试。

参加职业工程师面试必须在上述考试或口试的五年内发出申请,其他性别、国籍、团体等方面为做出任何要求。申请材料包括工程实践证明文件和300美元的费用。在申请人成功通过相应面试基础上,其可真正成为职业注册工程师。

## (五) CPD

CPD是职业工程师更新证书,不断提高自身和竞争力,提升专业实力,适应变化,实现终身学习的必要途径。CPD活动包括两类,一类是明文规定要求的结构化活动，一类是非结构化活动，非结构化活动包括阅读、讨论、自主学习、参与相关活动等。PDU（Professional Development Units）即职业发展单元，用于计量职业工程师在本领域的 CPD 活动频率。PDU 随着工程师参加相应活动而有所增加，持续和参与时间不得低于 50 分钟，其称之为一个 Contact Hour 单位（CH），否则将无法计入 PDU。

在职业注册工程师获得授权资格时期，其必须获得至少获得 40 个 PDU（也即 40 PDUs），其中 20 个 PDUs 应当来自结构化活动，20 PDUs 来自结构化或非结构化活动。但 PDU 并非所有机构均有权力进行认可，课程主办或培训机构等须向 PEB 申请其课程/活动的认可资格。目前，PEB 认可的活动主办机构名单已经包括 752 个课程组织者①，包括但不限于新加坡国立大学校友协会、新加坡理工学院基础设施与隧道工程中心、美国土木工程师学会（新加坡分会）及相关企业等。从开展的 CPD 活动来看，其数量已达到 38833 次②，其中土木领域活动频率相对较多，约为 6590 次，占 16. 97%；电气工程领域约为 3197 次，占 9. 23%；机械领域约为 1496 次，占 3. 85%。

结构化活动主要包括三大类活动，第一类活动包括“合规的正规课程”“合规的讲座、短期课程、会议、讲习班和研讨会”“合格的内部培训”三类活动；第二类活动是“参加职业发展理事会、委员会和社团”；第三类活动是“对相关工程或管理知识有贡献”，每个活动及其对应子系列所能获得 PDU 数值不同，具体情况可参见表 42③。

**表 42　新加坡 PDU 模块**

| 类别 | 标准 | PDU |
| --- | --- | --- |
| 1. a 合规的正规课程 | 工程“和/或”建筑/项目管理的文凭课程或相关硕士 | 1 PDU /CH |
| 1. b 合规的讲座、短期课程、会议、讲习班和研讨会 | 与职业工程师有关的技术、管理、专业发展、法律或监管事项的讲座、短期课程、会议、研讨会等。 | 1 PDU /CH |

① Professional Engineers Board Singapore. Directory of Course Organisers[EB/OL]. [2024-01-04]. https://www.peb.gov.sg/pe_general_co.aspx

② Professional Engineers Board Singapore. Calendar Of CPD Events[EB/OL]. [2024-01-04]. https://www.peb.gov.sg/course_calendar.aspx

③ Professional Engineers Board Singapore. CPD Activities[EB/OL]. [2024-01-04]. https://www1.peb.gov.sg/files/Downloads/CPD/ContinuingProfessionalDevelopment.pdf

续表

| 类别 | 标准 | PDU |
|---|---|---|
| 电子培训:在线观看符合要求的讲座、短期课程、会议、研讨会等 | 1)在线观看第 1. b 类活动的录像。<br>2)参加职业工程师相关的在线学习,具体要求:①必须有课程组织者;②必须对学习结果进行评估,以获得资格/认证/自我评估;③必须有明显的参与/报名/注册才能出席。 | 1 PDU /2CH<br>(上限为 10) |
| 1. c 合格的内部培训 | 与职业工程师发展相关的管理、专业发展、法律或监管事项的结构化内部培训。 | 1 PDU /CH |
| 2. 参加职业发展理事会、委员会和社团 | 本地专业机构或有关政府机构的董事会成员。 | 8 PDUs/组织 |
| | 专业协会和政府机构的相关技术或工作委员会成员。 | 4 PDUs/委员会<br>(上限为 8) |
| 3. 对相关工程或管理知识有贡献 | 1)"首次"举办经 PEB 认可的讲座、研讨会、会议或培训课程。(不包括专职讲师的定期讲座)。 | 4 PDUs/活动周期 |
| | 2)第二次及以后开展"1)"活动(不包括专职讲师的定期讲座)。 | 2 PDUs/活动周期 |
| | 3)撰写或编辑发表在知名出版物、会议论文集、专业期刊或书籍上的技术文章或论文。 | 5 PDUs/个 |
| | 4)年内注册的工程专利。 | 15 PDUs/专利 |

非结构化活动主要包括四类活动,分别为工程相关主题的自学、非正式的内部培训和讨论、专业会员、未被认可的课程。每个类别包括 1~2 条具体子内容,具体如表 43① 所示。其中,四类活动 PDU 上限均为 16。

此外,PEB 建有随机审查制度,被选中的 CPD 活动人将被要求提供相应的证明文件,文件形式包括记录摘要或日志、课程注册记录、出席证书、组织者开具的出勤名单、证明报告、法定证明等。

① Professional Engineers Board Singapore. CPD Activities [EB/OL]. [2024-01-04]. https://www1.peb.gov.sg/files/Downloads/CPD/ContinuingProfessionalDevelopment.pdf

表 43　非结构化活动 PDU

| 类别 | 标准 | PDU |
|---|---|---|
| 1. 相关主题活动的自学 | 1)阅读相关的技术、专业、金融、法律或商业文献。 | 1PDU/2h<br>(上限为 16PDUs) |
| | 2)听/看相关主题的音频/视频磁带或参加相应课程。 | |
| 2. 非正式的内部培训和讨论 | 1)对同事进行非正式的内部培训和演讲活动。<br>2)参加非正式的内部培训和演讲活动。 | 1PDU/2h<br>(上限为 16PDUs) |
| 3. 专业会员 | 专业工程或管理团体的会员资格。 | 2PDUs/组织<br>(上限为 16PDUs) |
| 4. 未被认可的工程活动 | 1)参加未经认证的专业技术课程。 | 1PDU/2h<br>(上限为 16PDUs) |
| | 2)参加有组织的团体技术实地考察和展览。 | |

## 八、马来西亚注册工程师国际认证

### (一) 法律基础

马来西亚工程师委员会(The Board of Engineers Malaysia,BEM)是根据1967 年《工程师注册法》成立的法定机构,成立于 1972 年 8 月 23 日,主要负责对职业工程师、工程技术员、独资或合资企业等个人或团体进行注册,旨在规范注册标准和程序、提高工程质量和水平,确保公共安全。从国际交流上来看,BEM 于 1999 年加入《国际职业工程师协议》(*International Professional Engineers Agreement*,IPEA),2000 年加入 APEC 协议。

马来西亚工程师委员会的任务是规范工程服务,符合职业道德和国际最佳实践,以确保公共安全。长期以来,委员会制定了多个相关法律法规对工程师注册和管理提出法律意义上的要求和规范。

《1967 年工程师注册法》是对马来西亚工程师、提供专业工程服务的独资企业、合伙企业和法人团体的注册以及相关目的做出规定的法案。自该法1967 年发布以来,分别于 1972 年、1973 年、1974 年、1987 年、2002 年、2007 年和2015年进行修正,现行的是2015年7月31日开始生效的《1967年工程师注册法(2015年修订)》,法案中对注册的准备条件、工程师委员会、注册资格、注册及注销、纪律委员会、上诉等内容做出规定和说明。全法案分为五个部分,第一部分对相关概念进行界定和解释,第二部分介绍了工程师委员会的设置及职能、第三部分规定了工程师注册的要求及资格,马来西亚注册工程师分为六种类型:职业工程师(Professional Engineer)、具有职业证书的工程师(Professional Engineer with Practising Certificate)、认证检验员(Accredited Checker)、见习工程师(Graduate Engineer)、工程技术专家(Engineering Technologist)和工程检查员(Inspector of Works)。此外,第三部分还介绍了纪律委员会的设立、权力及议事程序,第四部分规定了注册的取消、移除和恢复的相关要求和程序,第五部分就法案的总则展开介绍,包括上诉及上诉委员会、处罚及赔偿等①。

在实施《1967年工程师注册法》时,经马来西亚工程师委员会部长批准,委员会可制定相关条例,使其能够履行注册法规定的任何职能或行使注册法规定的任何权力,即《1990年工程师注册条例》。现行的是于2015年7月31日生效的《1990年工程师注册条例》(2021年修订),其中对于工程师注册做了规章制度性安排。第一部分初步介绍了相关的概念解释;第二部分介绍了委员会管理条例,其中对委员会会议、会员会秘书、银行账户、费用管理等细节做了详细规定;第三部分针对申请注册的注册人做出相关规定,例如提交申请所需表格、注册费用、注册证书格式、缴费等要求,此部分还介绍了调查委员会的工作原理及工作程序;第四部分介绍了注册人的行为准则;第五部分介绍了工程顾问执业注册,包含申请表、注册证书、相关费用等;第六部分对专业评估考试和专业能力考试,专业评估考试是针对为申请注册为职业工程师的申请人而进行的,专业能力考试是为拟注册为持有执业证书的职业工程师的申请人而设立的②。

根据《1967年工程师注册法》,马来西亚工程师委员会还颁布了《注册人行为准则》,也是对《1900年工程师注册条例》的补充。在本准则中,委员会分

---

① Board Of Engineers Malaysia. Registration of Engineers Act 1967 (Revised 2015)[EB/OL].[2024-01-05]. http://www.bem.org.my/web/guest/registration-of-engineers-act-1967-revised-2015-

② Board Of Engineers Malaysia. Registration of Engineers Regulations 1990 (Amendment 2021)[EB/OL].[2024-01-05]. http://www.bem.org.my/web/guest/registration-of-engineers-regulations-1990

别对持有执业证书的工程师、职业工程师、见习工程师、工程技术专家、工程检查员的行为在制度上进行明确约束，要求他们严格遵守职业道德和执业准则①。

此外，《1974 年街道、排水和建筑法》、《2006 年水务行业法》、《城乡规划法》、《1988 年消防法》、《1900 年电力供应法》（2001 年修订）、《1993 年天然气供应法》等一系列具体工程领域的法案法规对马来西亚工程师注册工作提供了法律基础。在以上法律体系的规定下，确定了马来西亚工程师的注册和管理要求，建立了注册工程师行为准则和伦理规范，这有利于推动马来西亚注册工程师的规范发展及国际交流合作。

## （二）专业组织

根据《1967 年工程师注册法》设立了马来西亚工程师委员会，其组织结构如图 17 所示，此委员会为永久延续的法人团体，由马来西亚公民组成，部长任命成员包括：1 名由职业工程师或者持有执业证书的职业工程师担任的董事长；为职业工程师或持有执业证书的职业工程师的成员，成员最多为 14 名，且其中 5 名必须来自马来西亚工程师学会理事会提交的提名名单；1 名来自 1967 年《建筑师法》成立的建筑师委员会成员中的提名成员；1 名来自 1967 年《工程师测量法》成立的工程师测量师委员会成员中的提名成员②。BEM 成

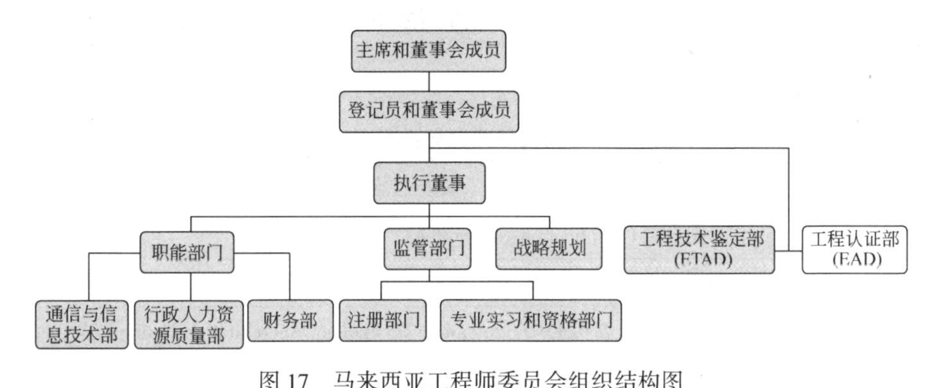


图 17　马来西亚工程师委员会组织结构图

① Board Of Engineers Malaysia. Code of Professional Conduct[EB/OL]. [2024-01-05]. http://www.bem.org.my/web/guest/code-of-professional-conduct

② Board Of Engineers Malaysia. Registration of Engineers Act 1967 (Revised 2015)[EB/OL]. [2024-01-05]. http://www.bem.org.my/web/guest/registration-of-engineers-act-1967-revised-2015-

员共有 17 名,具体结构如表 44 所示,成员由来自不同行业或部门的职业工程师、建筑师和工料测量师组成,具有专业性和代表性[①]。

**表 44 马来西亚工程师委员会组成**

<table>
<tr><th colspan="2">委员会成员</th><th>数量</th></tr>
<tr><td colspan="2">主席</td><td>1 名</td></tr>
<tr><td rowspan="4">职业工程师</td><td>公共部门</td><td>5 名</td></tr>
<tr><td>私人执业</td><td>5 名</td></tr>
<tr><td>地方当局/法定当局</td><td>2 名</td></tr>
<tr><td>私营部门(全职工作)</td><td>2 名</td></tr>
<tr><td colspan="2">建筑师委员会代表</td><td>1 名</td></tr>
<tr><td colspan="2">工料测量师委员会代表</td><td>1 名</td></tr>
</table>

根据 1967 年《工程师注册法》所定,BEM 的职能为:维护登记册;处理各类注册申请;通过工程认证委员会对马来西亚高等教育机构提供的工程学位课程进行认证;进行学历评估;规范工程专业的行为和道德规范;审理和裁决与注册工程师相关的职业道德纠纷;固定收费标准;承担相关材料的出版任务;促进持续学习和教育[②]。BEM 持续举办众多活动为工程师提供交流合作和知识普及的机会。截至 2023 年 11 月,BEM 举办了 29 场网络研讨会,就社会热点问题进行探讨,对最新法律法规进行宣传等。BEM 委员会共有 13 个,名单如表 45 所示[③]。

**表 45 马来西亚工程师委员会下设委员会名单**

| 序号 | 委员会名称 |
|---|---|
| 1 | 申请委员会(Application Committee) |
| 2 | 工程认证委员会(Engineering Accreditation Council) |
| 3 | 工程技术认证委员会(Engineering Technology Accreditation Council) |

① Board Of Engineers Malaysia. Composition of BEM[EB/OL]. [2024-01-05]. http://www.bem.org.my/web/guest/composition-of-bem

② Board Of Engineers Malaysia. Functions[EB/OL]. [2024-01-05]. http://www.bem.org.my/web/guest/functions

③ Board Of Engineers Malaysia. Committees of BEM[EB/OL]. [2024-01-05]. http://www.bem.org.my/web/guest/committees-of-bem

续表

| 序号 | 委员会名称 |
|---|---|
| 4 | 工程师法委员会(Engineers Act Committee) |
| 5 | 考试与资格委员会(Examination & Qualification Committee) |
| 6 | 资讯科技委员会(IT Committee) |
| 7 | 管理委员会(Management Committee) |
| 8 | 国家监管委员会(National Monitoring Committee) |
| 9 | 专业实践委员会(Professional Practice Committee) |
| 10 | 企业传讯委员会(Corporate Communication Committee) |
| 11 | 质量委员会(Quality Committee) |
| 12 | 收费表委员会(Scale of Fees Committee) |
| 13 | 培训及教育委员会(Training and Education Committee) |

### (三) 能力标准

在申请成为注册工程师之前,申请人首先必须注册成为同专业的见习工程师,在按照规定获得三年实践经验后,才有资格参加专业评估考试(Professional Assessment Examination,PAE),之后才可以申请注册职业工程师。PAE包含专业面试和论文写作两项考察内容。在专业面试中,考官将从时间和质量上对考生的实践经验进行考查发问并评估,面试内容包括应用工程原理解决工程勘察、规划、设计、施工、运营或维护中出现的问题;或者关于他的研究主题的相关问题;以及申请人的沟通的能力。在论文写作部分,考生需要写两篇论文,A部分是关于考生在申请文书中所述的培训和经验的论文,B部分是关于工程师职业行为准则的论文。每个论文的考试时间为1.5小时,其主要目的是为了测试应试者知识整合能力和思维能力,以及清晰简洁地用语言表达这些知识和思维的能力①。PEA的考查内容主要强调以下几方面的能力:

(1)分析和解决工程问题的能力,能够综合运用工程基础和专业知识来应用于复杂工程问题中;

① Board Of Engineers Malaysia. Application to Sit for Professional Assessment Examination[EB/OL]. [2024-01-05]. http://bem. org. my/documents/20181/209618/Application + to + Sit + for + PAE. pdf/f78d5ad7-44e2-4caf-b1c1-4209d3aa02ac

(2)工程实践能力,具备专业技能训练和经验;

(3)工程伦理和职业道德,能够在工作中遵守相关法律法规,遵循技术规范,承担岗位职责和社会责任;

(4)良好的思维能力,在工作中能够具备整体思维、创新思维等并将其应用于实际中;

(5)人际交往和沟通能力,能具有良好的人际关系,与专业内外人进行良好、和睦的合作和沟通交流。

此外,因马来西亚已加入东盟互认协议和国际工程联盟,通过其签署的教育协议和能力协议,马来西亚建立并执行国际基准的工程教育和工程实践的预期能力标准,其职业工程师能力标准也参照国际标准。

### (四)注册程序

马来西亚的职业工程师注册服务由 BEM 提供,通过注册职业工程师享有相应权利:从事需要提供或执行专业工程服务的工作;有权以任何名义、形式或头衔描述自己或展示自己:带有“职业工程师”或任何其他语言的同等字样、在任何语言中带有任何其他词语,可合理解释为暗示其为职业工程师;或在其姓名前使用缩写“Ir.”,或在其姓名后使用缩写“P. Eng.”,或者以任何方式与其姓名相关;使用或展示其为职业工程师的任何标志、标牌、卡片或其他装置的代表或暗示;使用委员会确认的印章①。

马来西亚注册工程师流程如图 18 所示。申请注册为职业工程师的申请人首先必须是 BEM 的注册见习工程师,注册见习工程师的申请人有三种类型,分别是马来西亚籍、非马来西亚籍、具有海外监管机构职业工程师资格的见习工程师,申请人需在规定时间内在规定申请系统里提交相应证明文件并缴费,收到申请的董事会将在四个月内做出决定,经批准后,将颁发注册证书。在成为注册见习工程师之后,可通过三种途径申请注册成为职业工程师,申请人必须选择并满足三种途径之一才能成功成为职业工程师②。

---

① Board Of Engineers Malaysia. Explanatory Notes[EB/OL]. [2024-01-05]. http://www.bem.org.my/web/guest/professional-engineer?p_p_id=56_INSTANCE_BfdHDjfhrLO7&p_p_lifecycle=0&p_p_state=normal&p_p_mode=view&p_p_col_id=column-3&p_p_col_pos=1&p_p_col_count=2&_56_INSTANCE_BfdHDjfhrLO7_page=1

② Board of Engineers Malaysia. Functions[EB/OL]. [2024-01-05]. http://www.bem.org.my/web/guest/functions

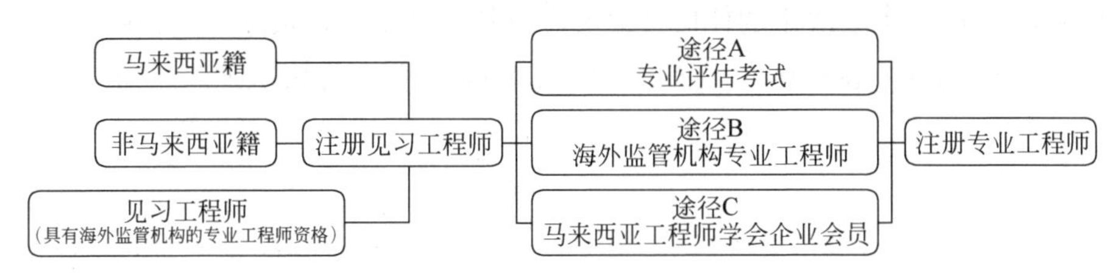


图 18　马来西亚注册工程师申请流程图

马来西亚注册工程师三种申请途径及其详细信息具体如表 46 所示：

**表 46　马来西亚注册工程师申请途径**

| | |
|---|---|
| 途径 A（专业评估考试） | 1. 已取得所规定的 1 年实践经验：至少 2 年的普通培训和至少 1 年的专业职业发展和培训，其中至少 1 年的上述培训必须在马来西亚获得，由职业工程师监督，与见习工程师从事的工程分支相同；经董事会事先批准，可接受其他相关工程分支的职业工程师；<br>2. 已通过董事会进行的专业评估考试。 |
| 途径 B（海外监管机构职业工程师的途径） | 1. 申请人应通过基于《1967 年工程师注册法》（2015 年修订）的行为准则评估；<br>2. 申请人须向 BEM 提交由其他国家监管机构颁发的最新职业工程师证书；<br>3. 应检查职业工程师身份是否等同于 BEM 的职业工程师资格；<br>4. 如果申请人在注册前的任何时间存在任何问题，纪律委员会有权根据 1967 年《工程师注册法》（2015 年修订）第 15 条取消其注册，申请人无权注册为职业工程师；<br>5. 至少 3 年的实践经验总结；<br>6. 已符合董事会的要求。 |
| 途径 C（马来西亚工程师学会的企业会员） | 1. 马来西亚工程师学会的企业会员；<br>2. 已符合董事会的要求已经取得所规定的 1 年实践经验：至少 2 年的普通培训和至少 1 年的专业职业发展和培训，其中至少 1 年的上述培训必须在马来西亚获得，由职业工程师监督，与见习工程师从事的工程分支相同；经董事会事先批准，可接受其他相关工程分支的职业工程师。 |

上述“专业评估考试”，是为申请注册为职业工程师而进行的专业性的评估考试，申请人需在具有所规定的 1 年实践经验后提出考试申请，考试内容有：由董事会任命的不少于 2 名主考人进行的专业面试；与申请人所获得的实际经验有关的任何相关主题的书面论文；关于申请人对职业行为准则理解的

书面文件;由董事会决定的任何其他书面或其他考试。据最新统计,注册为见习工程师人数有 189690 人,注册为职业工程师人数为 6946 人[①]。

## (五) CPD

由培训及教育委员会开展的 CPD 活动是为所有"持有执业证书的职业工程师"、职业工程师和工程检查员的注册人所开展的一种强制性活动,但不属于注册人的正常工作范围。它直接影响从事该活动的注册人的工程能力,其应协助注册人至少达到以下目标:持续更新和提升工程和技术知识与技能,以适应工程工作的要求;紧跟工程实践相关领域的工程发展、进步和创新,同时保持对一般工程知识的了解;及时掌握工程规范、法规和准则的变化,以保持对最新标准的了解[②]。

根据 2017 年 2 月 6 号 BEM 发布的关于 CPD 要求的第 002 号通知,针对三种不同的注册人类型,培训及教育委员会相应提出了不同的 CPD 活动要求,在年度学时要求上具有差异性,具体情况如表 47 所示。此外,根据相关要

**表 47　不同注册类型的具体 CPD 要求**

<table>
<tr><th>注册人</th><th colspan="2">具体 CPD 要求</th><th>豁免自我声明</th></tr>
<tr><td>持有职业证书的工程师(PEPC)</td><td>每年须获得 50 个 CPD 小时</td><td rowspan="2">注册 PEPC/PE 应在连续的第三年结束前提交年度注册证书续期申请,分别提交至少 150/75 个 CPD 小时</td><td>没有作为职业工程师执业(practicing),也未开展工程咨询业务,未从事要求其开展或执行《1967 年工程师注册法》(2015 年修订)中规定的职业工程服务的工作</td></tr>
<tr><td>职业工程师(PE)</td><td>每年须获得 25 个 CPD 小时</td><td>不从事要求个人从事或执行《1967 年工程师注册法》(2015 年修订)中规定的职业工程服务的工作</td></tr>
<tr><td>工程检查员(Inspector of Works,IOW)</td><td>每年获得 10 个 CPD 小时并连续三年</td><td></td><td>未受雇于要求该人协助常设机构监督《1967 年工程师注册法》(2015 年修订)所规定的工程的工作</td></tr>
</table>

① Board of Engineers Malaysia. Home [EB/OL]. [2024-01-05]. http://www.bem.org.my/web/guest/home

② Board of Engineers Malaysia. Continuing Professional Development (CPD) [EB/OL]. [2024-01-05]. http://www.bem.org.my/web/guest/cpd

求,申请人有权根据个人情况申请 CPD 豁免,具体豁免申请将根据个别情况进行评估和决定。例如申请人的年龄达到 65 岁以上不应作为豁免批准的资格或可接受的理由,因经济衰退而事业的豁免申请可以被接受①。豁免申请应按年向 BEM 提出,并且要附有相关自我声明,具体自我声明依据申请人身份不同而定,在下表中作具体说明②。

上述 PEPC、PE 和 IOW 的 CPD 年平均累积量要求分别为 50 个、25 个和 10 个。此时间的确定是 BEM 与世界各地的其他组织进行过基准测试的结果,其计算方法是 3 年 CPD 时间总和的平均值③。

根据相关规定,BEM 预先批准的 CPD 活动申请应在 CPD 活动日期前至少 2 个月提出,其完整申请应包括以下四个部分:带信头的官方求职信;委员会预先批准的 CPD 活动表;活动时间表(行程);如有活动手册应提交。未经 BEM 预认证或预批准的 CPD 活动可作为 CPD 计划的一部分,在 CPD 记录中提交,前提是此类活动的详细信息包括:CPD 活动信息、日期、地点、活动时间表和演讲者简介。参与各类活动换算为 CPD 时间的方法如下表 48 所示④。一般来说,一个全天的活动经历可以被算作 6 个 CPD 小时,半天是 3 个 CPD 小时,在某些特殊情况下,例如会议持续到深夜,可自行保留参与证据,判断 CPD 小时⑤。具体也如表 48 所示。

---

① Board of Engineers Malaysia. Explanatory Notes[EB/OL]. [2024-01-05]. http://www.bem.org.my/web/guest/professional-engineer?p_p_id=56_INSTANCE_BfdHDjfhrLO7&p_p_lifecycle=0&p_p_state=normal&p_p_mode=view&p_p_col_id=column-3&p_p_col_pos=1&p_p_col_count=2&_56_INSTANCE_BfdHDjfhrLO7_page=1

② Board of Engineers Malaysia. Continuing Professional Development (CPD)[EB/OL]. [2024-01-05]. http://www.bem.org.my/web/guest/cpd

③ Board of Engineers Malaysia. Continuing Explanatory Notes[EB/OL]. [2024-01-05]. http://www.bem.org.my/web/guest/professional-engineer?p_p_id=56_INSTANCE_BfdHDjfhrLO7&p_p_lifecycle=0&p_p_state=normal&p_p_mode=view&p_p_col_id=column-3&p_p_col_pos=1&p_p_col_count=2&_56_INSTANCE_BfdHDjfhrLO7_page=1

④ Board of Engineers Malaysia. Continuing Professional Development (CPD)[EB/OL]. [2024-01-05]. http://www.bem.org.my/web/guest/cpd

⑤ Board of Engineers Malaysia. Continuing Explanatory Notes[EB/OL]. [2024-01-05]. http://www.bem.org.my/web/guest/professional-engineer?p_p_id=56_INSTANCE_BfdHDjfhrLO7&p_p_lifecycle=0&p_p_state=normal&p_p_mode=view&p_p_col_id=column-3&p_p_col_pos=1&p_p_col_count=2&_56_INSTANCE_BfdHDjfhrLO7_page=1

表 48　CPD 时间换算法

| 序号 | 经历 | CPD 小时 |
|---|---|---|
| 工作坊/研讨会/课程/会议/讲座/培训(包括在线) | | |
| 1 | 1 小时 | 1/h* |
| 项目现场考察/研究考察/技术考察 | | |
| 2 | 1 小时(现场) 不包括旅行时间 | 1/h |
| 年度股东大会(工程学会、协会和机构) | | |
| 3 | 1 小时 | 1/h |

注：* h 即 hour，小时。

## 九、中国香港特别行政区注册工程师国际认证

### (一) 法律基础

中国香港工程师学会英文为“The Hong Kong Institution of Engineers (HKIE)”，是香港特区政府进行工程师资格认定的唯一法定机构。在时间沿革上，该学会最初于 1947 年在香港成立，前身为“香港工程学会”；于 1975 年根据香港法例《香港工程师学会条例》(第 1105 章)注册成立为香港工程师学会，正式获得法定地位，在当时约有 2000 名会员，至今已超过 30000 名会员；1982 年香港政府正式确认学会的法定会籍可获认可成为公务员(专业工程师职级)，这是其发展的一项重要的里程碑；此外，学会分别于 1995 年和 2001 年签署《华盛顿协议》和《悉尼协议》，在国际工程师资质互认上取得很大进展；目前学会已设立 21 个专业级和 19 个学部①。

《香港工程师学会条例》(第 1105 章)中就香港工程师学会的设立及相关事宜制定了条文加以说明。条例中分别详述了香港工程师学会的简称、相关名词的释义、学会的设立、宗旨、权力、财产的归属、理事会的设立及权力、学会会员、学会章程等。根据条例的规定，香港工程师学会的宗旨如下②：

① HKIE. 香港工程师学会简介 [EB/OL]. [2024-01-07]. https://www.hkie.org.hk/zh-hant/quali/intro/

② 电子版香港法例. 香港工程师学会条例 [EB/OL]. [2024-01-07]. https://www.elegislation.gov.hk/hk/cap1105! sc?pmc=0&m=0&pm=1

(1)推动工程学各个领域和分支在理论和实践上的普遍进步;

(2)保持工程行业的职业道德,维护行业地位,并在公众和政府面前代表整个行业;

(3)在学会内设立和管理技术小组、专业部门、分支机构或学院;

(4)积极促进会员之间以及与其他相关学会或专业组织的成员之间建立友好合作的精神,鼓励合作;

(5)举办学会会议,促进信息交流,讨论与工程学有关或相关的重要议题;

(6)促进工程学各个领域和分支之间有关资讯和思想的交流,向会员提供与工程专业相关的所有事务的资料,并进行广泛传达;

(7)推动获取构成工程师专业类别所需的知识;

(8)设立奖学金和颁发荣誉奖项;

(9)阻止工程行业内出现不道德行为和不良做法,维护行业的声誉和形象;

(10)根据理事会认为合适的决定,进行与实现上述宗旨相关的一切事项,推动一切有助于实现上述宗旨的其他事务。

## (二)专业组织

工程师注册管理局(Engineers Registration Board)负责香港地区的工程师认证事宜管理局的职能有以下几点[①]:

(1)建立和保存注册专业工程师名册;

(2)指定工程专业内可注册为注册专业工程师的学科;

(3)制定和审查注册专业工程师资格标准及相关注册事项;

(4)就注册事宜向政府及学会提供意见;

(5)审核申请注册为注册专业工程师申请者的资格;

(6)接收、审查、接受或拒绝注册为注册专业工程师及注册续期的申请;

(7)根据本条例处理违纪行为;

(8)备存关于管理局程序及账目的妥善纪录;

(9)执行本条例规定的其他职能。

---

① 香港特别行政区政府. 工程师注册条例[EB/OL]. [2024-01-07]. https://g-city.sass.org.cn/_upload/article/files/c2/30/745339f3438ca15530d0d24bc647/ce9c804c-44d8-410d-a7ab-573ae7f1b42f.pdf

### (三) 能力标准

香港工程师学会对专业工程师的能力标准一方面符合签署的各项协议里规定的国际通用标准要求,另一方面符合学会的具体要求。根据学会对专业工程师的培养路径要求①,一位合格的专业工程师需要经历5个阶段的学习与培养,这5个阶段各有侧重,要求各异。总体上,成为合格的专业工程师需要具备以下几个方面的能力:

(1)良好且充分工程领域的知识能力。知识不仅包含数学、科学、科技、还应包括工程师自身所在领域的专业知识。申请人应接受中等教育及学会评审的工程学位课程教育。

(2)实践应用能力。学会强调在学生大学期间及毕业后的2~3年,工程专业学生应在相关领域完成毕业生培训并在毕业后参加工作来积累相关经验,将所学知识应用到实际工作领域来开展实践。

(3)责任、管理,沟通和领导能力。在工程毕业生培训阶段,其目标包含培养管理及领导能力、良好沟通能力和社会责任。

(4)专业操守。在工程毕业生培训中对学生的专业承诺和职业道德做出培训,须遵守相关准则,并且加强自身持续专业进修。

### (四) 注册程序

申请人在提出注册成为专业工程师(Professional Engineer)时,须用管理局指明的表格及方式提出申请并向管理局缴付申请费用。管理局可运用其酌情决定权,并要求申请人接受笔试考查。工程师注册管理局对申请注册为专业工程师的资格有所限制,具体要求如下②:

(1)申请人必须属于学会会员;或是其他工程师团体的成员;或已在工程学及其他学科的考试中取得学会认可的考试资格;

(2)在香港取得一年有关专业经验;

(3)常居于香港;

(4)非研讯委员会(Inquiry Committee)的研讯对象;

① HKIE. 踏上职业工程师之路[EB/OL]. [2024-01-07]. http://hkie.org.hk/sap/rtpe.html

② 香港特别行政区政府. 工程师注册条例 [EB/OL]. [2024-01-07]. https://g-city.sass.org.cn/_upload/article/files/c2/30/745339f3438ca15530d0d24bc647/ce9c804c-44d8-410d-a7ab-573ae7f1b42f.pdf

(5)以书面声明证明有能力从事相关学科行业工作;

(6)适当人选。

工程是应用科学与技术、实践复杂的理论于工程项目上、运用天然资源并提升人类生活水平的一项活动。根据香港的学制,成为专业工程师的路径分为五个阶段,每个阶段都须按照学会规定的内容来学习或培训,其培训阶段及具体内容见表49[①]。

**表49　中国香港工程师培养阶段及要求**

| 阶段 | 内容 |
|---|---|
| 高中阶段 | 1. 培养良好的英语与数学能力<br>2. 攻读科学与科技相关的学科 |
| 大学阶段 | 1. 攻读 HKIE 认可的工程学位课程<br>2. 参与大学工程学生会活动<br>3. 以学生会员身份加入香港工程师学会 |
| 工程毕业生培训(2~3年) | 1. 毕业生培训<br>2. 围绕通用目标、核心目标和具体目标开展培训<br>3. CPD |
| 相关工作经验(2~3年) | 负责具体岗位对应的知识和实践内容 |
| 专业评估 | 接受 HKIE 专业评估 |

具体来看上表中的各阶段的要求内容,在大学阶段中申请人需报读经学会评审认证的课程,包括来自香港城市大学、皇家墨尔本理工学院等11所学校开设的工程学位课程,来自香港浸会大学、香港中文大学等7所学校开设的工程学位课程,以及来自明爱专上学院等6所学校开设的高级文凭及同等水平课程[②]。

在第三阶段中的工程毕业生培训中,其旨在让毕业生获得专业工程师所必备的能力,能够将理论与实践相结合,在实践中应用所学知识。培训的整体目标是培养以下才能:技术能力、管理及领导能力、商业沟通技巧、专业操守、社会意识及科技。培训的亮点是在培训后期,工程毕业生将更有能力以专业

① HKIE. 踏上职业工程师之路[EB/OL]. [2024-01-07]. http://hkie.org.hk/sap/rtpe.html

② HKIE. Lists of Accredited / Recognised Programmes[EB/OL]. [2024-01-07]. https://www.hkie.org.hk/en/quali/program

工程师身份推行工程项目,并在其中能够兼顾各种因素;此外,培训着重“从经验中学习”,在“实际”(公司)工作可确保培训经验使毕业生可以迅速投入“生产”过程,同时兼顾商业(公司)利益与相关专业培训内容的平衡;而且从实际经验中所取得的知识,需要采用例如自修、参加讲座及上课等学习方法来巩固,这种学习方式大多属于持续专业进修的范畴[①]。在培训内容上,工程毕业生必须接受工程实践以及工程行政和管理方面的培训。此外,培训还应涵盖不同专业界别的元素。培训应分为三个部分[②]:

(1)通用目标:所有学科都应努力实现的目标,包括培养个人素质,如创新思维、谈判技巧、时间管理能力等;

(2)核心目标:每个学科中所有接受培训的人都必须达到的标准,例如航空工程师的飞行法规、结构工程师的稳定性设计等;

(3)具体目标:公司或者相应组织设立的目标。

第三阶段的持续专业进修包括 CPD 活动,同时也包括更广泛的课题,如沟通技巧、环保、财务管理、领导技巧、法律问题、市场推广、职业安全与健康、专业操守等。这些课题的学习形式包括上课、参加讲座/研讨会、会议、报告会、工作坊,实习及参观、网上学习及其他专业活动。香港工程师学会规定了最低程度的 CPD 要求[③]。

第四阶段要求的相关工作经验是指除了完成规定的培训外,每位准专业工程师还需要在完成培训后累积相关的工作经验以实践学到的工程知识及应用技巧。专业不同有不同要求,对于土木工程、环境工程、岩土工程及结构工程来说,需要在培训后至少有一年工作经验;对于其他工程科目来说,培训后应至少有两年工作经验。工程师的工作与人类的日常生活息息相关,其工作范围十分广泛,具体包括:设计、制造、建造、教育、销售服务、系统整合、研究及发展、维修保养等。而且,工程行业的范畴亦十分广泛,目前香港有建造、水电供应、酒店、商场、机动游戏、医疗器材及交通运输等 20 种主要的工程科目[④]。

---

① HKIE. 工程毕业生培训[EB/OL]. [2024-01-07]. http://hkie.org.hk/sap/tgt_chi.html

② HKIE. 培训内容[EB/OL]. [2024-01-07]. http://hkie.org.hk/sap/tc_chi.html

③ HKIE. 持续发展进修要求 [EB/OL]. [2024-01-07]. http://hkie.org.hk/sap/cpd_chi.html

④ HKIE. 工程行为的范畴[EB/OL]. [2024-01-07]. http://hkie.org.hk/sap/nasoew_chi.html

第五阶段的专业评估是以衡量工程师是否达到专业工程师要求为主，主要包括面试及笔试两个部分，具体步骤如下①：

(1)递交申请表，证明自己过去的专业培训及工作经验；

(2)将申请表及其相关的报告、材料等一起递交，证明技术能力；

(3)通过评审程序后，获得面试机会；

(4)通过面试后参加笔试；

(5)评议会做出决定，并公布结果。

### (五) CPD

对于香港工程师学会会员而言，发展 CPD 活动至关重要。学会对于 CPD 的定义如下②：持续专业发展(CPD)是对相关知识和技能的系统维护、改进和扩展，以及在工程师的整个职业生涯中成功履行专业职责所必需的这些素质的发展。CPD 活动的价值体现在促进个人发展和提高企业绩效两方面③。学会在其 CPD 活动中涵盖与工程技术直接相关的工程活动，包含范围广泛，形式丰富，提供组织多样，对专业进修的最低要求做了明确规定。而且，因为申请人身份不同，其最低要求也不同，申请人可分为四类：前会员、准会员、在自愿和自律基础上的准会员以及规范性的法人。在考虑候选人申请不同类别的会员资格时，会考虑其 CPD 进修记录④。目前学会执行的是 2023 年开始生效的《香港工程师学会会员强制性持续专业发展指引》，其中对公司会员的 CPD 做了要求，具体情况如表 50 所示，且每年对 1% 的会员进行抽样，以了解他们是否遵守持续专业发展要求。

在 CPD 活动的具体形态项目中，学会会员需要参与不同类别的项目。香港工程师学会持续专业发展委员会评审了 BSI 太平洋有限公司等 10 个公司提供工程师普遍感兴趣的课程作为适合学会成员进行 CPD 活动需要的课程，

① HKIE. 专业评估[EB/OL]. [2024-01-07]. http://hkie.org.hk/sap/pa_chi.html

② HKIE. The HONG KONG INSTITUTION OF ENGINEERS[EB/OL]. [2024-01-07]. https://www.hkie.org.hk/upload/download/5/file/6538c6c97770b.pdf

③ HKIE. 持续专业进修[EB/OL]. [2024-01-07]. https://www.hkie.org.hk/zh-hant/quali/cpd/

④ HKIE. CPD Requirements[EB/OL]. [2024-01-07]. https://www.hkie.org.hk/zh-hant/quali/section/216/

学会会对这个课程在官方网站和期刊上进行支持和推广①。学会会员可以根据自身需要申请相关课程的学习。

表 50 CPD 形态项目

| | 形态类别 | CPD 学时 | 具体内容 |
|---|---|---|---|
| CPD 要求（至少 30 h） | 专业特定技术事项（Discipline-Specific Technical Matters, DSTM） | 至少 5 h | 与会员自身专业技术有关的 CPD 活动。 |
| | 广泛研究领域（Broader Areas of Studies, BAS）或一般专业事项（General Professional Matters, GPM） | 5 h | 与环境问题、职业道德、财务管理、领导技巧、合同和项目管理有关的活动。 |
| | 与健康安全相关的活动 | 至少 3 h | 持续加强工作安全及提升专业团体成员的技能，必须包括职业安全及健康。 |
| | 自学活动 | 最多 10 h | 阅读期刊或观看预先录制的视频等自学活动，并提供简要摘要。 |
| | 社交活动 | 最多 3 h | 社交聚会或网络活动，必须包括知识交流。 |

注：h 即 hour，小时。

① HKIE. CPD Course Providers [EB/OL]. [2024-01-07]. https://hkie.org.hk/en/membership/section/215/

# 第四章　创建我国工程硕士教育认证《北京协议》的关键挑战与可行性

当前国际形势严峻，加强工程专业团体之间的密切合作和往来，积极扩大朋友圈，提升影响力和话语权，加强工程专业团体之间的密切合作和往来，借助专业性力量防止我国工程教育“被孤立”“被排除”显得尤为重要。构建硕士层次工程教育认证标准，积极推动建立《北京协议》工作，不仅有利于推动我国工程教育高质量发展，而且，有利于为我国提高工程教育影响力和话语权，助力营造良好的经济社会发展外部环境。

## 一、创建工程硕士互认《北京协议》的难点与关键挑战

### （一）学制年限——学制是否一致？

研究发现：世界主要国家的工程硕士学制以1~2年居多，而我国以2.5~3年居多。虽然学习时间并不完全等同于学习质量和结果，但也暴露了我国工程硕士因学制相对较长（硕士一般多1.5年，本硕一般多2.5年），而导致对所有国家或地区不加区分的直接互认存在一定风险。

一方面，欧美地区世界公认的工程师培养强国，如法国和德国的学制虽然主要为2年，但其培养过程中涉及高强度、多层次、密集型的行业与企业参与，并通过对实习实践的保障使得其硕士学位具有极大的“含金量”，法国和德国的本硕学制一共约为5年，而我国则需要6.5~7年。另一方面，亚洲地区除了日本工程硕士为2年且质量相对较高外，其他如新加坡、马来西亚实践以1年

为主。我国如果直接与他们互认可能存在“矮化”“吃亏”的风险。该种情况下,也可以考虑采取“桥梁课程”或“补充课程”等调节方式,帮助填补差距。

各国工程硕士教育体系存在巨大差异,不同体制下的学制差异较大。详细情况如下:

(1) 美国。美国工程硕士通常需要1~2年。比如加利福尼亚理工学院、麻省理工学院(电气工程与计算机科学)的硕士课程都为1年,也有一些学校的硕士项目为2年,如加州大学伯克利分校的计算机工程硕士(MS)、塔夫茨大学的生物医学工程均为2年。

(2) 英国。英国工程硕士大概需要1~2年,比如牛津大学、剑桥大学以及帝国理工学院都是提供本科3年+1年共为期4年的工程硕士(MEng)学位课程。

(3) 德国。德国工程硕士通常需要2年(或2~4个学期的学习),需要获得120 ECTS,其中90个通过模块、课程作业和考试获得。剩下的30个学分通过论文获得①。在德国硕士学位通常是进入包括工程在内的会计、医学、教学等高级职业的必要条件,本科学士学位是在这些领域开展职业生涯的必要条件,但这还不够。硕士课程的录取通常基于学生在学士学位学习期间的学业成绩,最后一年尤为重要。过去,德国硕士被称为“Diplom”。在博洛尼亚进程下欧洲资格得到统一,因此,如今它们往往被称为硕士学位。德国工程课程(M. Eng.)的突出特点是与特定的工业领域和公司保持密切联系,M. Eng. 课程是企业与大学密切合作培养熟练的员工的首选培训方式。

(4) 法国。德国工程硕士通常需要1~2年,2年居多,1年只有几个②,但是,相对应法国的本科以3年为主,相当于本硕一共需要5年左右。

(5) 欧洲。根据博洛尼亚进程对高等教育资格的界定和ETS系统计算的学习时间,欧洲大多数全日制第一周期学士学位课程持续3年或4年,或180~240个ECTS。第二周期硕士学习持续1~2年或60~120 ECTS。欧洲大多数第三周期的博士课程持续3年或4年,没有特定的ECTS范围③。

---

① https://www.expatrio.com/studying-germany/german-degrees/masters-degree-germany-guide; https://www.findamasters.com/guides/masters-course-in-germany#:~:text=You%20will%20complete%20a%20series%20of%20academic%20modules%2C,will%20be%20earned%20through%20modules%2C%20coursework%20and%20exams.

② Master's Degrees in France (2024 Guide) (study.eu). https://www.study.eu/guide/masters-in-france

③ https://education.ec.europa.eu/news/duration-of-degree-studies-in-europe#:~:text=60%20ECTS%20credits%20are%20the%20equivalent%20of%20a,or%204%20years%20with%20no%20specific%20ECTS%20range.

(6) 亚洲。从学制年限来看,亚洲各国学业时间差异相对较大,日本工程硕士学制主要以2年为主,新加坡和马来西亚除特定硕博连读项目(4年),均为1~2年,且以1年制为主。我国工程硕士培养周期以两年半、3年为主,时间周期普遍高于亚洲其他国家。

## (二) 标准体系——标准是否等效?

从典型国家工程硕士认证标准来看,虽然维度不同,对能力标准的描述也各有特点,但总的来说:①能力标准所包含的内容维度重合度相对较高;②北美、亚太、欧洲三大体系内部各自基本实现了标准的实质等效。

美国:美国工程硕士教育认证标准分为7个维度:复杂问题解决、工程设计、有效沟通、工程伦理与责任、领导力、工程实验与判断、持续自我学习[①]。

英国:英国工程理事会制定的硕士水平对应的特许工程师能力标准包括知识和理解、责任等5个维度。并且,其课程标准满足多个国际互认协议如《华盛顿协议》,其UK-SPEC与华协标准一致,又与Euro-Ace、EUR ING对接。

法国:CTI制定的《参考标准和主要认证标准》,包括知识与方法(分析、(新)知识与方法、实验等、解决问题、设计、研究与调查)、适应企业与社会实践(工程伦理等)、个人和文化(领导力、创新、终身学习)三大模块共14个维度。教育标准与Euro-Ace等对接,能力标准与EUR ING对接,因此,外国学生申请时通常需要同时考虑R&O与为获得EUR-ACE标签所参考的EAFSG这两个框架。

德国:德国工程教育认证通用标准基于《欧洲终身学习资格框架》,能力标准与EUR ING对接。ASIIN的认证程序和一般标准以及特定学科标准关于学习结果、能力的描述等分别与Euro-Ace、欧洲资格框架(EQF)中相应的职业资格等级相挂钩。

欧盟:欧盟制定的欧洲工程师EUR ING专业工程能力标准[②]《EUR-ACE®框架标准和指南》(EAFSG)[③]包括6个维度:知识与理解、工程分析、调查、工

① https://www.abet.org/accreditation/accreditation-criteria/criteria-for-accrediting-engineering-programs-2023-2024/

② Handbook (engineerseurope.com). https://www.engineerseurope.com/sites/default/files/4_173_EMC-EURINGSPEC-20220924_TD.pdf

③ EUR-ACE®框架标准和指南 - ENAEE. https://www.enaee.eu/eur-ace-system/standards-and-guidelines/

程实践、可迁移技能，根据欧洲资格框架(EQF)，第6级即本科及以上水平的高等教育作为职业能力的参考标准。欧洲高等教育区体系内部基本实现了教育标准与Euro-Ace及《欧洲高等教育区(ESG)质量保证标准和指南》对接，能力标准与EUR ING及《欧洲资格框架》衔接。

亚洲：日本、新加坡、马来西亚的通用标准中均对学生、教师、教学质量改进、学习成果(或目标)做出了具体规定。但是从具体内容上来看，不同国家认证标准、步骤以及水平要求不尽相同，在马来西亚必须先通过IHL初步评估，满足8个方面十分具体的要求，才能对具体课程项目开展认证；而日本、新加坡虽然没有初步评估步骤，但标准强调的内容也有所不同，日本十分强调标准的公开性以及超过社会要求，在其通用标准和个别标准中都强调了工程人才能力满足社会要求，能够解决社会复杂和跨学科工程问题；新加坡更加关注标准与《华盛顿协议》的对等性，内容更为全面。

因此，建议创建《北京协议》的标准体系时依然采用“实质等效”的原则。另外，考虑到不同国家之间存在一定的差异，因此，制定的培养标准体系不应太细，而应该相对宽泛，以追求一定范围内的最大“公约数”原则。

### (三) 评价方式——评价方式是否一致？

研究发现：典型国家的评价方式体现了共性，即OBE(Outcomes-Based Education)理念，以学习(课程)结果为导向、以职业实践能力获得为最终目的的结果性(Outcomes Based)评价，将模块化的职业实践能力作为工程师认证与工程教育认证的参照依据。这种模块化的方式，使得评价体系能够适应多样性的需求，有助于提高对于能力要求的透明度，从而使得各方更容易理解、认同和遵循这些要求。因此，建立以OBE的理念创建《北京协议》，更容易达成共识。不同之处则主要表现在：以能力评价的方式还是以考试的形式。

北美：美国ABET作为IEA多个协议的成员，体现了以标准学习结果(Standardised learning outcomes)为导向(Outcomes Based Education)的、基于毕业生能力(GA)导向的评价方式。注册工程师则采用了严格“3E”工程师执照注册制度，包括两次考试(PE+FE)和经验(Experience)。其中，基础考试在工科生大四那年即可开始考。并且，注册工程师要求综合学术水平必须经《华盛顿协议》正式会员专业认证。

英国：英国以能力评价为主，而非考试，这点与美国不同。

德国：德国以其评价方式与 Euro-Ace、欧洲职业资格框架（EQF）相挂钩。

欧洲 ENAEE：由于欧洲高等教育区（EHEA）内多样化的教育制度，为实现高等教育一体化，因此，采取了以 ECTS 学分作为衡量工作量的工具、以课程成果为导向的评价方式，体现了基于证据的（Evidence Based）、以标准学习结果（Standardised Learning Outcomes）为导向（Outcomes Based Education）的、以输出标准工程师为目标（a Standard Engineer as Output）①、基于毕业生能力导向的评价方式。从而达到建立一个具有可比性、可转换性、更透明（Transparent）、兼容性和更广泛认可的互认体系。法国整体框架都在博洛尼亚进程中参照、贴近欧洲框架，其中法国高等教育资格框架参照欧洲高等教育区通用资格框架，更接近 EQF。

亚洲：从不同国家案例情况来看，由于课程体系设置依据不完全趋同，所以不同国家学生毕业要求也有所差异。日本 JABEE 认证的项目中，其所有课程项目均围绕不同职业模型所需的能力标准进行设置，这也使得其毕业条件一定程度上隐含着能力成分。因此在日本，毕业要求并不统一，其与具体课程项目面向的多种职业紧密相关。新加坡、马来西亚也拥有比较明确的毕业要求，从其具体内容上来看，主要与《华盛顿协议》毕业要求紧密相关，例如工程领导力、道德伦理等等。但是，从日本和马来西亚、新加坡的能力体系来看，事实上，三方所强调内容并不等效，日本能力体系随面向职业变化而有所变化，马来西亚能力体系更加强调整体性和通约性，新加坡能力体系要求更为宽松。

## （四）相互衔接——是否与工程师资格衔接？

研究发现：总的来看，这些典型国家的工程教育与工程师认证衔接相对紧密，尤其是欧洲和北美国家。主要体现在两个方面：一是在前提条件上，工程学位通常是工程师认证、注册的教育前提和基础；二是在内容上，体现在工程师的职业（或专业）标准常常被纳入工程教育的认证标准中，以工程知识、理解和能力为基础和评判尺度。

欧洲：欧洲通过“Euro-Ace”与“EUR ING”的相互对应，实现了工程教育与工程师资格认证的高度强衔接。在欧洲高等教育区体系内部，基本实现了会员国的教育标准与 Euro-Ace 及《欧洲高等教育区（ESG）质量保证标准和指

① Consistency in a world gone mad: Assuring the quality and relevance of engineering education in a Dynamic World

南》对接,能力标准与 EUR ING 及 EQF 对接。如在英国,工程教育与工程师资格注册天然衔接,通过两种方式对应:一是在学位要求上相互对应。注册不同类型与级别的工程师对应不同的工程教育学位,比如,注册成为特许工程师(CEng)需要至少达到硕士水平(其中,获得 MEng 认证的课程完全满足注册 CEng 的教育要求,而其他硕士课程则部分满足),成为注册工程师(IEng)则需要本科层次学位。二在内在标准层面,同根同源又相互对照。以工程能力为可操作化概念,EC 制定的工程领域高等教育课程认证(AHEP)符合且与《工程专业能力标准》(UK-SPEC)彼此对照①,实现了工程教育认证与工程师实践从业能力的衔接。

北美:美国 ABET 采用工程实践/职业导向的工程教育标准,侧重于结果,即学生学到了什么,工程学位教育认证 EC2000 中的教育标准(Educational Standards)是专业工程师(Professional Engineers)获得执照(Licensure)的基础。

亚洲:日本、新加坡、马来西亚三个国家工程硕士的教育认证为职业工程师注册提供学位或前置基础。在日本,注册工程师资格的获取有多条路径,但申请者若能通过 JABEE 指定的教育课程项目,那么申请者可免于两次考试中的"第一次考试",这是其他途径申请者所不具有的优势。从过程上来看,这大大增加了教育认证和注册工程师之间的衔接性,能够更为高效为本国工程师注册和发展提供支撑与服务。马来西亚同样为注册工程师提供了 3 种注册路径,每种路径的要求资格略有不同,路径 A 面向本国具有相应学位的工科生,需参加相应资格评估考试;路径 B 主要面向海外监管机构职业工程师;路径 C 主要面向马来西亚工程师学会的企业会员。在新加坡,获得教育认证的课程项目资格并不能帮助申请者减免相应过程程序;反之,申请 PEB 认可的注册工程师资格的前提是必须拥有其规定的学位或资格要求,然后才能参加 PPE 和 FEE 等后续考试,逐步获得职业工程师资格。相对日本而言,新加坡工程硕士教育认证项目对于后续工程师注册的价值略低,但从环节上来看,其与注册工程师的资格是紧密衔接的。

### (五) 组织体系——谁来负责认证?

研究发现:典型国家负责认证的机构都是非政府、非营利、合法代表唯一

① Engineering Council (engc. org. uk). https://www. engc. org. uk/ahep

性(司法管辖)的专业工程组织。一些国家采用高度集中式的制度体系,由一个机构同时负责工程教育与工程师的注册认证(如英国 EC、法国 CTI),也有一些采用相对分散的制度体系,工程教育与工程师的注册认证分别由不同机构实现(如美国、欧洲)。

美国:美国的认证机构相对分散。美国工程教育认证和工程师认证分别由不同机构负责,其中工程教育认证由 ABET 负责认证,但仅对项目进行认证,不认证机构,主要是针对副学士、学士层次的专业认证,仅有少量的硕士层次的认证,不认证博士项目[①]。工程师认证由各州专业工程师执照局负责,但由美国工程与测量考试委员会(NCEES)负责为获得工程师执照所必需的 FE 和 PE 两次考试出题。

法国:法国认证体系高度集权化的集中于顶层机构 CTI,虽然工程师文凭由高等机构负责颁发,但是 CTI 受《教育法典》委托,对所有法国和外国的提出认证申请的工程学校、工程师资格认定和工程师文凭发放进行评估和认证,制定学位认证标准,并通过严苛的注册认证流程实现质量保证。在国际互认层面,CTI 通过外部审查其程序是否符合《欧洲高等教育区(ESG)质量保证标准和指南》或 ENQA、EQAR 、ENAEE (EUR-ACE®)、CNEFOP 等相关组织的标准,最大限度地保证法国工程教育与国际标准的对照。CTI 相结合经 ENAEE 协会授权,仅在硕士水平上授予 EUR-ACE®标签。

英国:法国认证体系高度集中于顶层机构 EC,虽然具体认证由专业学会负责,但是同时负责工程领域高等教育认证(AHEP)和工程师能力标准(UK-SPEC)的制定,是工程教育专业认证和工程师注册的统筹和监管机构。

德国:认证集中于 ASIIN,具体认证由各州进行,相对分散。ASIIN 成立的初衷是为了与国际组织的标准实现衔接和等效,能够授予包括 EUR-ACE®("欧洲认可工程师")在内的多种标签。

欧洲:虽然 ENAEE 并不直接认证工程学位课程,但是制定了授予 EUR-ACE®(European Accredited Engineer)标签[②]的工程教育学士和硕士项目课

---

① What Programs Does ABET Accredit? | ABET. https://www.abet.org/accreditation/what-is-accreditation/what-programs-does-abet-accredit/

② Home ≫ International Engineering Alliance (ieagreements.org). https://www.ieagreements.org/ EUR-ACE®体系正式实施始于 2007 年,授予了第一个 EUR-ACE®标签。

程认证的依据，即《EUR-ACE®框架标准和指南》(*EUR-ACE® Framework Standards and Guidelines*,EAFSG)①。

亚洲：日本主要由 JABEE 的专门职研究生院评估和认证委员会对其国家的工程硕士项目进行认证，认证过程既遵循国家法律，也遵循大学院具体标准，不完全以追求盈利为目标，其核心任务旨在帮助工科毕业生顺利成为本国工程师，加强工程硕士项目课程的全球认可性，提升工程教育质量。马来西亚工程师委员会 BEM 是一个在马来西亚负责工程领域教育认证的官方机构，其主要通过工程认证委员会 EAC 审核工程硕士项目，同样是一个非政府组织。不过 BEM 的 17 位董事会成员中有 2 位来自当局(local authority)，这意味着工程硕士认证项目可能一定程度上受到多方主体决策。新加坡工程师学会与本地大学、政府和国际工程组织都保持着密切联系，其政府承认 IES 在工程领域的专业地位，并为其制定相关了相关的政策和规范。工程认证委员会 EAB 是 IES 工程硕士项目认证的专业委员会，其由部分学者和职业工程师共同参与，不涉及政府成员。

## 二、创建《北京协议》的五条路径及可行性分析

从“独立创建还是合作创建”“选择和谁创建”两个基本问题出发，本书提出了创建《北京协议》的五条路径，并从基本概况、风险与利弊分析(标准体系、学制年限、评价方式等)、实施路径等角度进行了可行性分析。

### (一) 路径一：独立创建《北京协议》

#### 1. 概况

我国工科生规模体量大，将成为未来社会建设的主力军和中坚力量。根据教育部最新公布数据，截至 2021 年，专业学位硕士毕业生达到了 40.5 万人，占 57.80%；招生数达到了 64.9 万人，占 61.76%；在校生人数达到了 170.8 万人，占 60.49%。与此同时，我国工程领域人才需求缺口最大，人才强国战略急需更多卓越工程师。人社部 2021 年数据显示，约 44.1%的人才需求

① EUR-ACE®框架标准和指南 - ENAEE. https://www.enaee.eu/eur-ace-system/standards-and-guidelines/

产生在工业相关领域，缺口最大；其中制造业约占 38.7%，建筑业约占 5.4%。同时，工程硕士更加强调工程实践和应用技术，侧重于培养学生在特定工程领域的设计、管理与实践能力，是“工科研究生”群不可或缺的一部分。

当前，我国还未加入《悉尼协议》和《都柏林协议》，只加入了《华盛顿协议》。2013 年 6 月，我国科协（CAST）在韩国首尔召开的国际工程联盟大会上成为预备会员；2016 年 6 月，正式成为《华盛顿协议》成员；2023 年 6 月 14 日，在中国台湾台中市举办的国际工程联盟闭门会议上，中国科协成功通过《华盛顿协议》周期性检查，保持《华盛顿协议》正式成员身份，延续有效期 6 年。综上所述，加强硕士层次工程师国际互认，是促进不同国家之间工程人才流动和交流，提升工程教育质量的重要战略部署，推动《北京协议》对于我国意义重大。

### 2. 关键问题与利弊分析

1）正面支持与有利方面

第一，庞大的工程硕士规模和完备的工程教育体系为推动《北京协议》奠定基础。在我国硕士层次教育体系中，工程学位学生大于工学学位学生，前者在招生数、毕业生数以及在校生数中的占比均超过 50%，同时结合上文分析可知，工科研究生在所有指标中比例最大，均超过 30%，其数据即使在国际对比中依然占据优势。这表明我国已形成了相对庞大的工程硕士规模和相对完善的工程教育体系。规模足量是提高质量和实现发展的必要前提，在我国如此人才培养背景下，其不仅能够支持《北京协议》合理实施，同时也赋予《北京协议》较强的现实价值和战略意义，有助于提高我国工程硕士质量，促进其国际流动。

第二，有助于提高我国国际声誉与主导权。必须深刻认识到，无论是《华盛顿协议》《悉尼协议》，还是未来的《北京协议》，其既是保证工程学位质量，加强国际工程教育互认等效性和加强国际工程组织交流与合作的载体，同时也是文化输出、权力博弈的间接过程。从大国长久竞争视角来看，往往后者的力量更加持续、具有影响力，其可能直接关系到本领域乃至其他领域重要事件的决策权与主导权。中国无意挑战现行的国际体系与规则，但在日益开放的国际背景下，也不能一味当“故事”的参与者，我们必须主动对外讲好“中国故事”，发挥大国担当。倡导和推进《北京协议》符合我国实际国情，其重要意义不仅停留在协议本身，更影响着世界对中国扮演角色的看法。

2）可能障碍

第一，从全球视野来看，独立推行《北京协议》缺乏伙伴支持、发展效率较慢。从已有教育协议来看，《华盛顿协议》《悉尼协议》以及《都柏林协议》创建时初始成员数分别为 6 个、7 个、4 个，这些成员共同推动相应协议在所属地区的宣传和制度化过程，认证效率较高。《北京协议》旨在促进工程硕士的国际互认，若单方面完全由我国提出、推行，恐本身就与“国际互认”的宗旨相悖，短期内无法吸引较多国家参与。而在此期间，《北京协议》需成立专门委员会或小组开展对外协商和合作事宜，其实施和运行将举步维艰，甚至可能逐渐演变为国内的一种工程教育管理制度，单边发展效率较慢，发展起点较低。

第二，国际工程硕士认证和评判标准开发相对较难。推行《北京协议》涉及一系列国际事务，其中如何开发国际工程硕士专业认证标准最为核心和重要。工程硕士既要有别于本科层次学生能力体系，体现硕士层次能力的“宽度”和“深度”要求，也要考虑好其与工学硕士之间的差异，彰显自身能力特质。与此同时，由于国情差异、教育模式差异、人才需求差异，各国工程教育过程、特色未必完全趋同，这可能会强化国外学位项目、专业认证程序、方法难度。因此，做“大家事”还是要大家集思广益，与志同道合经济体、国家围绕遇到的困难攻坚克难。

#### 3. 实施路径

总体来看，独立创建《北京协议》，吸引亚太欧美工程组织参与这条路径，短期内看，操作难度较大，可行度不高。

### （二）路径二：与 ENAEE 合作创建《北京协议》

#### 1. 概况

以欧洲工程教育认证网络（ENAEE）和欧洲工程师协会联盟（FEANI）为代表的欧洲大陆体系是全球两大工程教育互认体系之一，是“最大、最致力于工程项目认证的网络”①。ENAEE 通过制定标准框架（Framework Standards，

① Dr hab. inż. Marta Kosior-Kazberuk, prof. PB, Rektor Politechniki Białostockiej wiceprezydentem Administrative Council ENAEE - Politechnika Białostocka Aktualności. https://pb.edu.pl/2023/01/16/dr-hab-inz-marta-kosior-kazberuk-prof-pb-rektor-politechniki-bialostockiej-wiceprezydentem-administrative-council-enaee/

EAFS)、授权认证机构为通过认证的工程教育学士和硕士项目授予 EUR-ACE®标签。其初衷是创建欧洲范围内的工程教育互认体系,并与欧洲工程师注册衔接,促进欧洲工程劳动力市场一体化。

EUR-ACE®标签不仅在欧洲范围内广受认可,其影响力也逐渐扩散到其他国家,在亚洲、南美都有其会员,据悉,北美地区 IEA 的核心成员国之一的美国的 ABET 也将成为其会员组织。ENAEE 目前共有来自 20 个国家和地区的 22 个正式会员组织(见附录 2)。另有不具备完全成员资格的准会员(Associate member)8 个。

**2. 关键问题与利弊分析**

1)正面支持与利好

(1) 态度友好性强,合作趋势向好。EANEE 现任主席(President) José Carlos Lourenço Quadrado(何塞 · 卡洛斯 · 洛伦索 · 夸德拉多)教授对中国加入 ENAEE 目前态度友好。前任主席 Damien Owens 也与中国有良好往来。(另两位副主席分别为 Dr. Yolande BERBERS[①] 和 Prof. Dr. Marta KOSIOR-KAZBERUK。)可见,对方意识到中国加入对其在亚洲乃至全世界扩大影响力都大有裨益,因此,对中国加入态度友善,如若中国与其合作创建。

(2) 已开展硕士认证,为创建《北京协议》提供参照。ENAEE 已有开展工程硕士认证的基础。截至 2023 年 11 月 26 日,ENAEE 的授权组织认证活动涉及 47 个国家,共计超过 4000 个项目获得了 EUR-ACE®标签,其中,硕士项目共 2234 个(包括 SCD 项目 1139 个,SCD Integrate 项目 1059 个,SCD 项目 Equivalent 36 个)[②]。

(3) 互认体系成熟、包容性强,发展潜力大。由于欧洲范围内部学位和工

---

① SEFI Fellow,比利时 KULeuven 大学的计算机科学的杰出教授,当选为欧洲工程教育学会(SEFI)主席,任期两年,自 2019 年 10 月 1 日起生效。Yolande Berbers Awarded SEFI Fellow for Commitment to Engineering Education - SEFIhttps://www.sefi.be/2023/09/19/yolande-berbers-awarded-sefi-fellow-for-commitment-to-engineering-education/,https://be.linkedin.com/in/berbers

② 根据官网公布的数据计算得到:截至 2023 年 11 月 26 日,硕士 SCD = 56×20+19 = 1139 个; SCD Equivalent = 20+16 = 36; SCD integrated = 52×20+18 = 1059 个;硕士一共 2234 个。本科 FCD = 99×20+15 = 1995 个; FCD Equivalent = 20+11 = 31;本科一共 1995+31 = 2026 个,本硕所有一共 213×20+18 = 4278 个(本硕相加和直接算数字对不上)。

程师资格框架的复杂多样性,欧洲为推行“一体化”和促进流动、消除互认中可能存在的障碍已经进行了持续多年的有益尝试,且成效显著,通过“协调”而非“替代”的方式,如建立学分制和欧洲学分转移和积累系统(或体系)(ECTS)通过提供标准化的学分体系,加强对于“学习结果”和“工作量”的共识,使得学生在不同国家间流动的学分能够得以转换、累积和认可;建立了清晰的学士—硕士—博士三段式学历结构(学位体系)及质量保障系统;建立的EUR-ACE®本、硕士认证框架标准只是各成员国参照的框架标准,起到在不同国家教育制度之间的“协调”作用,而非“替代”本国标准,各国可参照自行制定标准和程序等。具有强大包容性的系统无疑也为创建《北京协议》过程中可能面对的各国教育体系差异巨大的挑战提供了解决方案和参照。

(4) 有利于下一步工程师国际互认工作推进。EUR-ACE®工程教育认证与欧洲工程师(EUR ING)认证天然相衔接,且两者的标准互为对照,EUR-ACE®工程教育认证是获得欧洲工程师(EUR ING)认证的前提。因此,能为下一步我国工程师互认工作的推进提供依据。

(5) 与欧洲保持紧密联系,扩大外交朋友圈。一方面,当前百年未有之大变局深刻演化,美国及其盟友在科技领域对中国极限施压,虽博弈过程中时有松动,但是竞争总基调预计不会有大的改变。另一方面,自2020年开始,我国成为欧盟最大的贸易合作伙伴,同样,其也是我国的第二大贸易合作伙伴。处于服务贸易领域的工程教育互认协商谈判若早日启动也有利于为中欧工程师跨境流动奠定基础。因此,在美国极限施压和中欧服务贸易合作趋势向好的背景下,以推动加入或与ENAEE认证网络合作为契机,在中欧工程教育领域开辟一条多边主义合作的道路,进一步扩大朋友圈,不仅有利于提高我国工程教育在欧洲的影响力,为我国工程教育发展开辟更多的可能路径和更广泛的发展空间,营造良好外部发展环境,助力“一带一路”背景下的中欧贸易合作及工程人才流动。

(6) 为工程师“走向欧洲”开辟了新的可能。由于欧洲的工程教育认证与工程师认证衔接紧密,EUR-ACE®工程教育认证体系与欧洲工程师(EUR ING)注册相衔接。因此,为我国工程师“走向欧洲”带来了新的可能性。

2) 可能障碍

(1) 学制与质量差异较大,全盘认可须谨慎。从学制年限来看,ENAEE

体系中硕士学制年限为1~2年,而我国以2.5~3年居多,欧洲相比我国至少短1年。根据《ECTS用户指南》[①],硕士学位即“第二周期”学分要求(或称为“学生工作量要求”)为60、90或120 ECTS学分(60 ECTS学分相当于1年的学习或工作)。如世界公认的工程师强国,法国和德国的学制虽然主要为2年,但其培养过程中涉及高强度、多层次、密集型的行业与企业参与,并通过对实习实践的保障使得其硕士学位具有极大的“含金量”,法国和德国的本硕学制一共约为5年,而我国则需要6.5~7年。虽然学习时间并不完全等同于学习质量和结果,但也暴露了我国工程硕士因学制相对较长(硕士一般多1.5年,本硕一般多2.5年),而导致对所有国家不加区分的直接互认存在一定风险。

(2)两大体系教育认证标准的本硕衔接与等效性有待解决。我国本科工程教育认证是基于《华盛顿协议》,而欧洲ENAEE则是基于《EUR-ACE®框架标准和指南》(*EUR-ACE® Framework Standards and Guidelines*, EAFSG)[②]。ENAEE制定的硕士层次工程项目框架和成果要求(Master Degree Programme Outcomes),包括8项:①知识和理解;②工程分析;③工程设计;④调查;⑤工程实践;⑥做出判断;⑦沟通和团队合作;⑧终身学习。《华盛顿协议》的GAPC包括:复杂工程问题、工程设计等维度。如若硕士与欧洲合作,那么,将面临我国本科层次认证遵循的《华盛顿协议》标准与欧洲硕士认证标准之间的内在衔接与等效性问题,需要是否等效以及如何建立与另一套欧洲体系的等效有待进一步研究和协商。

(3)需要考虑与欧洲已认证硕士的等效性问题。由于ENAEE已认证了4000多个专业,那么,如若与欧洲合作,自然也要考虑、研究对欧洲已经认证的庞大数目的专业,我方是否接受、是否等效的问题。

(4)吸引对方合作难度大,对方合作动力不足。由于ENAEE已有工程硕士认证标准,并且,认证了4000多个项目,因此,一方面,对方是否有意愿在有

---

① 欧洲学分转移和积累系统(ECTS)|欧洲教育区(europa.eu). https://education.ec.europa.eu/education-levels/higher-education/inclusive-and-connected-higher-education/european-credit-transfer-and-accumulation-system

② EUR-ACE®框架标准和指南 - ENAEE. https://www.enaee.eu/eur-ace-system/standards-and-guidelines/

本科层次教育认证路框架标准的情况下,单独提出硕士层次的认证标准,另一方面,对方与我方合作的必要性和意义有待考虑。

#### 3. 实施路径

如与ENAEE合作创建,则需要完成以下几个步骤。

第一步,研究技术文件,评估等效性与衔接。一方面,评估我国本科层次认证遵循的《华盛顿协议》标准与欧洲硕士认证标准之间的内在衔接。另一方面,评估《北京协议》的工程硕士标准与欧洲EUR-ACE®标准的等效性。

第二步,评估是否接受欧洲已认证的硕士项目及等效性。由于ENAEE已认证了4000多个硕士项目,需要评估我方是否接受这些项目,如不接受制定相应的补充条件或方案。

第三步,先行接触EANEE关键人物。预先联络EANEE的现任与前任主席,首先,表达我方对其做出的一系列促进"流动性"所付出的努力及取得的显著成效的高度赞赏,希望向其请教。其次,初步表达我方期望与贵方合作,扩大其组织的全球影响力,初步提出想加入ENAEE的想法。最后,提出我方希望与其共同发布硕士层次的《北京协议》,制定硕士层次的教育认证标准。

### (三) 路径三:与IEA合作创建《北京协议》

#### 1. 概况

国际工程联盟(IEA)是以工程教育和工程师资格多边互认协议为基础的非营利性、专业性国际组织,成立于20世纪90年代。目前包含3个工程教育互认协议(Accord),即《华盛顿协议》《悉尼协议》《都柏林协议》和4个工程师能力互认协议(Agreement)《国际职业工程师协议》《亚太工程师协议》《国际工程技术员协议》和《国际工程技师协议》。

2013年6月19日,中国科协(CAST)在韩国首尔召开的国际工程联盟大会上代表我国加入《华盛顿协议》,成为预备会员(Provisional Member)。2016年6月2日,中国科协在马来西亚吉隆坡举行的国际工程联盟大会上成为《华盛顿协议》第18个正式成员。2023年6月,在中国台湾台中市举行的国际工程联盟大会上,中国科协通过《华盛顿协议》正式成员投票,一致同意中国科协通过周期性检查,保持正式成员资格到2026年。

**2. 关键问题与利弊分析**

1）正面支持与利好

（1）已是 IEA 正式成员，合作基础良好。我国自 2013 年起已与 IEA 保持长达 10 年的友好往来，并于 2023 年 6 月，通过《华盛顿协议》正式成员投票，保持正式成员资格到 2026 年。

（2）与 IEA 的其他教育与能力协议相衔接。我国已是 IEA 本科层次工程教育认证的正式会员，且正在推进加入 IEA 的两个工程师能力协议即 IPEA 与 APEC。与 IEA 合作创建，一方面，能够更容易与本科层次的《华盛顿协议》的 GAPC 相衔接，从而有可能打造一个覆盖本、硕甚至未来博士层次的本—硕—博三段式系统的工程教育认证体系，另一方面，能与同样遵循《华盛顿协议》的能力协议相衔接，从而更好地促进在 IEA 成员内的工程教育与工程师流动。

（3）申请程序熟悉，实施难度低。过往的申请成为《华盛顿协议》成员经验、ICEE 参与修订 GAPC 标准以及我国本科院校通过工程教育认证的经历，一方面，使得从组织层面到专家智库再到相关高等院校都对 IEA 的标准和认证体系较为熟悉，另一方面，从实施难度看，无论是技术文件的准备（如 GAPC、评估声明、可行性分析报告等），还是组织联络，我方都已有熟悉这一整套流程的组织体系和专家咨询团队，也与 IEA 的秘书处和一些其他成员国家和地区的认证机构建立了友好关系，有良好的交往基础。

2）可能障碍

（1）可能存在一些成员国投反对票。鉴于我国尝试加入能力协议时，一些国家如日本、韩国等国家的工程组织很有可能不支持，因此，也可能会对《北京协议》的创建投反对票。而根据 IEA 的规则，至少需要三分之二的成员投票同意（“IEA 大会由国际工程联盟（IEA）的所有成员的代表组成”“投票成员包括投票成员包括协议的签署方和协定的授权成员”“采取行动所需的法定人数应为当时出席会议的投票成员的三分之二”[①]，这些代表将作为其所属国家或

---

① “The quorum required for action by the IEA General Assembly shall be two-thirds of the current voting members at the time of the meeting”，IEA 管理组将作为 IEA 和 IEA 大会的执行机构，The IEA Governing Group shall serve as the executive body of the IEA and of the IEA General Assembly. The Governing Group shall undertake and coordinate activities in support of the purpose of the International Engineering Alliance.

组织的代表,共同参与 IEA 大会的讨论和决策过程[①])。如加入《华盛顿协议》需要全体通过,加入《国际职业工程师协议》需要至少 2/3 正式成员批准[②]。

(2) 突破 IEA 现有框架和标准,需要开展大量工作。与 IEA 合作建立《北京协议》,融入 IEA 框架,将 IEA 的协议由 7 个变为 8 个,由于已经突破了 IEA 的整体框架和标准框架,也是一项庞大而复杂的工作。因此,一是需要我方投入大量的时间研制硕士层次的工程教育认证标准,从而建立一个既与《华盛顿协议》相衔接,又与能力协议相衔接的标准体系。二是涉及投票问题需要广泛联系其他 IEA 参与投票的成员。三是需要专项的资金和专家研究团队,制定系统性的规划和出访联系,方能推动由我国主导的《北京协议》。

#### 3. 实施路径

首先,需要解决标准的衔接问题,既要符合 IEA 标准 GAPC,而且硕士层次要在 GAPC 至上相应提高标准或做额外的补充说明。

其次,组织准备。由 CAST 向 IEA 的管理组(Governing Group)提出申请,并与管理组协商《北京协议》的标准制定、认证框架等内容。根据 IEA 的章程,管理组有责任协助制定和发展一套工程认证、毕业生素质和专业能力标准的良好实践框架。(6.12 管理组将促进磋商,以协助持续发展一套良好实践典范或工程认证、毕业生素质和专业能力标准(GAPC)的凝聚框架,并制定认可各司法管辖区认证和许可系统的强有力的质量保证机制。)

### (四) 路径四:与 FEIAP 合作创建《北京协议》

#### 1. 概况

亚太工程组织联合会(The Federation of Engineering Institutions of Asia and the Pacific,FEIAP)前身是 The Federation of Engineering Institutions of Southeast Asia and the Pacific (FEISEAP),成立于 1978 年 7 月 6 日,是一个国际性的、非

---

① "IEA General Assembly shall consist of representatives of all members of the IEA." IEA 大会由国际工程联盟(IEA)的所有成员的代表组成,这些代表将作为其所属国家或组织的代表,共同参与 IEA 大会的讨论和决策过程

② 新正式会员加入协议需获得至少 2/3 现有正式会员的批准,加入之前在规定时间内仅享有预备会员身份,通常期限为 2~4 年,在此期间,申请人所制定的标准和程序以及执行这些程序和标准的方式,需要接受全面的检查。预备会员申请人必须由两名现有正式会员提名。

营利专业组织。FEIAP 是一个独立的伞式组织，旨在促进技术进步在全球经济和社会发展中的应用，加强会员机构、不同经济体系之间的合理与信息交流，与政府、非政府、区域等组织活动，推动工程作为一项职业的发展，促进全球和平，为全球的经济和社会进步做出贡献[①]。FEIAP 包括中国科协 CAST、日本 IPEJ、马来西亚 IEM、新加坡 IES 等 23 个区域成员。在东盟十国（地区）中，除老挝、越南、文莱外，其他区域工程组织均参与了 FEIAP；在区域全面经济伙伴关系协定（Regional Comprehensive Economic Partnership，RCEP）十五国（地区）中，除老挝、越南、文莱以及新西兰外，其他区域工程组织也均参与了 FEIAP。根据《2023 中国进口发展报告》，截至 2022 年，RCEP 区域人口数量、GDP、货物贸易金额均占全球比重约 30%，中国从 RCEP 成员国的总进口占 35% 左右[②]。从 FEIAP 包含的全球人口占有量及其在全球经济发展体系中的角色来看，以 FEIAP 为依托，合作推进《北京协议》具有一定可能性。

### 2. 关键问题与利弊分析

1）正面支持与利好

第一，组织网络大，合作基础好，友好性较强。FEIAP 成员大多参与了 RCEP 协议与“一带一路”倡议，组织网络大，对华态度相对友好。RCEP 第八章“服务贸易”附件三第六条明确指出，为加强缔约方之间相关机构的对话、存在共同利益专业服务中的相互承认，每个缔约方之间应当鼓励其相关机构“共同同意”制定一致的专业标准和要求，涉及的范围包括“教育、考试、专业发展和再认证、本地知识”等等。今年（2023 年）是一带一路倡议实施整 10 周年的重要时间节点，共商、共建、共享是持续推进“一带一路”的根本原则。“一带一路”不仅是经济合作，也是世界文明和文化交流的重要平台，例如成立“一带一路”国际地学教育培训中心、举办 2023 中国—东盟教育交流周、实施质量认证“小而美”国际互认合作项目[③]。可见，RCEP 和“一带一路”成员与我国在经济、文化与民生方面已展开了较大交流项目，合作基础好，特别是 RCEP 协定

---

① FEIAP. Introduction [EB/OL]. [2024-01-07]. https://feiap.org/wp-content/uploads/2021/01/Information-on-FEIAP.pdf

② 光明网.《2023 中国进口发展报告》：RCEP 成员国占中国进口总额的 35% [EB/OL]. [2024-01-07]. https://economy.gmw.cn/2023-11/05/content_36942893.htm

③ 新华社. 第三届“一带一路”国际合作高峰论坛务实合作项目清单 [EB/OL]. [2024-01-07]. https://www.gov.cn/govweb/yaowen/liebiao/202310/content_6910130.htm

中已明确说明缔约多边有义务对教育领域相关事务的共同支持,这为 FEIAP 成员合作与拓展工程硕士认证提供了有力路径。

第二,发展潜力大,影响力相对较强。作为世界工程组织联合会的国际成员,FEIAP 近些年在亚洲的影响力逐渐增大,其倡导加强"一带一路"成员工程组织合作,例如 2021 年 11 月,FEIAP 主动推动了"一带一路"地区、非洲、亚洲和太平洋地区工程教育认证体系与能力建设会议。从 FEIAP 合作网络和影响力来看,其有趋势成为除国际工程联盟 IEA 和欧洲工程教育认证网络 ENAEE 外的第三大教育认证联盟,这为我国工程硕士认证的推行提供了展示平台和建构基础。此外,我国西北工业大学黄维院士曾履职 FEIAP 主席,在 2021 年 7 月实现连任,在 FEIAP 国际合作、工程教育培训、国际科技治理的领导方面发挥着不可忽视的重要作用。FEIAP 秘书处设在马来西亚,陈彦振(马来西亚工程师学会原主席)自 2008 年就任职秘书长,其重视对青年工程师扶持和注册,十分关注工程师国际流动。可见,FEIAP 近些年影响力不断增强,且我国院士在 FEIAP 中具有一定发言权,在国际联系和推动重要事务发展上具有一定推动作用,可为我国《北京协议》实施提供中介平台。

第三,已有的本科层次工程教育认证标准为硕士层次教育认证提供参照。FEIAP 提供了三个层次工程教育认证体系,其中本科层次认证体系由"The Chinese Institute of Engineers"和"The Institute of Engineering Education Taiwan"代表 FEIAP 编写。尽管该体系并非工程硕士认证,但其为《北京协议》的推行提供了一定认证基础。在《北京协议》推广初期,该体系能够在能力标准、认证流程、产学合作等方面提供一定参照标准,更快速、有效地建立硕士认证制度。借助 FEIAP 在亚洲和太平洋地区知名度和权威性,推广工程硕士教育认证具有一定可靠性。

2) 可能障碍

第一,不同经济体工程人才培养质量差异较大。FEIAP 成员包括发达经济体和欠发达经济体,不同经济体教育体制、工程人才培养过程、方法与质量差异相对较大。而以 FEIAP 为支撑推行《北京协议》不得不考虑是否所有经济体资质等效,"全盘认可"这些经济体。如果全部认可,那么《北京协议》的标准、底线可能相对较低,且一定程度上影响着欧洲、北美等国对《北京协议》的看法,例如老挝、伊拉克、尼泊尔相关教育认证协会迄今未加入国际三大"教育协议",而我国通过其"硕士层次"教育认证可能尚不稳妥。反之,从利益相关方的视角来看,既然 FEIAP 只能部分经济体加入《北京协议》,那么其作为合作伙伴共同推行这一协议的意愿可能相对有限。

第二,学制差异等效性难以平衡。在国际工程教育认证体系中,教育过程、方法不可避免存在差异,但只要确保学生能力标准达到同等水平,即可承认学位项目或专业有能力达到教育认证标准。然而,学制差异是阻碍工程硕士认证的重要参考因素之一。从 FEIAP 名单来看,新加坡工程硕士以 1~2 年为主,澳大利亚、日本、印度等国家主要以两年左右,我国主要以两年半、3 年为主。学生培训时间程度一定程度上影响了个体能力水平,因此从学制上来看,我国工程硕士如何与其他经济体多元化学制体系相融存在一定探讨空间。我国工程硕士年制、能力水平是按照我国社会、行业对劳动力人才能力需求情况制定,而若弱化其他经济体学制对能力标准带来的差异性,构建能力标准"最大公约数",那么能力标准即使等效,国外工程硕士能力可能也无法满足我国社会所需。

第三,本科标准体系与工程硕士能力标准矛盾。就目前而言,FEIAP 经济体间的标准体系宏观层面具有一定相似性。同时 FEIAP 也发布了相应教育认证文件,即"FEIAP Engineering Education & Accreditation Guidelines - Engineer",不过,该文件主要面向本科层次,能力标准及能力具体维度设置上,也主要以 IEA 教育协议为基准,并非完全面向硕士或工程硕士层面。为此,与 FEIAP 合作推行《北京协议》不得不考虑两个问题:一是工程硕士层面的能力维度和水平要求,其既应当和现有的本科毕业生能力要求相近,也应当体现出其自身的特殊之处;二是如何考虑本科层次能力水平要求和工程硕士认证要求之间的关系。

第四,我国教育认证和工程师资格如何衔接。实现教育认证和工程师资格的有效衔接是助力工程师发展和国际流动的重要途径。目前,FEIAP 成员大多数经济体已经实现了工程硕士认证项目毕业生同工程师资格的关联和衔接问题,例如在日本通过 JABEE 认证的项目即可免除"第一次考试"。在此背景下,我国人事制度下的工程师体系如何有效与工程硕士认证项目对接还有待思考。

**3. 实施路径**

在此过程中,提出几点发展建议:

第一,解决好学制年限差异。即使在相同国家内,不同工程硕士认证项目学制年限也有所不同。一是可选择性认证工程硕士项目,对于部分 1 年制或培养成效较低的项目不予认可;二是弱化学制限制差异,重点关注能力水平差异,通过建立共同能力水平标准判断工程硕士认证项目质量和等效性。

第二,解决好标准体系问题。开发面向工程硕士层次的认证标准,同时由于 FEIAP 不同成员对能力关注重点略有不同,因此要注意认证标准中能力构成要素的通约性和覆盖面,为具体成员提供更多细化和发展的可能。

第三,解决好衔接问题。我国工程师注册制度应设置多种途径,其中至少一类途径应与我国工程硕士认证专业挂钩,通过学位制度等加强该专业与工程师之间的关联度,为通过工程硕士认证专业的学生便利工程师注册发展通道。

## (五)路径五:与金砖国家合作创建《北京协议》

### 1. 概况

"金砖国家"最早成立于 2006 年,起初由巴西、俄罗斯、印度和中国构成,南非后于 2011 年加入。金砖国家本着"开放、包容、合作、共赢"的精神,坚持多边主义、聚焦发展、以人民为中心、普惠包容、人与自然和谐共生行动导向,在经贸、教育、科技、农业、卫生、智库等方面形成了多层次合作架构。据外交部最新统计数据显示,金砖国家国土面积已达到全球总面积的 26.46%,人口占全球总人口的 41.93%,五国经济总量约占全球经济的 25.24%,贸易总额占全球的 17.9%[①]。目前,金砖国家已由原始五国拓展为金砖十一国,2023 年新成员包括韩国、墨西哥、印度尼西亚、土耳其、阿根廷和沙特阿拉伯。可见,金砖国家在全球范围内的影响力正不断加强,依托金砖国家合作背景,推行《北京协议》具有一定可行性和可靠性。

### 2. 关键问题与利弊分析

1)正面支持与利好

第一,拥有官方合作约定的基础。《金砖国家领导人第十四次会晤北京宣言》指出,金砖国家十分重视深化人文交流,金砖国家将努力建设高质量的教育,通过加强金砖国家网络大学和金砖国家大学联盟促进教育可持续发展,这

① 外交部. 金砖国家[EB/OL]. [2024-01-07]. https://www.mfa.gov.cn/web/gjhdq_676201/gjhdqzz_681964/jzgj_682158/jbqk_682160/

些协定为《北京协议》的推广提供了正面支持。例如在协议支持下,已举办世界职业技术教育发展大会,成立世界职业技术教育发展联盟。《北京协议》可依据已有政策文件,同金砖十一国相关工程组织建立伙伴关系,进而加强不同国家工程人才的国际流动。

第二,我国在金砖国家中影响力、话语权较大,有利于《北京协议》的推行。相较其他经济或地区组织,金砖五国的影响力逐渐增强,其已成为促进世界经济增长、全球治理的重要力量。而我国作为金砖国家中最大的贸易伙伴,维持着"金砖机制"的成功运行。目前,我国已三次担任金砖主席国,在经济、教育、科技等引领方面发挥着重要作用,所取得的一系列成就深受其他国家领导人赞赏,我国在金砖国家中的话语权、影响力逐渐增大。这意味着我国所推行的有利于多边国家合作共赢的相关项目能够得到一定认可。因此,在金砖国家中,以我国相关部门为依托,开展《北京协议》的洽谈和实施工作将更具可行性,推广难度相对较小。

2) 可能障碍

第一,地理位置跨度大。从金砖十一国的地理分布位置来看,中国与俄罗斯、印度等国距离相对较近,但和南非、巴西等国距离较远。尽管数字化平台能够为工程师图纸设计、模拟数据等提供一定协助,但工程终归离不开工程师实地考察、经验判断等实践性事务工作,过远的地理距离较大程度上制约着工程师的国际流动。

第二,学制年限存在差异。金砖国家成员已经拓展到 11 个,不同国家工程硕士项目的培养年限较为相似,但与我国略有差异。印度工程硕士以 2 年为主,南非以 1~2 年为主,韩国以 2 年为主,沙特阿拉伯以 2 年为主,其共同之处是都较为强调能力导向或成果导向。但相比之下,我国工程硕士年限以两年半到 3 年为主,该时间阶段高于其他国家,培养周期较长。在此背景下,依然要面对学制年限差异对《北京协议》互认和推行带来的影响,平衡金砖国家内工程硕士能力标准。

第三,认证主体性质有待商榷。目前,金砖国家主席国为南非,任期于 2023 年 12 月 31 日结束,俄罗斯将在 2024 年 1 月 1 日轮值主席国,但我国在金砖国家中的影响力相对较大,即使不是主席国也拥有较大话语权和推广力。不过,由于金砖国家并非专门的工程教育或认证组织,故其没有统一的认证主体,相关的工程认证或管理事务主要由各国自主处理。

### 3. 实施路径

金砖国家成员组织相对较少，我国具有一定话语权，研究认为具体实施相对更加便捷。

一是可请工程师联合体以非政府组织名义，本着共商、共建、共赢的合作精神，与金砖国家工程教育组织进行沟通。

二是深入评价工程硕士认证专业或项目质量，不完全以学年制作为评价基础，制定多边国家认同的共同标准。

三是加大对能力导向的关注，课程开发、培训项目实施都应当明确对应的能力体系。

四是加强金砖国家工程教育组织的对外交流和宣传工作，增加组织在全球的影响力。

# 第五章 推进我国工程硕士教育和注册工程师国际认证的对策与建议

提出创建工程硕士教育国际认证《北京协议》的基本原则、关键路径以及推进策略，对推进我国工程硕士教育和注册工程师国际认证提出针对性政策建议。

## 一、实施《北京协议》的基本原则

### （一）实质等效性

实质等效性是工程教育国际互认的基本原则，强调在关键因素或指标上相似性或相等性，关注关键方面的相似性，忽略次要的形式差异。在教育互认中，是指不同国家或地区在关键方面具有相似的课程内容、学术评价标准和要求等（如毕业生能力），即使他们的学制年限、学分、课程名称、结构或细节等不同。这样能够避免仅仅因为表面上的不同而忽略了实质上的相似性。

### （二）学习结果导向

基于 OBE（Outcomes-Based Education）理念的通用标准框架，更容易达成共识。OBE 理念是世界典型国家工程教育认证所呈现的典型、共性特征之一，是以学习（课程）结果为导向、以职业实践能力获得为最终目的的结果性（Outcomes Based）评价方式，在此理念下通过相应的评估标准和框架来指导教育教学过程和认证。因此，基于 OBE 理念创建《北京协议》，更容易达成共识。

### （三）普遍适用性

普遍通用性包含三个层面：第一，普遍适用性。国际协议中常常使用“Universal”一词来强调协议中包含的标准的普遍适用。第二，达成共识。意味着在协议框架下广泛接受的价值观、评价方式、标准、操作程序等。第三，专业领用通用性。《北京协议》的范围只限于在通用、普遍层面，制定基于通用标准的框架，并不涉及具体的专业细分领域和方向。基于这一原则各方遵循相同的一套规则，既能够降低壁垒，降低混淆，也能够提高透明度和信任，使各方更容易理解彼此的教育体系和差异，更好地促进合作、开展评估和认证。

### （四）质量保障

通过提供一致认可的标准（Agreed Criterie）建立一个共同的质量保障框架，以确保各方提供的教育都能够达到一致的水平标准，从而达到保证工程教育质量的目的。

## 二、推进《北京协议》的关键策略

推进策略主要涉及什么时候、谁来代表、谁来主导、与谁合作、如何推进、经费从何而来、如何持续这七大问题。

### （一）时机选择——什么时候？

大致在2024年的某个时间，通过举办全球工程硕士论坛的形式，邀请全球专家学者，特别是工程领域国际互认组织及国际互认协议成员国代表、中方友好型的战略合作伙伴等，择机宣布《北京协议》的创建。

### （二）代表主体——谁来代表？

建议由中国科协（CAST）来代表我国大陆地区，独立或与其他国家或工程组织共同创建《北京协议》。理由如下：

1）组织的资格符合。典型国家负责认证的机构都是非政府、非盈利、合法代表唯一性（司法管辖）的专业工程组织（工程师学会或类似机构）。CAST符合。

2）已经实现本科层次的工程教育互认。CAST已经代表中国加入了IEA

的本科层次的《华盛顿协议》，并于 2023 年 6 月成为正式会员，建立了与 IEA 实质等效的 GAPC。

3）正在积极打通与工程教育国际互认衔接的工程师国际互认。CAST-CSE 正在同步准备申请 IEA 的两个工程师协议《国际工程师协议》和《亚太工程师协议》，一旦成功，将实现本科层次的工程教育国际互认与工程师国际互认的贯通。硕士工程教育和工程师认证衔接的问题也是要重点考虑的因素。

### （三）领导机制——谁来主导？

建议完善领导机制。建议由中国科协、教育部、中国工程院等有关部委成立专项工作领导小组，统筹与协调，特别是需要人社部门、教育部、中国科协等相关部门共同配合（如工程硕士认证标准的制定与修订、CPD 等）。

### （四）合作基础——与谁合作？

在“五条路径”中已有陈述，涉及“独立创建还是合作创建？”“哪些重要机构会支持我们？”等内容。

目前世界上主要有三大认证体系，即以英语国家为主的盎格鲁-撒克逊体系即国际工程联盟（IEA）、欧洲大陆体系即欧洲国家工程协会联合会（FEANI）和亚太地区正在形成工程师资格互认的第三大体系。无论选择如何，都需要广泛、深厚、全面、可持续的国际合作基础与合作伙伴、网络支持。目前，在加入《华盛顿协议》的过程中，已与一些重要机构建立了良好关系，取得一些良好合作的基础。

### （五）推进策略——如何推进？

具体的实施方案与操作步骤，建议 6 个“1”：

1 个领导小组：《北京协议》的建立离不开政府力量的支持，需要成立一个领导小组强有力地推进此项工作。

1 个顾问机构：需要一群相关领域的专家组成一个专家顾问团队，参与《北京协议》实施方案设计（涉及认证标准、程序等关键问题）、技术文件评估、联络关键合作伙伴等全流程中遇到的关键问题提供战略咨询。

1 个工作组：需要成立一个工作组团队，负责拟定工作方案，起草相关文件，联系专家等相关事宜。

1个执行机构:为了保证《北京协议》能够可持续运行,需要建立一个实体机构,组织执行所有从申请到成立后工程教育认证等相关事宜。

1个论坛:待准备工作完成后,以全球工程硕士论坛的形式,邀请全球专家学者,特别是工程领域国际互认组织及国际互认协议成员国代表、中方友好型的战略合作伙伴等,提前商讨《北京协议》事宜,建立对话机制,掌握好各方看法和倾向性。

1个宣言:发布《北京宣言》。

### (六)经费来源——从何而来?

经费的充足支持是确保《北京协议》成功创建并全面、持续有效运行的重要支持和前提,尤其是在协议创建期,需要来自政府的支持。

在《北京协议》的创建之时(如举办论坛和会议、组织出访和联系和维护重要国际组织合作伙伴、制定标准和流程、推广和宣传、建立专门的认证机构、通过认证的数据库(名录)的建立与维护)和之后的运行(标准更新、促进国际合作交流、开展认证等)阶段都需要稳定的经费支持。

为了保证经费来源的稳定和可持续,可采取如下措施:

(1)多元化经费来源。不仅依赖于单一的经费来源,而是尽量多元化,以降低依赖度。如在协议创建后的运行阶段,可通过会员国缴纳会费、工程硕士教育项目认证费、接受赞助等多种途径做补充。

(2)扩大宣传,提高知名度。提高协议的知名度,扩大协议影响力,增加吸引新会员机构加入、以及其他赞助和捐赠的机会。

(3)制订财务计划。制订详细的财务计划,包括开支预算和收入预测,以更好地管理经费。

(4)寻求长期合作伙伴。与企业、组织或其他国际机构建立长期合作伙伴关系,以获取额外的支持。

### (七)保障机制——如何持续?

保障机制是确保《北京协议》持续有效运行和可持续治理的重要支持。包括:①定期审核和评估。设立定期的审核和评估机制,以确保协议的各方持续满足协议规定的要求。这可以包括对教育机构、课程和质量标准的定期审查。②持续的合作和沟通。建立一个协作和沟通的框架,使协议各方能够定期分享信息、经验和最佳实践。这有助于及时解决问题并改进协议的执行。③问题解决机制。设立有效的问题解决机制，以处理协议执行中可能出现的问题和争议，包括调解、仲裁或其他解决争端的方式，这些需要在如协议章程、规则等文件中予以明确。④协议更新机制。确保协议具有灵活的更新机制，保持活跃和具有实用性，以适应教育领域的变化和新兴趋势。⑤信息透明机制。提倡信息透明度，使协议各方能够了解其他成员的运作情况。这有助于建立相互信任和合作。

# 附　　录

## 附录1 《英国CPD注册者守则》

《英国CPD注册者守则》(*CPD Code for Registrants*)内容如下:工程技术员、ICT技术员、注册工程师和特许工程师应采取一切必要措施通过持续专业发展(CPD)来维持和提升他们的能力。特别是他们应该:

1. 对自己的学习和发展需求负责,并制订计划,说明如何满足这些需求,适当时与雇主讨论。(自我负责,与雇主协商)

2. 进行各种发展活动,既包括按照计划进行的,也包括响应可能出现的其他机会。

3. 记录他们的CPD活动。

4. 反思他们通过CPD活动学到的或实现的内容,并记录这些反思。

5. 根据他们设定的目标评估他们的CPD活动,并记录此评估。(自我评估)

6. 在反思和评估未来需求后定期审查他们的学习和发展计划。

7. 通过诸如指导、分享专业专长和知识等活动支持他人的学习和发展。(支持他人)

需要特别注意的是:该守则并没有规定每年在CPD上要花费的最少时间。相反,它关注CPD活动的成果,而非花费的时间,且强调CPD要求因个人的专业和职业阶段而异。工程师和技术人员的CPD要求将根据他们的专业和职业阶段而有所不同。[1]

---

① Engineering Council (engc. org. uk). https://www. engc. org. uk/professional-development/continuing-professional-development-cpd/

# 附录 2　ENAEE 正式成员名单

截至 2023 年 11 月,共有 22 个 ENAEE 正式成员:

1. AAEPO——吉尔吉斯共和国教育项目与组织认证机构
2. AAQ——瑞士认证与质量保证机构
3. Acredita CI——智利工程师学院认证机构
4. AEER——俄罗斯工程教育协会
5. ANECA——西班牙国家质量评估与认证机构
6. ARACIS——罗马尼亚高等教育质量保证机构
7. ASIIN——德国工程科学、信息学、自然科学与数学专业认证机构
8. CTI——法国工程师职衔委员会
9. EC——英国工程理事会
10. EI——爱尔兰工程师协会
11. FINEEC——芬兰国家教育评估中心
12. ICACIT——秘鲁计算、工程和工程技术项目质量与认证机构
13. IEET——中国台湾工程教育认证协会
14. IIE——西班牙工程学会
15. JEA——约旦工程师协会
16. KAUT——波兰技术大学认证委员会
17. KazSEE——哈萨克斯坦工程教育协会
18. MÜDEK——土耳其工程项目评估和认证协会
19. ODE——葡萄牙工程师协会
20. QUACING——意大利工程课程质量认证与 EUR-ACE®认证机构
21. ZiDEK——土耳其农业工程教育项目评估与认证协会
22. ZSVTS——斯洛伐克科学与技术协会

# 附录3 ABET本、硕工程课程标准示例

## 本科学士层次的工程课程标准

所有寻求ABET的EAC认证的课程都必须满足下列条件。EAC的工程课程标准关于“学士学位”的通用标准包含8个方面：

### 1. 学生

需要对学生的表现进行评估，以确保他们在学业上取得进步并实现毕业要求。同时，我们还应关注学生的个人发展和职业规划，为他们提供相关的课程和职业建议，帮助他们成功地达到教育目标。

为了保证高水平的教育质量，该计划必须实施严格的招生政策，仅接受符合入学条件的新生和转学生。对于已在其他机构学习的学生，可以根据其所学课程的相关内容进行认定，并授予相应的学分。同时，该计划还将评估工作经验对学生所需知识和技能的覆盖程度，并酌情给予学分认证。

该计划需要建立并执行一套程序，以验证并记录毕业学生是否满足所有毕业要求。

### 2. 课程教育目标

该计划必须公布与机构使命一致的计划教育目标，该计划的各种选区的需求，以及这些标准。必须有一个文件化的、系统地利用的、有效的过程，包括项目的支持者，定期审查这些项目的教育目标，以确保它们与机构的使命、项目的组成部分的需求和这些标准保持一致。

### 3. 学生成绩

学生成绩是指支持上述课程教育目标达成的内容。至少包括以下7个方面，再加上其他附加要求：

(1)运用工程、科学和数学原理识别、制定和解决复杂工程问题的能力。

(2)运用工程设计来产生满足特定需求的解决方案的能力,同时考虑到公共健康、安全和福利,以及全球、文化、社会、环境和经济因素。

(3)与广泛的受众进行有效沟通的能力。

(4)能够在工程环境中认识到道德和专业责任,并做出明智的判断,必须考虑工程解决方案在全球、经济、环境和社会背景下的影响。

(5)一种在团队中有效运作的能力,团队成员共同提供领导,创造协作和包容的环境,建立目标,计划任务并实现目标。

(6)有能力进行适当的实验,分析和解释数据,并使用工程判断得出结论。

(7)在需要时运用适当的学习策略获取和应用新知识的能力。

#### 4. 持续改进

该项目必须定期使用适当的、文档化的流程来评估学生成果的达成程度。

#### 5. 课程

课程要求指定适合工程的学科领域,但不规定具体的课程。项目课程必须为每个领域提供足够的内容,与学生的成果和项目教育目标相一致,以确保学生为进入工程实践做好准备。课程必须包括:

(1)至少30个学期学分(或同等学分)的大学水平的数学以及基础科学和与项目相匹配的实验经历相结合。

(2)至少有45个学期学分(或同等学分)的与该项目课程相关的工程课题,包括工程,计算机科学和工程设计,并利用现代工程工具。

(3)与课程的技术内容相辅相成并与课程教育目标相一致的广泛教育内容。

(4)一个最终的工程设计经历:结合适当的工程标准和多种限制;基于在早期课程中获得的知识和技能。

#### 6. 师资

必须证明教师人数足够,他们有能力涵盖该项目的所有课程领域。必须有足够的师资队伍,以适应足够水平的师生互动、学生建议和咨询、大学服务活动、专业发展以及与行业和专业从业者以及学生雇主的互动。教师必须具有适当的资格,必须具有并展示足够的专业权威,以确保项目的适当指导,并制定和实施评估、评估和持续改进项目的过程。教师的整体能力可以通过以下因素来判断:教育、背景的多样性、工程经验、教学效果和经验、沟通能力、开发更有效项目的热情、奖学金水平、参与专业协会和专业工程师执照。

**7. 设施**

教室、办公室、实验室和相关设备必须足以支持学生取得成果,并提供有利于学习的氛围。现代工具、设备、计算资源和适合该计划的实验室必须是可用的、可访问的,并系统地维护和升级,使学生能够达到学生的成果,并支持该计划的需求。必须为学生提供有关使用工具、设备、计算资源和实验室的适当指导。图书馆服务和计算机和信息基础设施必须足以支持学生和教师的学术和专业活动。

**8. 机构支持**

机构支持和领导必须足以确保项目的质量和连续性。提供给项目的资源包括机构服务、财政支持和人员(包括行政和技术人员)必须足以满足项目的需要。可用于项目的资源必须足以吸引、留住并为合格教师的持续专业发展提供支持。项目可用的资源必须足以获得、维护和操作适合该项目的基础设施、设施和设备,并提供一个能够达到学生成果的环境。

## 独立硕士的工程课程标准(Stand-Alone Master)

**1. 学生**

必须对学生的表现和完成学业的进度进行监测和评估。该项目必须有并执行政策和程序,以确保为每个学生制定具有特定教育目标的个人学习计划。该项目必须有并执行程序,以确保和记录毕业的学生符合所有毕业要求。该计划还必须有并执行程序,以验证每个学生已经完成了一套高等教育和专业经验:

(1)支持学生达到学士学位水平工程课程通用标准的标准3,即学生成绩支持上述课程教育目标达成的内容。包括以下至少7个方面,再加上其他附加要求:

①运用工程、科学和数学原理识别、制定和解决复杂工程问题的能力。

②运用工程设计来产生满足特定需求的解决方案的能力,同时考虑到公共健康、安全和福利,以及全球、文化、社会、环境和经济因素。

③与广泛的受众进行有效沟通的能力。

④能够在工程环境中认识到道德和专业责任,并做出明智的判断,必须考虑工程解决方案在全球、经济、环境和社会背景下的影响。

⑤一种在团队中有效运作的能力,团队成员共同提供领导,创造协作和包容的环境,建立目标,计划任务并实现目标。

⑥有能力进行适当的实验,分析和解释数据,并使用工程判断得出结论。

⑦在需要时运用适当的学习策略获取和应用新知识的能力。

(2)包括至少30个学期的数学和基础科学学分(或同等学分),以及至少45个学期的工程主题学分(或同等学分),以及符合学士学位水平工程课程通用标准第5条要求的主要设计经历即“与项目相匹配的实验经历”。

**2. 课程教育目标(Criterion MS2. Program Educational Objectives)**

该专业必须公布与机构使命一致、满足不同支持者的需求和本标准的专业教育目标。

**3. 学生成绩(Criterion MS3. Student Outcomes):**

该计划必须有支持该项目教育目标的学生成果的文件。这些成果使毕业生能够掌握与硕士课程名称一致的特定研究领域或专业实践领域。

**4. 持续改进和项目质量(Criterion MS4. Continuous Improvement and Program Quality)**

硕士水平的工程课程必须有一个记录在案的运营流程,用于评估,维护和提高课程的质量。

**5. 课程(Criterion MS5. Curriculum)**

每个学生的高等教育(Post-Secondary)所有课程必须满足与硕士课程名称相关的课程标准的课程组成部分。项目课程必须为每个组成部分提供足够的内容,与学生的成果和项目教育目标相一致,以确保学生为进入工程实践做好准备。课程必须包括:

(1)修习学士学位水平以上至少30个学分(或同等学分、等效(Equivalent))。

(2)与课程名称一致的特定研究领域或专业实践领域的主题,并且是在学士学位课程的水平以上。

**6. 师资(Criterion MS6. Faculty)**

该课程/项目必须证明教师人数足够,并且他们有能力涵盖该计划的所有课程领域。该课程/项目必须有足够的教师来适应足够水平的师生互动,学生咨询,大学服务活动,专业发展,以及与工业和专业从业者以及学生雇主的互动。教授研究生水平课程的教师必须具有相应的教育或经验资格。课程教师必须具有适当资格,必须具有并证明足够的专业权威,以确保项目的正确指导。教师的整体能力可以通过以下因素来判断:教育、背景的多样性、工程经验、教学效率和经验、沟通能力、奖学金水平、参与专业协会和专业工程师执照。

**7. 设施(Criterion MS7. Facilities)**

教室、办公室、实验室和相关设备必须足以支持学生取得成果,并提供有利于学习的氛围。这些资源和设施必须代表该学科当前的专业实践。与学生沟通的方式,以及学生使用实验室和其他设施的方式,必须足以支持学生在课程中取得成功,并提供有利于学习的氛围。学生必须有机会获得适当的培训,以使用他们可用的资源。

图书馆和信息服务、计算机和实验室基础设施、设备和用品必须可用,并足以支持学生的教育和教师的学术和专业活动。当对实验室和其他资源的远程或虚拟访问能够完成项目的教育活动时,可以采用这种访问来代替物理访问。

**8. 机构支持(Criterion MS8. Institutional Support)**

机构支持和领导必须足以确保项目的质量和连续性。提供给项目的资源包括机构服务、财政支持和人员(包括行政和技术人员)必须足以满足项目的需要。可用于项目的资源必须足以吸引、留住并为合格教师的持续专业发展提供支持。项目可用的资源必须足以获得、维护和操作适合该项目的基础设施、设施和设备,并提供一个能够达到学生成果的环境。

## 综合硕士学位工程课程标准(Integrated Baccalaureate-Master)

### 1. 学生(Criterion MI1. Students)

必须对学生表现进行评估。必须对学生的进步进行监测,以促进学生取得成功,从而使毕业生能够实现课程教育目标。必须向学生提供有关课程和职业方面的建议。

该计划必须有并执行接受新生和转学生的政策,为在其他机构学习的课程授予适当的学分,并为代替在该机构学习的课程的工作授予适当的学分(认可其他机构接受的课程,认可通过“工作”代替机构内的“学习”课程,并授予相应的学分)。

该项目必须有并执行程序,以确保和记录毕业的学生符合所有毕业要求。

该项目必须有并执行政策和程序,以确保为每个学生制定具有特定教育目标的个人学习课程,作为该计划的硕士水平组成部分的一部分。

### 2. 课程教育目标(Criterion MI2. Program Educational Objectives)

项目必须有一个系统、有据可查、有效的流程用于定期审查这些项目的教育目标。

### 3. 学生成绩(Criterion MI3. Student Outcomes)

是指支持上述课程教育目标达成的内容。包括以下至少7个方面,再加上其他附加要求:

(1)运用工程、科学和数学原理识别、制定和解决复杂工程问题的能力。

(2)运用工程设计来产生满足特定需求的解决方案的能力,同时考虑到公共健康、安全和福利,以及全球、文化、社会、环境和经济因素。

(3)与广泛的受众进行有效沟通的能力。

(4)能够在工程环境中认识到道德和专业责任,并做出明智的判断,必须考虑工程解决方案在全球、经济、环境和社会背景下的影响。

(5)一种在团队中有效运作的能力,团队成员共同提供领导,创造协作和包容的环境,建立目标,计划任务并实现目标。

(6)有能力进行适当的实验,分析和解释数据,并使用工程判断得出结论。

(7)在需要时运用适当的学习策略获取和应用新知识的能力。

此外,该项目必须有硕士水平部分的成果,使毕业生能够掌握与项目名称一致的特定研究领域或专业实践领域。

**4. 持续改进和项目质量(Criterion MI4. Continuous Improvement)**

该计划的学士学位水平部分必须定期使用适当的,记录的流程来评估和评估学生成果(1)~(7)的达到程度。这些评估的结果必须系统地用作项目持续改进行动的输入。其他可用信息也可用于协助项目的持续改进。该计划的硕士水平组成部分必须有一个文件化的和可操作的过程来评估,维护和提高计划的质量。

**5. 课程(Criterion MI5. Curriculum)**

课程要求指定适合工程的学科领域(subject),但不规定具体的课程(courses)。项目课程必须为每个领域提供足够的内容,与学生的成果和项目教育目标相一致,以确保学生为进入工程实践做好准备。课程必须包括:

(1)至少30个学期学分(或同等学分)的大学水平的数学以及基础科学和与项目相匹配的实验经历相结合。

(2)至少有45个学期学分(或同等学分)的与该项目课程相关的工程课题,包括工程、计算机科学和工程设计,并利用现代工程工具。

(3)与课程的技术内容相辅相成并与课程教育目标相一致的广泛教育内容。

(4)一个最终的工程设计经历:结合适当的工程标准和多种限制;基于在早期课程中获得的知识和技能。

此外还需要包括:

(5)修习学士学位水平以上至少30个学分(或同等学力)。

(6)与课程名称一致的特定研究领域或专业实践领域的主题,并且是在学士学位课程的水平以上。

**6. 师资/能力/全体教员(Criterion MI6. Faculty)**

必须证明教师人数足够,他们有能力涵盖该项目的所有课程领域。必须有足够的师资队伍,以适应足够水平的师生互动、学生建议和咨询、大学服务活动、专业发展以及与行业和专业从业者以及学生雇主的互动。教师必须具有适当的资格,必须具有并展示足够的专业权威(Authority),以确保项目的适当指导,并制定和实施评估、评估和持续改进项目的过程。教师的整体能力可以通过以下因素来判断:教育、背景的多样性、工程经验、教学效果和经验、沟通能力、开发更有效项目的热情、奖学金水平、参与专业协会和专业工程师执照。

此外,教授研究生水平课程的教师必须具有相应的教育或经验资格。

**7. 设施(Criterion MI7. Facilities)**

教室、办公室、实验室和相关设备必须足以支持学生取得成果,并提供有利于学习的氛围。这些资源和设施必须代表该学科当前的专业实践。该课程硕士水平部分的资源和设施必须代表该学科当前的专业实践。

现代工具、设备、计算资源和适合该计划的实验室必须是可用的、可访问的,并系统地维护和升级,使学生能够达到学习的成果,并支持该计划的需求。与学生沟通的方式,以及学生使用实验室和其他设施的方式,必须足以支持学生在项目中取得成功,并提供有利于学习的氛围。必须为学生提供有关使用工具、设备、计算资源和实验室的适当指导,并有机会获得有关使用其他可用资源的适当培训。

图书馆和信息服务、计算机和实验室基础设施、设备和用品必须可用,并足以支持学生的教育和教师的学术和专业活动。当对实验室和其他资源的远程或虚拟访问能够完成项目的教育活动时,可以采用这种访问来代替物理访问。

**8. 机构支持(Criterion MI8. Institutional Support)**

机构支持和领导必须足以确保项目的质量和连续性。提供给项目的资源包括机构服务、财政支持和人员(包括行政和技术人员)必须足以满足项目的需要。可用于项目的资源必须足以吸引、留住并为合格教师的持续专业发展提供支持。项目可用的资源必须足以获得、维护和操作适合该项目的基础设施、设施和设备,并提供一个能够达到学生学习成果的环境。

# 后　记

中国工程院“工程硕士教育国际互认研究”项目(原名《工程教育与注册工程师国际认证体系建设研究》)是在中国工程院张建民院士的主持下,由国际工程教育中心课题组完成的。该项目既是一项咨询研究,也有力支持了国际工程教育中心的建设实践。研究过程中,得到了国际工程教育中心理事长邱勇院士、顾问委员会主任周济院士、中心主任吴启迪、执行主任杨斌、袁驷以及清华大学原副校长余寿文教授等国际工程教育中心理事会和顾问委员会部分专家的大力支持。

本研究由清华大学王孙禺教授担任执行负责人,乔伟峰、徐立辉、李晶晶、朱盼等协助执行负责人设计了研究大纲和研究思路,并根据研究需要组织了专门的研究团队。本课题的主要执笔人包括清华大学乔伟峰、徐立辉、贺世宇、陶金虎、李晶晶、朱盼等。在国际工程教育中心实习的研究生许思捷(北京工业大学)、王蔚洁(曼彻斯特大学)、邓晶晶(北京理工大学)、张仁(北京理工大学)、王慧文(北京理工大学)、聂梦影(北京工业大学)等在案例资料收集和整理方面做了基础性工作。

本项目最后由乔伟峰、贺世宇、陶金虎统稿。

国际工程教育中心的前期研究报告,为本研究提供了相关的基础资料。

衷心感谢雷庆教授(北京航空航天大学)、王晓阳教授(首都师范大学)、王迪高级工程师(上海工程技术大学)等在课题评审中提出宝贵意见和建议。

中国工程院马守磊、刘剑老师,清华大学土木水利学院王睿老师等对项目的推进给予了大力支持。

在此一并衷心致谢。

“工程硕士教育国际互认研究”项目组

2024 年 1 月